Forschungsreisen
Thaddaeus Haenkes
1790 ~ 1806
BRASILIEN
Araguaja
Paraná
Rio de Janeiro
Sao Paulo
ntevideo
uguay
1790
1794/95
1800/01
1806

Heinz Markstein

# Der sanfte Konquistador

HEINZ MARKSTEIN

# Der sanfte Konquistador

Die Geschichte
des
Thaddäus Xaverius Peregrinus Haenke

VERLAG FREIES GEISTESLEBEN

Die Deutsche Bibliothek – CIP-Einheitsaufnahme

*Markstein, Heinz:*
Der sanfte Konquistador. Die Geschichte des
Thaddäus Xaverius Peregrinus Haenke /
Heinz Markstein. – Stuttgart 1991

ISBN 3-7725-1118-X


Einband: Walter Schneider, unter Verwendung
eines farbigen Kupferstichs von Louis Bouquet
aus A. v. Humboldts «Vues des Cordillères»
Druck und Bindung: Clausen & Bosse, Leck

# Pampa

Andalusische Sonne. Grelle Farben, viel Blau und Weiß. Tiefblau der Himmel, silberblau das Meer, strahlend weiße Häuser mit Erkern und Balkonen entlang der Hafenstraße. Ein Wald von Masten, Korvetten, Fregatten, Galeonen, schmale Dreimaster und behäbige, dickbäuchige Briggs. Geraffte Segel an den Rahen, Flaggen, Wimpel, Fahnen. Spaniens Krone flatterte über dem mächtigsten Weltreich. Zwischen den Schiffen schaukelnde Boote, winzige Kriecher vom Pier zu den Planken und Fallreepen, tief beladen zu den Kaimauern. Lautes Treiben auf den Schiffen, Männer an den Masten in den Rahen. Baumelnde Taue. Über schmale Stege Ballen und Kisten auf gebeugten Rücken, heilloses Gejohle von Deck zu Deck, irgendwo ein schluchzender Tenor, in der Tiefe brüllende Händler. Seeleute treiben Lastenträger an, an der Reling bellen und winken Offiziere Befehle. Im Trubel der Hafenstraße auch zerlumptes Volk. Hin und wieder jagt eine Kalesche ins Gedränge, drinnen geputzte amtliche Röcke, Masken, Puppenvisagen.
Cádiz, schmucker Zipfel der Madre Patria, des spanischen Mutterlandes. Von hier trugen die Schiffe der Krone Macht über die Ozeane, hier legten sie mit reicher Beute, dem Tribut der Kolonien, an. Die weiße Stadt flimmerte in der Hitze jenes 31. Juli 1789.
Abseits vom Gejohle und Geschiebe, abseits vom Allegro forte der Hafensymphonie, dort, wo die hohe breite Kaimauer eine massive Bastei gegen das Meer stemmte, stand oben an der Ballustrade eine reglose Gestalt. Neben dem Mann lagen Gepäckstücke, eine große Tasche, ein Ballen, eine Kiste. Ein ferner Beobachter hätte meinen können, daß jener Mensch auch nur ein Ding sei, ein abgestelltes, lebloses Stück. Der Mann wandte der Stadt und Europa den Rücken zu, starrte unentwegt über die blitzende, silberblaue Fläche dorthin, wo die beiden Korvetten, die «Descubierta» und die «Atrevida», in

den Horizont eintauchten. Gemäß dem im böhmischen Kreibitz ausgestellten Taufschein würde der Mann in vier Monaten, genau am 6. Dezember, sein achtundzwanzigstes Lebensjahr vollenden. Über dem von leichtem Flaum umrandeten Knabengesicht saß der Dreispitz hinten auf der kurzen, glatten Zopfperücke. Über der hohen Stirn ragte der Spitz des Hutes wie ein Horn. Von kräftiger, mittlerer Statur war er unter dem von Reisestaub bedeckten Frack, den zerknüllten Kniehosen mit dem losen Bund, den Strümpfen über den mit Straßenkot befleckten Schnallenschuhen. Was kümmerte es ihn, den Bekümmerten! Er starrte ins Weite, und seine Verzweiflung war grenzenlos. Aus der Innentasche des Fracks zog er ein Tuch, bedeckte damit seine große Nase und schneuzte sich. Mit der Zunge befeuchtete er die schmalen, trockenen Lippen.

«Oh, mein Gott!» stöhnte es aus ihm, «welch ein saumäßiges Durcheinander!»

Zu spät. Nach vierunddreißig gehetzten, holpernden Postkutschentagen von Wien über Straßburg nach Paris, weiter nach Madrid, weiter an Toledo vorbei zur Sierra Morena, hinauf zum Paß, hinab zur Küste. Atemloses Rennen mit der Zeit. Verlorenes Rennen, um jämmerliche drei Stunden zu spät am Ziel. Aus ist es, Ende vor dem Anfang, ohne ihn an Bord waren die Korvetten in See gestochen, vorbei der Traum von der großen Fahrt, von Amerika, den fernen Inseln, aus der Traum vom berühmten Haenke, dem weitgereisten Gelehrten.

Verlassen und vernichtet stand er auf der von Brechern umbrandeten Bastei wie der Kapitän eines gestrandeten Schiffes, er, Thaddäus Xaverius Peregrinus Haenke, Absolvent der Naturwissenschaften, der Medizin, der Mathematik, ein Name schon in Fakultätskreisen Prags und Wiens, Kollege schon berühmter Kollegen. Er, ein Produkt erster Güte der das wissenschaftliche Europa aufwühlenden, umackernden Aufklärung, war nun im bittersten Wortsinn auf dem Trockenen geblieben. Mit einem kräftigen Nordost entschwanden auf See seine Pläne und Hoffnungen. Wie ein abgelegtes Kind hätte er losheulen können.

Er griff sich an die Nase, rieb sie, eine gewohnte Übung in verworrenen Lagen. Dann wandte er sich der Stadt zu. Vor ihm das Weiße und das Bunte, die schmucken Häuser und Häuschen, Paläste und Kirchen und der wie mit einem ungeordneten Bausteinhaufen gespickte Kalkfelsen. Dünne Gäßchen hinauf zur alten Burg, die mit massivem rotbraunem Gemäuer über dem Haufen thronte. Ihm gegenüber die Iglesia del Carmen. Mit Dreiecken und Schnörkeltürmen flimmerte das kalkweiße Gotteshaus im Tiefblau des erstaunlichen Südhimmels.

Süden, ersehnter Süden, der südlichste Süden all seiner Tage. Davor das Gewimmel, das Getue, das Geschiebe und Geruder, der lachende Lärm, die fröhliche Ausgelassenheit. Er öffnete die Sinne, ließ den Trubel ein, das Farbige, die Gerüche, und neue Zuversicht schloß sich dem an und Hoffnung, die er gerade noch in den Wassern des Atlantiks verloren zu haben glaubte. Haenke reckte sich und streckte sich, beutelte die Ärmel zurecht, klopfte den Staub aus dem Frack, schob den schwarzen Dreispitz in die Stirn, band die Kniehosen fest. «Na, dann los!» murmelte er sich zu, «unsereins geht nicht unter, dazu ist unsereins noch zu leicht.»

Balsam für seine übergroße Wunde war ihm die strahlende Stadt, die er nun zum ersten Mal in sich aufnahm, dieses rege, lärmende und anmutig zum Meer gelegene Cádiz. Die Sonne stand bereits gegen Mittag. Das Vertrauen zu seinem bestens bewährten Schutzengel rüttelte ihn auf. Kein grundloses Vertrauen seit damals, als er durch die Zillertaler Alpen stieg, Blumen, Sträucher, Kräuter betastete, einordnete, sammelte. Und dann der Dianthus glacialis, der nunmehr als Dianthus Haenke im Katalog stand. Wie ein übermütiger Bub war er auf der Höhe umhergehüpft und prompt abgerutscht inmitten kollernder Brocken, zwanzig Ellen hinunter und hinein in die Nadeln der dichten Latschenkiefern, die den Rand der senkrechten Wand säumten. Seit damals, als er mit wundem Knöchel und aufgerissenen Händen zu Tale humpelte, vertraute er voll seinem Schutzengel, denn ohne ihn hätte er seine Karriere im freien Fall beendet. Wenn der Westwind Regen brachte, fühlte er den Knöchel, er fühlte ihn gern, erinnerte er ihn doch daran, wie gut er aufgehoben war.

Haenke schulterte den Ballen, griff die Tasche und trug sie die Treppe hinunter zur Straße. Dann holte er die Kiste.
Ein Eselskarren polterte vorbei, auf dem Bock ein Alter mit fransigem Sombrero. Haenke winkte und zeigte. Der Mann hielt den Karren an, stieg ab und half das Gepäck aufladen.
«Wohin Caballero?»
«Iglesia San Felipe, nahe dort, werden schon finden.»
«Muy bién.»
Der Karren polterte los. Haenke saß neben dem Kutscher, das Gepäck lag hinten im Stroh.
«Sie sind Ausländer, Señor?»
Das war nicht schwer zu erraten, sein Spanisch war miserabel, bedenkenlos durchsetzte er es mit Italienischem und Lateinischem, und Deutsches kam auch noch hinein. Am Gespräch nahmen Hände, Arme und ein beredtes Mienenspiel regen Anteil. Wichtig war nur, sich verständlich zu machen. So gewissenhaft und genau er in seiner Arbeit war, so wenig machte er sich über sprachliche Formen und Formulierungen Gedanken, und so mischte er sich sein erstes Spanisch aus dem ihm geläufigen romanischen Wortschatz zusammen, plauderte damit los und freute sich über das Vergnügen, das sein Kauderwelsch dem Gesprächspartner bereitete. Doch der Mann neben ihm wagte kein Lächeln, nickte nur ergeben zu Haenkes Wortschwall, aus dem er hin und wieder etwas Bekanntes auffing.
Sie verließen den Hafen und bogen zur Stadt ein. Haenke, dem das jagende Stakkato der Postkutschentage noch im Körper steckte, genoß das gemächliche Gequieke und Gehumpel des Eselskarrens.
«Schön habt ihr's hier!»
»Si, si», nickte der Kutscher und raffte sich zu einer Frage auf. «Fahren Sie auch auf See, Señor?»
«Ja, ja, aber leider ist mir mein Schiff durchgegangen. Sagen Sie, Amigo, haben Sie vielleicht gesehen, wie ‹Descubierta› und ‹Atrevida› heute ausfuhren?»
Die Schiffsnamen zündeten.
«Si, Si, Señor! Ganz große Sache, viele feine Herrschaften dort und der Comandante, ein ganz vornehmer Herr.»

«Korvettenkapitän Don Alejandro Malaspina», ergänzte Haenke.
«Ganz recht, ganz recht», grinste der Mann, «Malaspina, ein sehr artiger Caballero.»
«Viel Leute?»
«Si, si, viel Volk und die Concejales, alle da.»
«Und weiter?»
«Sie warteten und warteten, es fehlte noch Besatzung, sagten die Leute. Doch der Wind blies von Norden, ein guter Wind. Da donnerten sie die Kanonen ab. So an die dreißig Stück haben sie an Bord, und vom Fockmast fielen die Segel, und dann fuhren sie aus dem Hafen. Wer weiß, wie lange sie unterwegs sind. Fünf Jahre, sagen die Leute. Sie wollen zur anderen Seite, zu den Wilden. Ob sie wiederkommen, wer weiß das schon, ayayay.» Der Kutscher kratzte sich den Kopf. Haenke stieß ihn an.
«Ich sag dir was, Amigo, Schiffe sind keine Kutschen, und der Wind frißt keinen Hafer. Der ist wie ein Wildpferd in der Pußta. Wenn er dir zujagt, mußt du ihn fangen, sonst bleibt man auf dem Eselskarren hocken. Verstehen?»
«Si, si», nickte der Alte, und Haenke lachte.
Endlich stand er vor dem Tor. Nach den kunstvoll vergitterten Fenstern des einstöckigen Hauses, den schmiedeeisernen Schnörkeln des Gartenzauns lebte es sich hinter der Fassade vermutlich nicht schlecht. Er zog die Leine, ließ die Glocke bimmeln, und es dauerte einige Zeit, bis sich das Tor behutsam auftat. Ein Mädchen, eine kleine Zigeunerin, beguckte erstaunt und ein wenig ängstlich den Fremdling. Haenke blinzelte sie fröhlich an.
«Ist die Señora im Haus?»
Die Kleine nickte.
«Nun dann los, hol sie her!»
Das Mädchen huschte eilig davon, Haenke stieß das Tor auf und trat ein. Er befand sich in einem prächtigen Garten, in dessen Mitte eine hohe Palme von Gebüschen, Gräsern und blühenden Sträuchern umdrängt wurde. Ein kleiner Springbrunnen plätscherte, und im nahen Schatten schlief eine Katze. Idyllische Siesta im südländischen Patio.

Eine stattliche Frau trat aus dem Haus, das lange Kleid mit einem Band locker gebunden. Glattes Haar umrahmte ihr gutes Gesicht. Sie musterte den Mann, kniff die Augen, die den seinen so ähnlich waren, zusammen. Haenke hob die Arme.
«Ännchen», sagte er leise, «Ännili.»
Sie zögerte noch etwas, raffte ihr Kleid, eilte, stolperte ihm entgegen, und die Geschwister lagen einander in den Armen.
«Taddi, mein lieber Taddi», fest drückte sie sich an ihn, die Tränen liefen. Sie blickte zu ihm auf, streichelte seine Wange.
«Da bist du ja, mein Kleiner. Wie lange ich dich nicht gesehen habe!» Anna, seine ältere Schwester, bemutterte ihn gern.
«Wir wußten ja, daß du kommst», plauderte sie los, «aber wie hast du nur hergefunden? Du, ein tüchtiger Herr Doktor. So ist aus dem Lausbub, der mir die Brennessel ins Bett steckte, ein Herr Doktor geworden. Wie die Zeit doch vergeht. Ach, stell dir vor, deine Schiffe sind schon heute früh ausgelaufen. Das weißt du schon? Na, mach dir nichts draus, komm, du mußt dich ausruhen, du mußt essen. Komm, mein Lieber, ich bin ja so froh, daß du da bist. Kaspar», rief sie, «Kaspar, schau, wer da ist!»
Nun erschien auch Kaspar Biennert, der Schwestermann, Teilhaber der angesehenen Firma Hieke, Zinke und Rautenstrauch, Import und Export böhmischer Glaswaren, Hauptagenten der böhmischen Werke in Spanien mit Niederlassungen in Cádiz, Cartagena und Mexiko. Kaspar Biennert, ein wohlgekleideter und wohlbeleibter gemütlicher Patron lachte ihm entgegen.
«Da bist du also, Thaddäus Haenke, da bist du also», er ergriff Haenkes Hand, «oder muß ich ‹Herr Doktor› sagen?»
«Schön, bei euch zu sein», sagte Haenke.
«Weißt du eigentlich, daß der Malaspina ...»
«Schon auf und davon ist und mich sitzen ließ. Das weiß ich allerdings.»
«Mach dir nichts draus. Sie segeln jetzt sehr oft hinüber zum La Plata, die Engländer machen ihnen das Leben schwer. Immer wieder gehen Ladungen verloren. Überlaß die Sache nur mir, das machen wir schon, wir bringen dich noch rechtzeitig zu deinem Malaspina.

Der Mann ist übrigens sehr angesehen, und er scheint auch ein vernünftiger, annehmbarer Mensch zu sein.»
«Laß ihn jetzt, Kaspar, er ist müde und gewiß auch hungrig. Wir haben noch genug Zeit, um alles zu erfahren.»
Haenke legte den Arm um seine Schwester, und sie traten ins Haus.

Warme Sommernacht über Cádiz. Der Patio lag im gelben Licht der Laternen, die hohe Palme tauchte ins Dunkel, der Schein bewegte die Muster ihres Stammes, Licht und Schatten spielten an den Wänden und Sträuchern.
«Komm, Taddi, setz dich her», lud Anna ein, «will ja von dir alles wissen.»
Viel gab es zu berichten aus den fünfzehn Jahren, seit damals, als er als Sängerknabe ins Prager Wenzelseminar eingetreten war, in die Tretmühle, wo sie um fünf Uhr morgens aus den Betten gejagt wurden. Dort lernte er musizieren, dort saß er an der Orgel oder blies die Oboe. Im Wenzel regierten die Jesuiten, bis sie drei Jahre später vom Kaiser delogiert wurden. Dann war er zu den Kreuzherren gewechselt, machte auch dort Musik und wurde in die Stiftskapelle als Hornbläser eingestellt. Mit 19 wandte er sich der Philosophie zu, der Mathematik, der Astronomie. Mit 21, anno 1782, promovierte er an der Karls-Universität in Prag zum Doktor, zum Phys. et Math. cand., wie sie es ihm ins Diplom schrieben. Dann die Botanik und die Chemie. Er arbeitete im Universitätsgarten und begann zu wandern, ins Riesengebirge, zu sammeln, wochenlang, dann die Kataloge anzulegen. Was noch?
«Hast du die Eltern gesehen?» wollte Anna wissen.
«Ja, ich fuhr nach Kreibitz, vor etwa drei Jahren. Sie sind so weit gesund. Nun soll aber Vater kränkeln. Ich hoffe nur, daß er wieder wohlauf ist. Es hielt mich nicht lange dort, Ännchen, die Welt war für mich groß geworden, größer als Kreibitz. Ich beteiligte mich an einer botanischen Expedition ins böhmische Land, da ging's zum zweiten Mal auf die Schneekoppe. Und dann die lange Wanderung nach Wien.»
«Zu Fuß?»

«Ja, ein wunderbarer Spaziergang.»
«Und warum bist du nicht in Prag geblieben?»
«Die Medizin, die lernst du nur in Wien. Leider war Van Swieten schon gestorben, als ich hinkam. Aber ich hatte Glück, ich kam zu Stoll, ein ganz wunderbarer Lehrer und Medicus.»
Dazwischen ging's in die Flora der Alpen, aus denen er beim dritten Mal fast nicht zurückgekehrt wäre. Doch das erwähnte er gar nicht. Er sprach auch nicht davon, wie er sich durch die ersten Wiener Monate hungerte, wie er Sachen verkaufte, die Schuhe durchlief, wie ihn zuweilen die Verzweiflung in seinem Wohnloch packte, in dem er wie ein Sträfling bei karger Kost hauste. Er sagte nur:
«Da schickten sie mir aus Prag die Ehrenmedaille der Königlich-Böhmischen Gesellschaft der Wissenschaften für meine Arbeiten im Riesengebirge.»
«Das ist ja sehr ehrenvoll», meinte Biennert.
«Sicher, aber damals wären mir ein paar Dukaten weitaus willkommener gewesen. Eine Medaille ist zu hart zum Knabbern.»
«Und wie bist du auf Malaspina gekommen?»
«Das ist auch so eine verrückte Geschichte. Eigentlich wollte ich an der Hochschule unterrichten, da kommt mir die Nachricht zu, daß die russische Katharina eine Expedition nach Kamtschatka ausrüsten läßt. Jacquin, ihr habt sicher von ihm gehört, machte mir den Mund wässern. Er selbst war ja in Westindien, worüber er ständig schwärmt. Kurz und gut, heutzutage muß ein Wissenschaftler reisen, sagt er, du gehst ins russische Kamtschatka, es ist ja gleich wohin. Und er schreibt an Forster, einen der Leiter der Expedition, und empfiehlt mich. Alles großartig, ich sehe mich bereits in der Beringsee. Katharina hat aber plötzlich anderes zu tun, ihr geht der Krieg mit den Türken vor. Ohne Kriege scheinen die Herrschaften nicht auszukommen. Adieu, Kamtschatka.»
«Und weiter?»
«Mein großartiger Jacquin läßt aber nicht locker, und er hat seine Verbindungen. So erfährt er von Malaspinas geplanter Weltreise und – wichtig – es fehlt noch an Botanikern. Prompt schreibt er an den österreichischen Botschafter in Madrid. Wartet, hier habe ich eine

Abschrift: ‹Exzellenz›, undsoweiter undsoweiter über mich und dann, ‹Spanien werde kaum einen anderen jungen Gelehrten finden, von dem es mehr erwarten dürfte, als Haenke zu leisten imstande sei; schwerlich sei einer würdiger als dieser, den Schauplatz der Natur zu betreten. Durch diese Wahl werde Spanien mancherlei Vorteil, Österreich an Ehre, die Natur- und Volkskunde an Erweiterung gewinnen.› Punktum.»

«Das ist ja superb», staunte Biennert, «so eine Empfehlung ist pures Gold.»

«Ja, und dann verwendete sich auch noch Born für mich. Born mit seinen Arbeiten über Bergbau ist in Spanien bereits bestens bekannt. Er schrieb einen Brief an den sardinischen Botschafter, seinen guten Bekannten, und dieser ging mit der Empfehlung zur spanischen Regierung. Massiver Beschuß also von zwei renommierten Seiten. Der Erfolg blieb nicht aus, die Spanier sagten zu. Also ich juble, beginne mit den Vorbereitungen, da läßt mich Jacquin rufen. Ich gehe zu ihm und sehe sein betrübtes Gesicht. Was ist nun? Der Kaiser sperrt sich. Was, Josef? frage ich, was kann er gegen mich haben, er kennt mich gar nicht. Nichts gegen dich, doch allgemein, sagt Jacquin. Er will nicht, daß seine Wissenschaftler ins Ausland gehen, er braucht sie zu Hause. Also eine neue Art von Leibeigenschaft, von der er die Bauern befreite. Der Schlag war hart, so etwas kann einen Menschen fertig machen. Doch mein wunderbarer Jacquin und mein ebenso wunderbarer Born setzen sich wieder für mich in Bewegung, machen sich an Kaunitz-Rietberg heran, sprechen beim Grafen Cobenzl vor. Kurz und gut, der Kaiser ruft mich nach Laxenburg.»

«Du warst beim Kaiser?»

«Eineinhalb Stunden. Vorerst ging's ein wenig steif und streng zu. ‹Wie sollen wir in diesem Land weiterkommen, wenn alle fortlaufen!› brummte er. ‹Majestät›, sagte ich, ‹jeder von uns bringt ein Stück unserer Kultur in die Welt, wir sind die wahren Botschafter österreichischer Kultur und österreichischen Geistes. Und die Welt dankt uns, indem sie auch uns und damit unser Land mit neuen Erkenntnissen bereichert. Die Wissenschaft kann nur durch ständige Befruchtung leben, sie verkümmert im goldenen Käfig.› Der Kaiser

lacht und nennt die Wissenschaftler sonderbare Vögel, doch so kommen wir ins gute Gespräch, und er fragt nach Einzelheiten und zeigt große Anteilnahme an meinen Arbeiten. ‹Ihre Rückkehr, mein lieber Doktor Haenke›, sagt er zum Schluß, ‹ist ein Befehl, und jetzt schauen Sie, daß Sie schleunigst weiterkommen. In drei Tagen müssen Sie aus Wien sein, sonst segeln ihnen die Spanier davon!› Wie recht er doch hatte.»
«Nimm es nicht tragisch», tröstete Biennert, «wie gesagt, das werden wir schon in Ordnung bringen. Jedenfalls hast du einen Kaiser gesprochen.»
«Und einen König in Madrid», setzte Haenke fort, «der Botschafter nahm mich zu Hofe mit. Alles sehr steif und vornehm. Als wir vorfuhren, nahm die Wache Haltung an. Ein paar Jahre zuvor hätten sie mich wegen meines nicht sehr feudalen Äußeren zum Hintereingang gewiesen. Der Mensch wird eben nach Kleidung und Empfehlung gewertet.»
«Ja, die schauen dort auf den Pflanz, es stimmt schon, man braucht nur geeigneten Putz, um etwas zu gelten. Aber das ist woanders auch nicht anders.»
«Dann läuft ja alles bestens», freute sich Anna.
«Nichts läuft, Ännchen, solange ich hier auf dem Trockenen hocke und nicht auf dem Nassen schaukle.»

Eine Woche danach brachte Biennert die freudige Nachricht.
«Ich habe ein Schiff für dich, Thaddäus. Die ‹Nuestra Señora del Buén Viaje›. Möge nomen omen sein. Um den 15. wollen sie ablegen. Kein Luxussegler, sage ich dir gleich, und der Kapitän hat mir eine zu rote Nase. Aber bis zum La Plata werden sie es sicher schaffen.»
«Auch mit Holzbein und Augenklappe bin ich dabei», rief Haenke und rieb sich vergnügt die Hände, «wie lange wird er wohl dorthin brauchen?»
«Ach, diese Seebären, sie legen sich nicht fest. Mit 90 bis 100 Tagen mußt du schon rechnen.»
Haenke rechnete.

«Mein Gott, das wird knapp. Malaspina wollte im November von dort nach Valparaiso. Das wird sehr knapp. Jedenfalls, danke dir, Kaspar, das sind gute Neuigkeiten.»

Am 18. August des Jahres 1789 stand Haenke an der Reling der «Nuestra Señora del Buen Viaje». Langsam, wiegend löste sich der behäbige Schiffskörper von der Mauer. Unten am Kai standen die Schwester und Biennert. Anna mit blassem Gesicht. Verzagt winkte sie ihm zu, ließ die Hand sinken. Ernst sah ihm Biennert nach. Haenke kämpfte mit den Tränen, seine Hände krampften sich um das Holz, mit großer Anstrengung hielt er sein Gesicht, versuchte ein Lächeln. Eine große Traurigkeit erfüllte ihn. Würde er sie wiedersehen? Als er über den Steg an Bord ging, war er aus der Heimat, aus Europa getreten.

Das Schiff machte gute Fahrt. Die Jahreszeit war günstig, vom ausklingenden Sommer des Nordens nahmen sie Kurs in den anklingenden des Südens. Sie segelten mit der Sonne. Eine steife Brise wellte den Wasserspiegel, und die Wogen pochten ihren Takt an die Flanken, zischten am Bug hoch. Weit wölbte sich der Himmel über der bewegten Fläche, kein Berg, kein Land, die Welt bestand nur aus Himmel und Wasser. Salz auf den Lippen, die Luft ließ sich schmecken, riechen. Duftendes Meer. Noch umkreisten Möwen die Maste an diesem dritten Tag der langen Reise einer im übermächtigen Ozean taumelnden Nußschale. Der Kapitän, ein Bär von einem Menschen, brütete in der Kabine bei Seekarte und Rumflasche. Oben auf Deck heizten Steuermann und Maat mit hallenden Rufen das Tagwerk an, achteten auf pralle Segel und hielten das Ruder auf Kurs.

Das Schiff war keine große Sache, ein älterer Kasten, der unter mittleren Wellen ächzte und krächzte. Doch der Capitán, trotz Rumflasche, war in Ordnung, und auch Cabo und Timonero verstanden ihr Geschäft. Die Matrosen grüßten Haenke, wenn er auf Deck erschien, hielten aber Abstand. Ihre Erfahrung mit Herrschaften war sicher nicht die beste. Nur ein junger Mensch, wohl noch keine

zwanzig, zog um Haenke engere Kreise und beschielte ihn wie ein Tier, dem es sich zu nähern galt.
Haenke merkte nichts davon, er war zu sehr mit der Welt beschäftigt, die er in vollen Zügen genoß. Er fühlte sich neu und frisch, richtete sich am Bug einen Stammplatz ein, von wo aus er das Schauspiel, an dem er sich nicht sattsehen konnte, voll erlebte. Sonnenaufgang, Abendlicht. Wie anders begann hier der Tag, wie anders ging er zu Ende. Ein dunkler Rotstreifen zeichnet den Horizont im Osten, und schon steigt die Scheibe aus dem Wasser und wächst empor zu ungeheuerem Licht. Wuchtig, gewaltig, Pauken und Fanfaren, diese Symphonie muß noch zu Noten gebracht werden. Funkelnde See, kristallklarer Morgen, Gloria in Excelsis, strahlendes Ereignis. Die Genesis in Lektionen: Da ward aus Abend und Morgen der Tag. Gefangen vom Meer, von dem immensen Wasser, diesem Chamäleon, das vom hellen Grün zum klaren Blau wechselte, vom bleiernen Oliv zur abgründigen Schwärze, bezaubert von den funkelnden Fontänen am Bugspriet, von den mit Silberfäden durchzogenen Wellen und der schäumenden Furche des Kielwassers. Da stieg ein Schwarm auf, der zog einen Bogen und tauchte in die Tiefe. Fliegende Fische. Und die Tümmler an den Seiten schossen dahin, sprangen über unsichtbare Hürden und neckten das plumpe Schiff mit ihrer Wendigkeit. Endlose Fläche des Ozeans, bedrückende Weite, Herausforderung und Sehnsucht, unergündbare Tiefe.
Er schreckte aus seiner Verträumtheit, ein Wassereimer kollerte an seine Beine, und hinterher rutschte der Schiffsjunge mit dem Schrubber. Es war jener Junge, der seine Aufmerksamkeit suchte.
«Verzeihung, Señor», keuchte er, «ich bringe alles in Ordnung.»
«Woher kommst du?»
«Aus Barcelona, Señor. Keine Arbeit dort, nichts zu futtern. Nun will ich zum Silberstrom. Dort gibt es Essen, viel Fleisch, sagen die Leute, und Silber im Strom. Man muß es nur aus dem Wasser holen.»
«Na, dann wünsch ich dir guten Fang», lachte Haenke, «wie geht es hier auf dem Schiff?»
«Nicht gut, nicht schlecht, aber der Magen knurrt nicht mehr.»
«Manuel!» brüllte der Cabo vom Oberdeck, «los, her mit dir!»

«Komm ja schon!» Er hob den Eimer auf. «Adiós, Señor.»
«Adiós, Manuel», nickte Haenke.

Er teilte seine Zeit ein. Die frühen Stunden verbrachte er auf Deck, dann verschwand er in seiner Kabine, blätterte Notizen durch, schrieb Gedanken auf und vertiefte sich in eines seiner Bücher. Eine kleine Fachbücherei lag in der Kiste: Botanisches, Zoologisches, Medizinisches, Bücher über Bergbau, Ackerbau, Maschinenbau, chemische Tabellen. Er notierte, vermerkte, arbeitete systematisch, wie er es seit den Studentenjahren gewohnt war. In der Wissenschaft war er ein Pedant, ein auf das kleinste Detail achtender Arbeiter. Die Lektüre teilte er sich nach Tagen und Stunden ein, las und studierte nach vorbestimmtem Plan und schaltete dabei völlig ab. Da gab es nur ihn und das Buch. Die drei Monate auf See wollte er etwa zur Hälfte mit Arbeit und Lesen verbringen.
Mittags und abends saß er am Kapitänstisch und mischte bei den kleinen, unbedeutenden Gesprächen mit. Nach Mittag hielt er eine Stunde Siesta und stieg dann zum Deck hoch, verschwand aber bald wieder in seinem Studier- und Schlafzimmer.

Schwül war der Morgen. Er notierte in seinem eigenen Logbuch:
*«28. August. Windstille, völlige Flaute, die Segel hängen schlaff, dunstiger Himmel, zum ersten Mal mäßige Sicht, drückende Atmosphäre, das Meer – eine bleierne Brühe ...»*
Das Schiff begann zu tanzen, doch schlaff hingen die Segel, nicht der geringste Hauch. Er notierte weiter:
«Bewegte See in der Windstille.»
Eine mächtige Woge drückte steuerbords an die Flanke und brachte den Kasten in Schräglage. Haenke fiel hin, suchte Halt. Der Cabo brüllte: «Alle Mann in die Rahen!»
Die Männer eilten zu den Masten, kletterten, zogen sich in die Höhe. Haenke sah Manuel, wie er hinter einem Matrosen hinaufhantelte.
Und da brach es los, Blitz aus heiterem Himmel, Augenblick explodierenden Lichts und dumpf vibrierender Paukenschlag. Das Unwet-

ter stürzte über das Schiff. Talfahrt, Bergfahrt, die Berge spielten mit der Nußschale, leckten den Bordrand. Heulender Sturm, die Masten knarrten, tief stach der Bug ins Wellental, als wollte er es durchstoßen, hilflos zappelte das entblößte Steuer. Die Hölle war los, die wilde Jagd im Brüllen des Orkans, im Getöse grell zuckender Entladungen, Rammbrecher an den Flanken, ein dämonisches Lehrstück, ein Strafgericht. Haenke krabbelte über das steile Deck, doch die Sturzwelle brach über Bord, riß ihn mit. Er verkrallte sich in den Tauen, zog sich zum Mast hin, umarmte ihn, griff ein hängendes Seil und fesselte sich an ihn wie einst Odysseus. Doch dieser Gesang lockte nicht, er war das Satansgeheul enthemmter Elemente.
Am Steuerrad hingen vier Mann und stemmten das Schiff gegen die enternden Brecher und beteten, daß sich ihnen der Kahn nicht auf den Kopf stülpe. Auf dem Oberdeck rissen der Capitán und der Cabo die Mäuler auf. Aber wer vernahm sie schon in diesem Inferno? In den Rahen umarmten die Männer das Holz, winselten und fluchten vor Angst und sehnten sich nach der Heimat, wo der Hunger die Bäuche blähte.
Regen, prasselnder Regen in langen Strähnen, Sturzbäche von oben. An den Mast gebunden, unbeteiligt wie in Trance, ließ er es über sich ergehen, faßte den Tumult nicht. Die vollgesogene Kleidung hing schwer an ihm, die Wäsche klebte an der Haut, in den Schuhen badeten die Füße. War das das Ende? Ihm schauerte. Reißende Ströme über Bord, kniehoch, sie zerrten an ihm, doch die Fesseln hielten, noch stand sein knarrender Halt aufrecht. Wie lange noch?
Der Veitstanz des Schiffes verlor an Hektik. Er merkte es daran, daß die Wasser nun in größeren Abständen das Deck überfluteten, daß die Berge niedriger, die Täler ebener wurden. Der Orkan aber heulte mit unverminderter Kraft, rüttelte wütend am Takelwerk, an den Tauen und ließ die Segel knallen. Es war der Regensturz, der auf die Wellenberge drückte, doch auch der Donner hielt schon mehr Abstand vom zuckenden Lichtstrahl.
Da schlug etwas schwer auf Deck, keine zehn Schritte entfernt. Wie eine reife Frucht war ein Mensch vom Mast gefallen.
«Manuel», schrie Haenke, «Manuel!»

Der Junge rührte sich nicht, er lag dort, ein kleiner Haufen, den die Wogen zum Bordrand spülten. Haenke band sich los, glitt aus, wurde an den Mastbaum gedrückt. Er rang nach Atem, Wasser hatte ihm die Kehle verschlagen, heftig zog er die Luft durch die Nase ein, bäuchlings kroch er zur Mastverschalung. Vor dem neuen Brecher krallte er sich in die Bohlen, hielt den Atem an. Hand um Hand, Fuß um Fuß, schob er sich vorwärts, streckte den Arm aus, griff Manuel in die Kleider, zog das Bündel an sich, umklammerte es. Mit einem Arm hielt er den Jungen, mit der freien Hand fingerte er seinen Gürtel los, fädelte den Riemen unter die Achseln des Verunglückten, und so zog er ihn mit sich über Deck. Er wartete die Sturzwelle ab, richtete sich auf, hob den Jungen hoch und torkelte eilig mit ihm zur Treppe hin und zum Gang hinunter. Er hatte es vollbracht, sie waren in Sicherheit vor den reißenden Wogen. Wie betrunken polterte er mit der Last von Wand zu Wand, mit dem Ellenbogen stieß er die Tür auf und fiel mit Manuel in den Armen in die Kammer.

Manuel lag in Haenkes Bett, eine weiße Binde um die Stirn.
«Ay, mein Kopf, mein Kopf», stöhnte der Junge und hielt die Augen geschlossen.
«Es ist ein ausgezeichneter Kopf», lächelte Haenke, «wir brauchen vorläufig keinen anderen.»
Manuel öffnete die Augen, sah sich um, erblickte Haenke, richtete sich auf und fiel stöhnend zurück.
«Nur langsam, junger Mann, schön brav liegen!»
«Was ist, Señor, was ist geschehen?»
Die Tür flog auf. Im Rahmen stand der wuchtige Capitán und stützte sich am Balken ab.
«Wie sieht es mit ihm aus, Doktor, böse Sache?»
«Gar nicht so arg, Capitán, er braucht nur Ruhe. Ich habe ihn mir angesehen. Keine Brüche. Er fiel wie eine Katze. Eine Beule am Kopf.»
«Ich laß ihn wegbringen.»
«Er bleibt vorläufig hier, unter meiner Kontrolle. Wenn ich noch um ein Bett bitten dürfte.»

«Sie sind doch kein Krankenwärter, Doktor, wir werden schon auf ihn aufpassen.»
«Kranke sind meine Domäne, Capitán, Sie kriegen ihn, wenn er gesund ist.»
«Wie Sie wollen, Doktor, flicken Sie ihn mir nur bald zusammen, wir brauchen jede Hand.»
«Zu Befehl, mi Capitán», grinste Haenke, «wie steht's mit der Hölle?»
«Ach, das kleine Geschaukel, nicht der Rede wert.»
«Das kleine Geschaukel hätte mich fast über Bord geschaukelt.»
«So wird man Seemann, Caballero, und das nächste Mal wollen wir vorsichtiger sein.»
«Das nächste Mal? Ich glaube nicht, daß ich für das nächste Mal geschaffen bin.»
«Na, ich muß zugeben, mit so was wie heute ist meine gute alte Señora schon lange nicht bestraft worden. Aber sie hat's über sich ergehen lassen.»
«Sind wir denn wirklich durch?»
«Ja, Caballero, dank der Jungfrau und allen Heiligen. Schlafen Sie wohl!»

Haenke war nicht der einzige Passagier an Bord. Der Capitán hatte es gelegentlich erwähnt. Aber bislang ließ sich niemand auf Deck blikken, und er sehnte sich keineswegs nach biederem Geplauder. Es war schon Ende August, die hohe Sonne brannte hochgradige Wärme aufs Deck, und das Meer rollte friedlich, still funkelnd dahin, als ob es nie anders konnte, leckte voll Unschuld dem Schiff die Flanken und tat so, wie stille Wasser tun, die sich nicht auf den Grund blicken lassen. Ein Schatten fiel über Haenkes Haupt und Heft, in dem er notierte.
«Verzeihen Sie, Caballero», sagte der Schatten, «Esteban Carmona.» Den Dreispitz in der Hand, stramm wie ein Soldat, hatte sich vor ihm ein jüngerer Mann postiert. Mit einer kurzen Verbeugung betonte er seine Anwesenheit. Haenke blieb hocken und betrachtete stumm die Erscheinung.

«Verzeihen Sie, Caballero», der Mann schien etwas verwirrt, «sprechen Sie nicht spanisch?»
Haenke erhob sich, lachte und stammelte:
«Entschuldigen Sie, ich dachte gar nicht, daß außer mir, ich meine, daß noch jemand … ach was, Thaddäus Haenke mein Name, sehr erfreut, Sie kennenzulernen.»
Die Förmlichkeiten waren bald vergessen, der lebhafte Carmona sprudelte wie eine Fontäne und zündete schnell bei Haenke, den ja auch zuweilen der Übermut juckte. Sie waren wohl gleichen Jahrgangs, Carmona etwas größer als er. Schauspieler war er in einem Theater in Buenos Aires, und er begeisterte sich an neuen Stücken, vor allem an Beaumarchais' «Ein toller Tag», das vor wenigen Monaten mit viel Erfolg in Buenos Aires angelaufen war.
«Und ich als Figaro», rief er schallend, «ich legte ihnen einen Figaro hin, der den windigen, aufgeblasenen Adeligen in seine Tasche steckte. Es war hinreißend, muß ich in aller Bescheidenheit sagen.»
Haenke wußte wenig von dem Stück, aber daß dieser tolle Kerl in einen tollen Tag paßte, war offensichtlich.
«Sie sind doch Spanier, wie ich annehme, und als solcher königstreu, wie man zu sein pflegt.» Haenke grinste ihn an: «Wie verträgt sich das mit Ihrem Adeligen in der Tasche?»
«Ay Dios, ay Dios», stöhnte Carmona, «da müssen Sie noch viel lernen, bevor Sie bei uns an Land gehen. Lektion Nummer eins: Wir Kinder der Pampa sind keine Spanier, wir sind Kreolen de pura cepa, wie man bei uns sagt, vom reinsten Stamm, waschecht sozusagen. Bin in der Pampa aufgewachsen, ein Gaucho, wenn Ihnen das was sagt. Wohl, die Großeltern waren echte Spanier, das ist aber schon alles spanisch Echte an mir. Die Spanier drüben sitzen uns im Nakken, wir werden sie erst lieben, wenn wir wieder den Ozean zwischen uns haben. ‹Freiheit von Spanien›, das ist unsere Devise. Lektion zwei: Der Adel liegt uns schwer im Magen, das ist eine rein europäische Angelegenheit, mit der wir nichts zu tun haben wollen. Unser Land ist ein enormes Land, ein hartes Land, getränkt von unserem Schweiß und unserem Blut. Aber in Buenos Aires und in Montevideo hocken die gepuderten Fettwänste, die Überflüssigen mit den

langen Namen, die windigen Steuereintreiber Madrids und schöpfen den Rahm ab. Aber unsere Stunde kommt, Amigo, wenn ich Sie so nennen darf, und das ist Lektion drei: Unsere Stunde kommt.»
«Moment, Señor Carmona», lachte Haenke auf, «schon zu viel der Lektionen, ich muß sie erst einmal gründlich verdauen.»
«Ay, ihr kalten Deutschen laßt euch wahrlich nicht aus der Ruhe bringen!» Der hitzige Carmona schlug Haenke auf die Schulter. «Euch fehlt das Blut in den Adern, feuriges Pampablut.»
«Na, na, Señor, so ganz ausgelaugt sind wir nun auch nicht. Es ist nur, unsereins hat schon so an die zweitausend Jahre Katastrophen hinter sich, und da vergeht einem der Jubel. Ihr Amerikaner steht erst am Anfang der euren. Da ist es mitunter verständlich, wenn man feurig ins Dilemma tappt.»
«Ach, Sie Kassandra», lachte Carmona, «sparen Sie sich Ihre Schwarzsicht für die Chapetones, wie wir unsere Spanier nennen. Und wie man von Chapetones spricht, kommt da auch schon einer angestapft. Ein Prachtstück. Nicht uneben, aber durch und durch verkalkt.»
Ein eleganter, nach der Mode von anno dazumal gekleideter Herr steiferen Jahrgangs, ein Rokokoexemplar mit welliger Perücke, ein pomphaftes Relikt verfallener Zeiten stockte auf sie zu.
«Er hält viel von Förmlichkeiten», flüsterte Carmona.
Der alte Herr pflanzte sich vor den beiden auf, schien aber Haenke nicht zu bemerken. Aus seinem faltigen, geröteten Gesicht blickten zwei wäßrige, nicht unkluge Augen.
«Ich begrüße Sie, junger Freund», deklamierte er, «wunderbarer Tag heute.»
«Vuestra Merced», Carmona verbeugte sich kurz, «erlaube mir, Ihnen einen Mitreisenden vorzustellen, Don Tadeo Anke, Médico und Naturalista, kurzum ein Mann der Wissenschaft aus Wien.» Nun wandte er sich an Haenke. «Don Tadeo, ich mache Sie hiermit mit Don José Rufino Echegaray bekannt, Abgesandter des Königs. Er will in Buenos Aires nach dem Rechten sehen.»
Haenke verbeugte sich, Echegaray nickte würdig.
«So, so, ein Wissenschaftler aus Wien. Ihr habt ja dort jetzt Narren-

freiheit, euer Kaiser José ließ die Zügel ein wenig zu locker, finde ich. Was führt Sie in die Kolonien, junger Mann?»
«Ich will mich der Expedition Malaspina anschließen.»
«Ah, Malaspina, ein vortrefflicher Comandante, von Majestät sehr gelobt. Ich meinerseits habe ja für die Wissenschaft nicht allzuviel übrig. Selbstredend nichts gegen Sie persönlich.»
«Darf ich Vuestra Merced fragen, was gegen die Wissenschaft einzuwenden wäre?»
«Was ich gegen die Wissenschaft habe? Ganz einfach, sie bringt die Welt aus ihrer Ordnung.»
«Ich möchte hier einen Einwand anbringen», meldete sich Carmona.
«Nein, nein, Amigo Carmona», wehrte Haenke heftig ab, «das ist mein Revier!» Und zu Echegaray: «Es liegt hier meiner Ansicht nach ein fataler und allgemein verbreiteter Fehlschluß vor, eine Umkehr von Ursache und Wirkung, denn nicht die Wissenschaft ist es, welche die Ordnung durcheinander bringt, sondern die Kurzsichtigkeit, und ich muß sagen geradezu Dummheit der Regierungen, die mit Gewalt ein unwertes Gefüge zusammenhalten wollen. Daraus entsteht die Unordnung. Wir Wissenschaftler dagegen zeigen den Ausweg zur Gesundung.»
«Das sind ja äußerst rebellische Gedanken, Caballero», empörte sich Echegaray.
«Keiner ist so blind wie jener, der nicht sehen will», schoß Haenke zurück.
Carmona kicherte: «Man sollte den Monarchen starke Brillen verpassen.»
Haenke in seinem Eifer merkte den sich zusehends rötenden Echegaraykopf nicht und fuhr fort.
«Begreifen Sie doch, Caballero, eine sinnvolle Anwendung wissenschaftlicher Erkenntnisse würde zum Wohlstand der Völker beitragen, was doch nur im Sinne einsichtsvoller Regenten sein müßte. Die Wissenschaft bietet die Mittel an, um eine angenehme und annehmbare Ordnung herzustellen.»
«Bravo, bravo», applaudierte Carmona, «und da glaubte ich schon, daß Gelehrte nichts von Politik verstehen.»

«Ich verstehe auch nichts von Politik», wehrte Haenke ab, «wenn die Wissenschaft politisch wird, verliert sie ihre Vielseitigkeit.»
Echegaray schien sich beruhigt zu haben. Er hüstelte und rieb sich mit dem Silberknauf seines Stocks die Stirn.
«Sie sind ein scharfer Verteidiger Ihrer Wissenschaft, Doktor», sagte er, «und es mag sein, daß die bestehende Ordnung nicht die beste ist. Doch sie ist die einzig erdenkbare. Ihr habt vielleicht die besten Absichten mit euren Erfindungen und Lehren, aber Sie müssen doch merken, welch heilloser Zündstoff darin enthalten ist. Wenn eure Erkenntnisse in unbefugte Hirne geraten, wird aus Vernunft Unvernunft, dann gerät die Welt aus den Fugen. Schauen Sie nur nach Frankreich. Wollen Sie Mord und Haß?»
«Schauen wir nach Frankreich», konterte der hitzige Haenke, «eben dorthin, wo das Menetekel von der dummblinden Macht nicht begriffen wurde. Sie sahen nicht die Risse im Gemäuer, bis es ihnen auf den Kopf fiel. Was wollen Sie? frage ich Sie, Caballero. Den Geist verbieten? Er lodert tausendmal heller als all die Autodafés des Heiligen Offiziums.»
«Also ich bitte schon, Caballero», unwillig schüttelte Echegaray seinen Perückenkopf, «wir wollen doch bei den Tatsachen bleiben.»
«Ich bin schon kühl», lächelte Haenke, «Tatsache ist, daß ohne die geschmähte Wissenschaft Perus Gold und Silber noch in der Erde ruhte und nicht in Madrids Schatzkammern.»
Das war das Stichwort für Carmona.
«Genau so ist es», erregte er sich, «kein Land hat das Recht, die Schätze eines anderen zu rauben.»
«Ihre Andeutungen finde ich sehr unpassend!» Echegarays Kopf lief purpurn an.
«Schluß jetzt», rief der Doktor, «gestatten Sie, das Blut steigt Ihnen zu Kopf.» Er nahm Echegarays Hand, fühlte den Puls. Carmona kicherte. «Ach, lassen Sie!» Echegaray schüttelte sich los und stapfte davon.
«Sie sind verrückt, Carmona», flüsterte Haenke, «der Mann hat Einfluß. Wollen Sie sich ruinieren? Kommen Sie, kommen Sie, wir müssen die Wogen glätten.»

Er zerrte Carmona dem davonstolzierenden Caballero nach.
«Vuestra Merced», rief er, «einen Augenblick noch!»
Echegaray blieb stehen, wandte sich aber nicht um.
«Frieden unter der Äquatorsonne!» Haenke stellte sich mit ausgebreiteten Armen vor den Alten, «im Sinne einer einigen Menschheit bitte ich Sie, meinen ärztlichen Anweisungen Folge zu leisten: also tief atmen, ja ja, tief atmen und locker, locker, Arme und Beine ausschütteln, so wie ich es Ihnen vormache, und wieder atmen, tief atmen.»
Die beiden Männer starrten perplex auf den hüpfenden und tief atmenden Doktor, und da platzte Carmona los, und Echegarays griesgrämiges Gesicht legte sich in fröhliche Falten.
«Sie sind ja ein Professor der Narretei, Caballero, ist das auch eine Ihrer Disziplinen?»
«Eine der wichtigsten, Vuestra Merced, der größte Narr ist der Weise, das meinte schon Shakespeare, der Engländer.»
«Da hatte er wohl gar nicht so unrecht», nickte Echegaray, und Haenke fuhr eilig fort:
«Um unsere gute Bekanntschaft zu festigen, möchte ich Sie beide heute Abend bei mir zu Tisch haben. Kleines nautisches Diner, Wein garantiert.»
Nun lächelte Echegaray zum ersten Mal.
«Ein geselliges Mahl? Ich nehme gerne an», er nickte den beiden zu und verabschiedete sich.
«Don Tadeo», lachte Carmona, «Sie sind nicht nur ein Freund, sondern auch ein wunderbarer Akteur. Wenn Sie mit Ihrer Wissenschaft fertig sind, kommen Sie zu mir ans Theater. Und Ihren Abend nehme ich natürlich gerne an. Einen großen Dank noch für Ihre heilsame Einmengung.»

Haenke schritt eilig durch den dunklen Gang, an dessen Ende sich seine Kabine befand. Sein Zeitplan war durch die Deckbekanntschaften durcheinander gekommen, längst sollte er bei den Büchern sitzen. Da wurde er am Rock gezogen.
«Psst, Señor», flüsterte es aus dem Dunkel.

«Manuel? Bist du es, Manuel? Was ist los?»
Der Junge legte den Finger auf die Lippen.
«Still, Señor, still! In Ihrer Kammer ist jemand. Er sucht.»
«Was? Wer? Was sucht er dort?»
«Er sucht den Schatz, Señor!»
«Was für einen Schatz?»
«Vorsicht, Señor, es kann gefährlich sein.»
Haenke schlich zur Tür.
«Verraten Sie mich nicht, Señor, verraten Sie mich nicht!» flüsterte Manuel und huschte zur Seite.
Die Tür war angelehnt, Haenke stieß sie vorsichtig auf. Da kniete tatsächlich einer vor der Truhe und räumte sie aus. Haenke drückte ihm den Knöchel in den Rücken.
«Keine Bewegung!» zischte er.
Vor Schreck kippte der Mann beinahe in den Kasten. Er hob die Arme und winselte:
«Nicht, Señor, nicht!»
«Los, auf und an die Wand!»
Ein schmächtiger Kerl mit gekrümmtem Rücken. Nun erkannte er ihn, es war der Küchengehilfe.
«Also, dreh dich um. Was ist los, hier gibt's nichts zu kochen, oder hat dich der Capitán geschickt, um nach Rum zu graben?»
«Nicht Capitán», jammerte der Einbrecher und fiel auf die Knie, «bringt mich um, bitte nicht Capitán!»
«Also was ist los? Hier sind nichts als Bücher, Bücher, verstehen? Die kann man weder essen noch saufen. Kannst du überhaupt lesen? Na steh schon auf!»
Der Mann erhob sich. Eine Jammergestalt.
«Also ich schlage dir ein Geschäft vor. Heute abend kommen zwei Gäste zu mir, du bereitest mir etwas, was gut ist und satt macht. Und Wein brauche ich auch. Wenn das klappt, erfährt der Capitán kein Wort.»
Der Mann starrte ihn an, ließ den Mund hängen, und dann verzog sich sein Gesicht.
«Aber ja, Señor, aber ja», nickte er hastig, «danke, Señor, Sie werden

zufrieden sein. Danke, danke!» Er griff nach Haenkes Hand, beugte sich über sie. Haenke riß sich los.
«Laß das und schau, daß du weiterkommst!»
Der Seemann buckelte und verschwand. «Puff!» Haenke ließ sich in den Stuhl fallen, «was der Mensch nur gesucht hat?»
«Na, den Tesoro, Señor, den Schatz.»
«Den Schatz?»
«Sie sprachen davon, in der Truhe muß ein Schatz sein. Sie sagen, Sie sind ein Estanciero mit Pferden und Rindern.»
Haenke lachte los.
«Das ist das blödeste, was ich je gehört hab. Ich ein reicher Mann? Bei mir nach Schätzen zu graben ist die reinste Zeitvergeudung. Das kannst du ihnen sagen, und sag ihnen gleich, den nächsten, den ich erwische, den bekommt der Capitán. Warte noch, setz dich!»
Er zog ein Buch aus der Truhe. «Im Grunde haben sie gar nicht so unrecht. Das sind Schätze, versteckte Schätze, gebe ich zu, aber wer sie zu heben weiß, der wird reich, nicht an Dingen, verstehst du, aber an Wissen. Und das ist mehr wert. Kannst du lesen, Manuel?»
Der Junge schüttelte den Kopf.
«Dann werden wir es eben lernen. Jeden Tag eine Stunde, sobald dich der Cabo freigibt.»
«Wirklich, Señor», rief der Junge freudig, «das wollen Sie für mich tun? Ich werde lesen können?»
«Und schreiben, Manuel. Du hast Glück, die lange Schiffsreise gibt uns Zeit dafür. Nun muß ich aber ein wenig arbeiten. Morgen pünktlich die erste Stunde.»

Festlicher Tisch, die Paella dampfte in der Schüssel, gebratener Fisch in Reis und Muscheln; Salat gab es und Früchte und einen kühlen, schweren Wein aus Malaga.
«Königlich, königlich», schnupperte Echegaray.
«Nicht sehr feudal, etwas zu volksgewöhnlich für adelige Gaumen, Vuestra Merced werden mir zustimmen, oder?» Carmona grinste unverschämt. «Bei Hofe, sagt man, füttern sie eher französische Schweinsdärme als spanische Stierhoden.»

Echegarays Gesicht verfinsterte sich. Der verdammte Carmona, er konnte sein Schandmaul nicht halten. Eilig erhob sich Haenke, räusperte sich:
«Meine lieben Gäste, der große Abend allgemeiner Versöhnung ist angebrochen, und darauf wollen wir vorerst einmal trinken.» Er hob den Becher, hielt ihn hoch und stimmte ein Trinklied an, das Echegaray aus seinem konventionellen Panzer löste.
«Bravo», rief er, «bravo, Doktor, vortrefflich, Sie haben eine hervorragende Stimme.»
«Ich habe zwar nur Champagner verstanden», rief Carmona fröhlich, «aber dieser Wein tut's wohl auch. Salud, Señores!»
Sie tranken einander zu, und Echegaray wollte wissen, wer das spritzige Lied erfunden hatte.
«Es ist von Mozart», erklärte der Gastgeber, «aus seiner Oper ‹Don Giovanni›. Ich fand es in Wien vor meiner Abreise.»
«Mozart? Mozart? Nie gehört. Ist er gut?»
«Das kann man wohl sagen», lachte Haenke.
«Ja, ja, ein übermütiges Völkchen, diese jungen Künstler, die lassen einen umherhopsen, nichts für meine alten Beine. Aber das Lied ist ausgezeichnet.»
«Ich hoffe, ich habe Ihnen mit dem Gesang nicht den Appetit verdorben, Caballeros, wir wollen es uns schmecken lassen.»
Sie langten zu, ließen es sich schmecken, plauderten über Theater und Maler, über Mode und die Reise. Carmona stach nicht mehr zu, gab sich witzig und gesellig, der schwere Wein machte ihn leichter.
«Noch eine Aria, Amigo, wir brauchen noch eine Aria», rief Carmona übermütig, und Haenke erhob sich, verbeugte sich und gab ihnen mit viel Mimik Leporellos Registerarie, die sie, johlend über Don Juans ungeheuren Verbrauch, sehr genossen. Echegaray ließ die Freundschaft hochleben, Carmona die Liebe, und Haenke pries die weise Sophia. «Königlich, königlich», stammelte Echegaray. «Brillante, hombre, fantástico», lallte Carmona mit schwerer Zunge und umarmte den Gastgeber. Dann nahm er Echegaray beim Arm, und kichernd, prustend und schwankend drückten sich die beiden zur Tür hinaus.

Tage vergingen. Die Routine, der gewohnte Ablauf, ist ein reger Zeitschlucker. Wochen verstrichen. Die Sternenwiese des Südhimmels hielt ihn lange wach. Morgens am Bug suchte er durch das Teleskop den Horizont ab. Gemäß den Koordinaten der Seekarte, nach den ihm vertrauten Konstellationen mußte sich bald Land zeigen, die ersten Inseln, der Streifen zwischen Himmel und Wasser, Amerikas Küste. Das Schiff hielt guten Kurs bei günstiger, steter Brise. Die Flauten waren rar geworden. Es regnete manchmal, gewitterte und stürmte, fegte Brecher über Deck, aber die Hölle kehrte nicht wieder.

Mit seinen Gefühlen kam er nicht ganz klar. Freude war in ihm über die bald überstandene Reise, doch ebenso bedrückte ihn Unruhe, Ungewißheit mit bangen Fragen. Würde er den Anschluß finden? Würde er sich einfinden in die Gruppe? Außenseiter sein oder Kollege? Das gute Verhältnis zu den Kollegen war wichtig, das andere nicht so sehr. Doch, auch die Aufgaben natürlich. Was kam auf ihn zu? Gefahren der Wildnis, der monatelangen Reisen? Nun, das war sicher drinnen, wie der Hunger in Wien und der Sturz in den Zillertaler Alpen. Gleich der wegweisenden Flagge an der Mastspitze flatterte in ihm Erwartung und Unrast. Bewegt wie die See war er, als er sich vom Bug über die funkelnde Fläche nach vorne träumte.

Pünktlich und regelmäßig zur Abendstunde pochte Manuel an die Kabinentür. Der Junge machte ausgezeichnete Fortschritte, schon nach zwei Wochen las er stockend kurze Sätze. Er las und schrieb. In Haenkes Bücherei fand sich keine spanische Lektüre, so lieh er sich vom Capitán dessen einziges Buch aus, die Bibel. Nach weiteren drei Wochen betastete Manuel mit dem Zeigefinger die Bergpredigt und setzte Wort zu Wort. Haenke diktierte und erzählte, Manuel schrieb, was er sich merkte, was er sich dachte. Etliche Breitengrade südlich des Äquators, wenige Wochen vor dem Ziel, konnte der Junge lesen und schreiben.

«Du bist sehr begabt», sagte Haenke, «du hast das Zeug für mehr. Also bleib dabei: lesen, lesen und lernen.»

«Das will ich tun, Señor», nickte Manuel, «Sie haben mir so viel gegeben, mehr als je ein Mensch in meinem ganzen Leben. Ich möchte bei Ihnen bleiben, ich werde alles für Sie tun.»

«Das wirst du entschieden nicht!» rief Haenke streng.

Manuel sah ihn betroffen an:

«Wieso nicht, Señor, bin ich Ihnen nicht gut genug?»

«Ach, Manuel», rief Haenke und schüttelte ihn an den Schultern, «du sollst nicht dienen! Dein eigenes Leben sollst du leben, dein eigener Herr sollst du sein. Das schreib dir in deinen Kopf und in deine Seele. Sonst war unsere Arbeit umsonst. Frei in deinem Handeln, frei in deinem Willen, die Welt steht dir offen. Mach etwas daraus, mach etwas aus dir, und das wäre der schönste Dank, von dem du mir sprichst.»

Er ließ ihn los und spazierte durch die Kammer:

«Natürlich mag ich dich, Junge, gewiß bist du mir ein lieber Zeitgenosse, natürlich würde ich dich auch gern in meine Arbeit einführen. Aber das geht nicht. Ich bin für viele Jahre verpflichtet, es bleibt nichts übrig, wir müssen uns trennen.»

«Ich werde Sie suchen, Señor, und Sie wiederfinden, und dann werden wir beisammen bleiben.» Manuel ließ den Kopf hängen. Haenke sah ihn an, ging zu ihm hin. Dann drückte er ihn an sich.

Mit Carmona verstand er sich gut, er mochte diesen verrückten Plauderer. Wenn sie einander auf Deck begegneten, drehten sie oft lange Runden, besprachen das Leben, gerieten erregt aneinander und fanden sich in einem Lachen wieder. Doch auch mit Echegaray, der sich seltener auf Deck sehen ließ, riß die Beziehung nicht ab. Jener brummte zwar hin und wieder seine verstaubten Ansichten, war aber im Grunde ein friedfertiger Mensch, zugänglich für manches, wenn auch nicht gerade für Politik und Wissenschaft. Die drei Männer hatten ihren festen Wochentermin, an dem sie ihre gemütlichen und mitunter ausgelassenen Männerabende begingen. In weinseliger Stimmung kehrte Echegaray seine väterliche Seite hervor und beteuerte den Muchachos, wie er die Jüngeren nannte, daß er sich, wo auch immer, für sie verwenden würde. Sollten sie etwas benötigen, er würde es schon richten.

«Don José, die Zeiten ändern sich», grinste Carmona bei so einer Gelegenheit, «wenn Sie einmal in der Klemme sind, dann kommen Sie ruhig zu mir.»
«Ich danke dir, Muchacho», nickte der würdige Echegaray, «ich hoffe nur, daß mir die geänderten Zeiten erspart bleiben. Mein schon etwas verbrauchter Körper berechtigt wohl zu solcher Annahme.»
«Mit dem Geist des Weines auf den unverbrauchten Geist!» Haenke und Wein ließen keine Mißtöne aufkommen. «In diesem da soll die Wahrheit stecken, was immer auch das sein mag.»

November war es geworden, und der dunkle Streifen zeichnete sich im Westen ab. Portugals Land. Der Capitán hielt das Schiff auf Distanz, denn Spanien stand mit seinem iberischen Nachbarn nicht auf bestem Fuß, zumeist sogar auf kriegerischem.
Eines Tages sichteten sie eine Fregatte. Haenke stand neben dem Capitán auf dem Oberdeck.
«Was ist? Siehst du was?» brüllte der Capitán hinauf zum Mastkorb.
«Kein Zeichen, Capitán!» brüllte es zurück.
Matrosen hingen in den Tauen, starrten gebannt auf das schnell aus dem Meer wachsende Ding. Freund oder Feind?
Endlich der Jubelschrei von oben:
«Españoles, Capitán, die Unseren, Spanier sind es!»
Der Capitán blies die Luft von sich, die Besatzung warf die Mützen hoch.
«Verdammt, verdammt», brummte der Bär erleichtert, «der Jungfrau sei Dank, daß der flatternde Fetzen unsere Farben trägt und nicht die der verdammten Engländer.»
«Seid ihr denn im Krieg mit den Briten?» wunderte sich Haenke.
«Die scheren sich nicht darum, die kennen keinen Frieden auf dem Wasser. Sie können es nicht verwinden, die Hunde, daß sie den Norden verloren haben, nun räubern sie im Süden. Wenn sie auf Beute aus sind, hissen sie den Totenkopf, und der englische Georg wäscht sich die Hände in Unschuld. Piraten von Königs Gnaden sind sie.»

Der Steuermann drehte auf West-Süd-West, die Küste begann aus dem Horizont zu wachsen, das Schiff nahm Kurs auf Montevideo, den befestigten Atlantikhafen des Vizekönigtums La Plata. Flaches Land, kaum eine Erhebung. Wo war jener Berg, den sie damals vor zweieinhalb Jahrhunderten sichteten? «Monte veo!» hatte der Mann vom Ausguck gerufen. Haenke sah den Monte nicht, doch im Wasser tat sich Seltsames. Das Meer war zweigeteilt, zwei verschiedene Wasser grenzten aneinander, vermengten sich nicht. Auf der einen Seite das glasig grünliche, silbern geäderte Atlantikwasser, auf der anderen ein rötlich brauner kompakter trüber Absud. Parallel zur Küste zog sich die unsichtbare Wasserscheide. Haenke lief zum Capitán.
«Sehen Sie nur! Wie erklären Sie sich das?»
«Das erkläre ich mir damit, Doktor», grinste der Bär, «daß uns der La Plata willkommen heißt. Er schiebt seine Wasser in den Ozean, dieser ‹Silberstrom›. Jene, die ihn so nannten, hatten sich wohl vollaufen lassen, mit einer vollen Ladung schätze ich, sonst hätten sie nie das Silber in diesem Kaffee entdeckt.» Brüllend vor Lachen stieß er Haenke an. «Ja, ja, verehrter Doktor, morgen haben wir Land unter den Füßen.»

Letzter Abend an Bord. Ein warmer Nordwest strich über Deck, doch der Cabo ließ die Segel raffen. Erst in den Frühstunden wollte man anlegen. Nach 97 Tagen schaukelte die «Nuestra Señora del Buen Viaje» auf 56 Grad westlicher Länge und 35 Grad südlicher Breite in lauer Frühlingsnacht ihre letzten Meilen ab. Die Mannschaft feierte, der Capitán lag neben seiner Rumflasche im Bett. Außer dem feuchtfröhlichen Timonero und zwei ebenso feuchten Matrosen befand sich niemand auf Deck.
Haenkes Gepäck, verschnürt und verschlossen, lag zur Ausladung bereit. Die flackernde Lampe gab wenig Licht, doch er saß noch bei Tisch vertieft in Carl von Linnés «Systema Naturae». Ein letztes Kapitel wollte noch gelesen sein, doch die müden Augen tränten. Er faltete seine Kleider behutsam zusammen, legte sie auf den Schemel, das Buch obenauf. Dann blies er das Licht aus. Todmüde war er, aber der Schlaf kam nicht, zu laut war das Gegröle aus dem Mannschafts-

raum, zu unruhig ging es auch in ihm zu. Er zog sich die Schlafmütze über die Ohren, starrte ins Dunkel. Und was morgen? Morgen ist alles klarer.

Er flog aus dem Bett, polterte gegen die Wand. Ein gewaltiger Stoß, der Fausthieb eines Giganten hatte das Schiff getroffen, Knirschen, Bersten, nervensägendes Splittern von Holz. Er torkelte hoch und zog sich die Hose über. Wasserrauschen. Er wankte barfuß auf Deck, fiel gegen die Reling, an der er Halt suchte. Gestalten krochen die Planken hoch, richteten sich auf, fielen nieder. Gebrüll, Gekreische überall. Der bleiche Echegaray humpelte an, dann Carmona, entsetzt, fassungslos. Wo war der Capitán?

Das Schiff war auf einen Felsen gelaufen, war von diesem aufgespießt worden. Langsam neigte es sich dem Wasser zu.

«Boote frei! Boote frei!» brüllte der Cabo.

Manuel drängte sich zu Haenke hin.

«Die Bücher, Señor, die Bücher!»

«Nichts zu machen, Manuel», murmelte Haenke und starrte in die Heillosigkeit, «wir müssen schauen, daß wir unsere Haut retten. Und du, ab ins Boot mit dir, ich komme gleich nach.»

«Lassen Sie mich, ich hole es, Señor, lassen Sie mich!»

«Ins Boot mit dir», brüllte Haenke, «los, ins Boot mit dir!»

Er stieß Manuel fort und tastete sich hinunter zur Kammer hin. Die Tür schlug gegen die Wand, Wasser sickerte durch die Fugen; Kiste, Gepäck, Mobiliar lagen im Haufen. Der Schiffsrumpf ruckte und sackte ab.

«Oh, mein Gott!» er riß die Lade auf. Die Dokumente, die Empfehlungen, das Schreiben aus Madrid. Er steckte alles in die Hosen. Er überlegte, das Wasser konnte die Papiere wertlos machen. Er nahm sie aus der Hose und stopfte sie in die Schlafmütze, dazu noch den Linné. Widerliches Knarren und Rucken. Manuel stand in der Tür.

«Schnell, Señor, kommen Sie doch, wir sinken!»

Sie hetzten die schrägen Wände entlang, stießen an Balken, krochen über die Diele, zogen und stemmten einander auf Deck.

Die Boote schaukelten in einiger Entfernung von dem sich neigen-

den, tödlich verwundeten Rumpf. Haenke glitt aus, rutschte ab.
«Tadeo», rief es aus einem der Boote, «wo sind Sie, Doktor? Kommen Sie schon! Springen, los, springen!»
Es war Carmona, der schrie. Oben in den Wanten stand der Capitán am geneigten Mastbaum, reglos stand er dort, nur sein freier Arm zuckte und schwankte wie eine lose Rahe.
«Capitán!» brüllte Haenke. «Retten Sie sich!»
Doch der starrte verständnislos zu ihm hin, ein trauriger Clown mit roter Nase.
Manuel war im Wasser und schlug sich zum Boot. Haenke kroch über den Bordrand, griff ein hängendes Tau und seilte sich vorsichtig ab. Nur nicht den Kopf unter Wasser, die Mütze, in der die Papiere steckten, mußte trocken bleiben. Er schwamm erhobenen Hauptes, Arme streckten sich ihm entgegen, faßten ihn, zogen ihn ins Boot.
Haenke sah zum Schiff hin. Eine traurige, schwarze Ruine auf mondhellem Grund, schiefe Masten, baumelndes Takelwerk.
Graugesichtige Seeleute faßten die Ruder, hinten am Steuer saß der Cabo.
«Los!» Sie zogen die Ruder durchs Wasser, eine Welle brach über den Rand, schwabbelte an den Beinen.
«Schöpfen!» brüllte der Cabo. Mit Händen, Hüten und Gefäßen schaufelten sie das Wasser aus dem Boot.
«Los!» Ächzend zogen sie an den Holmen.
Im Schein des mitternächtlichen Mondes zeichneten sich Formen der nahen Stadt ab. Mild war die Frühlingsnacht des 23. November 1789 und voll Gefahr und Jammer.

*«Buenos Ayres in Südamerika, den 30. Januar 1790.*
*Beste, schätzbarste Aeltern!*
*Aus einer wichtigen Absicht erhielten Sie von mir von Montevideo aus keine Nachricht: denn jede Nachricht von dieser Stelle aus hätte Ihnen den größten Kummer und Unruhe verursachen müssen, über die Lage, in der ich an diesem Landungsplatz angekommen bin. Sie werden nun wahrscheinlich schon durch die Briefe des Herrn Hieke erfahren haben, daß das Schiff, in dem ich nachgeschickt wurde, am 23. November 1789*

*in der Nacht um 10 Uhr an dem nördlichen Ufer des Silberstromes (Rio de la Plata) an einer verborgenen Klippe scheiterte. Wir haben auf die jammervollste Art in dieser schrecklichen Nacht noch unser Leben gerettet, da im übrigen der größte Theil meiner Equipage, die ich mir sowohl in Wien als in Cadix angeschafft hatte, verloren gegangen. Ich bin nach diesem schrecklichen Zufall, von dem ich Ihnen lieber gar nichts erzählen will, gegen drei Wochen krank gewesen und erst am 23. Dezember 1789 bin ich von diesem Hafen nach Buenos Ayres in die Residenz des Vicekönigs abgesegelt, da die beyden Fregatten, die zur Reise um die Welt bestimmt sind, kurz vor meiner Ankunft in Montevideo ausgelaufen waren.»*

Unwillig warf er die Feder weg. Was zum Teufel sollte diese Schwafelei! Hilflos war er im Spital gelegen, vom Fieber gebeutelt, Lungenentzündung diagnostizierte der Kollege. Doch etwas anderes hatte ihn weit mehr niedergeschlagen: die Ausweglosigkeit. Schiffbrüchig, mittellos, ohne Bücher und Instrumente, die Aufzeichnungen verloren. Und vor allem: wieder zu spät, wieder den Anschluß verpaßt. Sie hatten nicht gewartet. Die beiden Korvetten waren bereits zu den Malvinen unterwegs. Wie sollte er ihnen nachschwimmen? Und was sollte er hier, allein? Er kannte sich selbst nicht mehr. Als sie ihn aus dem Spital entließen, irrte er umher, düster, grübelnd, verzweifelt. Der gute Carmona hatte ihn noch im Spital aufgesucht, sich von ihm verabschiedet.

Dann aber Buenos Aires, geschäftiges Buenos Aires am Silberfluß, der sich gleich einem lehmfarbenen Meer von der Stadt zum Horizont ausbreitete. Buenos Aires, brodelnder Hexenkessel, in wenigen Jahrzehnten aus der Steppe gewachsen, Stadt der vierzigtausend Wirrköpfe. Die Vornehmen gaben sich vornehmer und spanischer als Madrider Hofschranzen, machten in Geziertheit und tänzelnder Etikette wie Protagonisten eines Rokokotheaters. Grotesk ihr gepudertes Gehabe in dieser Pampastadt, durch die brüllende Rinderherden stampften. Ebenso Stadt der gärenden Empörung, voll Geflüster und Geschrei, Pamphleten und Gesängen. Die Zirkel. War er doch in einen solchen hineingeraten. Junge Leute dort, doch auch ältere,

Spanier, Kreolen, Künstler, Literaten, Wissenschaftler, Mönche, und sie alle flochten emsig an der Verschwörung gegen das Mutterland. Ein Tollhaus, dieses Buenos Aires. Erst vor vierzehn Jahren waren sie von Lima losgekommen, hatten nun ihr eigenes Vizekönigtum. Doch nicht genug damit, die Unabhängigkeit schrieben sie aufs Tapet, wollten die Nabelschnur kappen, träumten von der endgültigen Lostrennung. Wie sagte doch Carmona bei einem ihrer Gespräche: «Keine halben Sachen, wir Kreolen sind mündig, und Spanien wird uns lieb und wert sein, wenn es sich zum Teufel schert. Und der Teufel saß schon immer in Madrid.»

Und Echegaray, welch ein glücklicher Zufall, die Bekanntschaft dieses Mannes. Der Spanier hatte ihn nicht nur herzlich aufgenommen, sondern ihm auch die Wege geebnet, die er für ein Weiterkommen benötigte. Die Musikabende wurden ihm zusätzlich zum Vehikel in die oberen Kreise. Und nun wollten sie ihn nicht fortlassen, sie wollten ihn halten. Das war das Problem. Amt und Würde war ihm vom Vizekönig versprochen worden. Aber es hielt ihn nichts hier, ihn trieb es nur noch zu Malaspina, zur Expedition. Er hatte seinen Plan, doch er benötigte dazu Mittel und Absegnung durch den Vizekönig. So sprach er bei Echegaray vor, bat um Unterstützung. Väterlich betrachtete ihn sein bewährter Mittelsmann.

«Schlagen Sie sich das aus dem Kopf, Don Tadeo, nie werden Sie Malaspina erreichen, bleiben Sie doch hier bei uns, wir werden für Sie gut sorgen.» Haenke war auf diese Antwort vorbereitet.

«Es ist eine ernste Sache, Don José, der König selbst hat mir den Auftrag erteilt. Gerade Sie müßten es billigen, daß ich mit allen Kräften danach trachte, diesem Wunsch Folge zu leisten. Unter diesem Gesichtspunkt wird auch der Vizekönig nicht nein sagen können. Ich brauche die Mittel, und ich brauche sie schnell. Ich bitte Sie sehr, sich für mich zu verwenden, sonst scheitert der Plan.»

«Wie ist nun Ihr Plan? Wie wollen Sie die Expedition noch erreichen?»

«In Valparaiso, Caballero, ich marschiere geradewegs nach Valparaiso.»

Echegaray war sprachlos.

«Sie sind nicht bei Trost, Don Tadeo», platzte es aus ihm heraus, «verzeihen Sie, aber Sie sind vollkommen verrückt. Allein nach Valparaiso! Das sind 250 Leguas durch die Pampa, wochenlang durch die Trockenheit, durch Indiogebiet, wo sie jeden Fremden massakrieren, sobald sie ihn nur riechen, und dann noch über die Anden, über die eisige, felsige Kordillere. Wissen Sie überhaupt, wovon Sie reden? Nein, nein, Muchacho, Sie sind völlig verrückt. Da können Sie sich gleich hier umbringen lassen und ohne sonderliche Strapazen.»
Doch Haenke ließ nicht locker. Weder lange Wanderungen noch hohe Berge wären ihm etwas Neues, sein Körper sei dafür bestens geschaffen. Er redete und redete, bis sich der kopfschüttelnde Alte überreden ließ.
*«Ich reise nun nach den Befehlen des Königs, die ich im Schiffbruch unter einer dichten Schlafmütze auf meinem Kopf ans Land brachte, zu Lande über die ungeheuren Gebirge Cordilleras des Andes, nach Chile, in den Hafen Valparayso, wo mich mit Ende des Monats Martius eine der beiden Fregatten ausdrücklich erwarten muß. Morgen oder übermorgen breche ich von hier nach Mendoza auf.»*
Noch die Grüße und Wünsche und Schluß und fertig mit dem Schreiben. Er stand auf, schüttelte sich aus, schüttelte ab. Das wäre erledigt. Als nächstes kam die Pampa dran.

Die Welt war eine Scheibe, zu deren Rändern sich der Himmel neigte. Endlose Pampa, gelbgrüne Ebene, lebenspendende, lebenbedrohende, einzigartige Steppe, Land wie ein Ozean. Die Sonne stand im Norden. Längst hatte sie den Steinbock verlassen, nun stieg sie über dem Äquator in den Zenit. Backofenhitze des Spätsommers, höllischer Ostwind, feucht und heiß klebte er an Leib und Seele. Menschenleere, Natur der Anfänge.
Die Karawane bestand aus dem Pferd unter ihm und dem hinter ihm. Das Pferd hinter ihm war mit Packen und Ballen beladen. Ein Segler hoch oben, weit hoch oben. Was wußte er von ihrem Schweiß, was wußten sie von seinem Hunger. Jeder mit seinem Gesichtspunkte, jedem seine Weltsicht. Proportional zur Verdauung und Verdorrung äußert sich die wahrnehmbare Welt in ihren Ausmaßen und

Formen. «Oh, diese Sonne, diese Sonne!» schrie er auf, worauf der Pferdekopf aufzuckte. «Ich schnappe über vor Sonne!»
Er knüpfte das Tuch vom Hals, schob den Sombrero aus der Stirn und wischte sich über das schweißnasse Gesicht. Ein neu gekleideter Haenke saß im Sattel. Kniehose, Stutzen, Schnallenschuhe, Frack und Rüschchenhemden lagen im Ballen auf dem Packpferd. Ebenso die Perücke. Sein strähniges Haar klebte an den Ohren. In loser Bluse, weiten Hosen, die Füße in kurzschaftigen Stiefeln war er zum Pamparitt aufgebrochen. Sie hatten ihn gut beraten. Der Poncho lag vor ihm auf dem Sattel, bester Schutz gegen Regen und die kühlen Nächte. Bislang hatte er ihn noch nicht übergezogen, in den vier Tagen, die er nun von Buenos Aires unterwegs war, hatte es nicht geregnet, und von Kälte ließ sich bei dieser Hitze nur träumen.
Einen Monat war es nun her, daß er den Eltern geschrieben hatte, er werde in zwei Tagen nach Mendoza aufbrechen. Illusionen. Ämter, Papiere, Audienzen – daran verdampfen Illusionen wie Wasser auf heißen Steinen. Echegaray hatte sich redlich bemüht, noch ein Siegel, noch ein Wisch, noch eine Eingabe und warten, warten. «Mañana», hieß es immer, ein langes Morgen, ein drei Wochen langes. Erst am 24. Februar trabte seine Einmannkarawane aus der Stadt und durch die Auen des Deltas westwärts, vorbei an den Ranchos, den Haciendas, hinein in diesen Backofen. Drei kostbare Wochen waren ihm von den Bürokraten gestohlen worden. Und diesmal ging es um alles, ein Schiffbruch, welcher Art auch immer, war nicht mehr drinnen.
Aber den Gedanken daran ließ er nicht aufkommen. In heiterer Gelassenheit ritt er in diese neue Welt hinein. Haenke hatte sich nicht nur in seiner Kleidung verändert. Die enorme Einsamkeit, die Ebene, in der sich das Auge weder an einem Berg noch an einem Baum festhalten konnte, die ihm ungewohnte Hitze, in der die Luft flatterte und flimmerte, diese Sonne, die den Boden aufriß und zu Staub sengte, das alles versetzte ihn in einen Zustand heiterer Hinnahme. Das Erlebnis der neuen, kargen, entrückten Landschaft vertrieb Angst und Unrast. Er, der Waffenlose, dachte nicht an Gefahren; frei fühlte er sich, ungebunden, Herr seiner selbst und seiner Wege.

Wenn die Tiere rasteten, sammelte er Gräser und Pflanzen, staunte über Formen und Farben, spaltete Steine, sammelte Proben und verstaute sie in Behältern. In Gedanken schrieb er Abhandlungen, die er nach Wien an Jacquin und Born absenden würde. Nein, er war auch hier im Grunde kein Fremder, nirgendwo würde er es sein, beste Beziehungen unterhielt er zu dieser Erde, zu ihrem Gestein und ihren Organismen, die Welt hieß ihn überall willkommen. Dieses Bewußtsein, seine enge Vertrautheit mit der Natur, war die Kraft, mit der er, wie es ihm schien, Berge versetzen könnte. Das Risiko überließ er voll und ganz seinem Schutzengel.

Nach der von ihm angefertigten Reisekarte befand er sich schon gute vierzig Leguas nordwestlich von Buenos Aires und sollte nun bald in Pontezuelas eintreffen. Die Sonne neigte sich gegen Abend, die Hitze hatte etwas nachgelassen. Er trieb das Tier an. Ein ferner Punkt wuchs langsam aus der Ebene.

Pontezuelas war eine der Postas, die in Abständen von etwa zehn Leguas die Straße quer durch die Pampa markierten. Sie boten den Reisenden Obdach und Versorgung. Pontezuelas war ein längerer, aus getrockneten, massiven Lehmziegeln errichteter, ebenerdiger, strohbedeckter Bau, an den sich einige Hütten und Verschläge anschlossen.

All diese Postas ähnelten einander sehr, und selbst ihre Wirte schienen vom gleichen Stamm zu sein. Straßen und Postas waren schon bald nach der Konquista angelegt worden, um den Krieg ins Land treiben zu können. Später dienten sie den Reisenden, den Handelskarawanen und weiter und immer dem Kriegsvolk. Der Kontinent kam nicht zur Ruhe. Aufstände, Strafexpeditionen, Raubzüge, Überfälle wilder Stämme, Brand, Mord, die ungebrochene Kette von Gewalt und Terror überzog Spaniens amerikanische Kolonien vom Hochland zu den Regionen der großen Flüsse, vom Norden Mexikos zum La Plata. Die Pampa blieb davon nicht verschont, von sicheren Straßen in den Virreynatos konnte keine Rede sein.

In den Postas schlief man auf Stroh, aß gebratenes Fleisch, trank Fusel oder schales Bier und hin und wieder Wein. Die Pferde wurden versorgt, ermüdete Tiere ausgewechselt. An Tieren mangelte es in der

Pampa nicht. Millionen Rinder, ungeschützt sich selbst überlassen, grasten sich durch die Ebene, flinke Pferde griffen aus, jagten in reiterlosen Kavalkaden dahin. Sie zu fangen und zuzureiten war die Meisterschaft der Gauchos, jener Männer mit den roten Stirnbändern, den handgroßen Sporen an den Stiefeln, dem langen Messer in der Bauchbinde, dem Fangseil mit den Bolas am Sattelknopf. Menschen in weiten Pumphosen, kurzen Jacken und Ponchos, den helmartigen Hut ums Kinn gebunden, von der Sonne gebrannt, vom Staubwind gegerbt, Kreolenbärte, Mestizenaugen. Eins mit seinem Potro war der Gaucho, Nährmutter war ihm die Pampa.

Haenke stieg ächzend vom Pferd, tätschelte den Hals des Tiers, bedankte sich ebenso beim Tragpferd. Die Zügel legte er um den Pflock, dann trat er in die Posta. Durch den dunklen Raum zogen duftende Rauchschwaden vom Kamin her, wo über offenem Feuer Fleischstücke tropften. Ein wunderbarer Duft für einen knurrenden Magen. In der Ecke, am Tisch, saßen zwei Männer und starrten ihn an.

«Buenas tardes», grüßte Haenke, nahm den Sombrero ab und wischte sich das Gesicht.

Die Männer nickten:

«Buenas tardes, Caballero.»

«Bienvenido!» rief der Wirt aus dem Dunkel. «Willkommen, Caballero!» Er wälzte sich Haenke entgegen, ein beleibter, glatzköpfiger Mann, eine große Schürze um den runden Bauch.

«Die Pferde!» Haenke zeigte hinaus. «Futter und Wasser für die Pferde!»

«Wird erledigt. Bestes Korn, reinstes Wasser für die Pferdchen. Und der Caballero?»

«Keinen Hafer, wenn ich bitten dürfte, ich fange sonst noch zu wiehern an.»

Den Eckmännern gefiel der Witz ausgezeichnet, vor Vergnügen schlugen sie den Tisch mit den Händen und wieherten auch ohne Hafer. Der Wirt grinste und wartete auf Antwort. Haenke klopfte ihm auf die Schulter.

«Na dann, Patrón, was zu trinken in Gottes Namen, ich verdurste. Wein? Na, wunderbar, und ein wenig Wasser dazu, damit mir der Durst nicht das Hirn vernebelt. Etwas von dem Fleisch. Und was dazu? Reis. Also her mit allem.»
Der Wirt wackelte davon, und Haenke ließ sich an einem der groben Holztische nieder.
«Verzeihen Sie, Caballero», rief es aus der Ecke, «aber wollen Sie sich nicht zu uns setzen. Bekanntschaften tun gut in der Einöde.»
«Gerne.»
Er ging zu ihnen hin, stellte sich vor, da erhoben sich die beiden und nannten ihre Namen. Kaufleute waren sie aus Rosario und auf dem Weg nach Buenos Aires.
«Und Sie, Caballero, wohin?»
Der Wirt brachte einen Tonkrug mit Wein und einen Topf mit Wasser, stellte einen angerauchten Zinkbecher dazu.
«Darf ich Sie zu einem Trunk einladen?» fragte Haenke.
«Das ist sehr freundlich», nickten die Kaufleute.
«Noch einen Krug und Becher, Patrón!» rief er dem Wirt nach, was von dem prompt befolgt wurde.
«Also, Salud, Caballeros, auf unsere Bekanntschaft!» Sie hoben die Becher und stießen an.
«Wohin geht Ihre Reise, wenn man fragen darf?»
«Nach Chile.»
«Caramba, caramba, das ist aber ein langer Weg und ein gefährlicher dazu. Und die Kordillere! Da haben Sie sich aber viel vorgenommen. Wo ist denn Ihre Begleitung?»
«Hier.»
Die beiden sahen sich in der Stube um.
«Hier, Señores, sie sitzt vor Ihnen.»
«Was, allein, ohne Begleitung? Ist das ein Spaß?»
«Nein, ich reise allein.»
«Das geht nicht, das ist unmöglich. Sie sind Ausländer, Sie kennen das Land nicht. Niemand reist allein nach Chile. Die Indios! Da könnte ich Ihnen Dinge erzählen, grauslich, wirklich grauslich. Aber es sind nicht nur die Wilden. Die Pampa, weiter im Westen ist sie

trocken und dürr wie die Wüste. Wie wollen Sie das durchstehen? Bei Gott, ich will Ihnen nichts vormachen, aber Ihr Vorhaben, sehr gewagt, Caballero, sehr gewagt. Wenn Ihnen was zustößt, was Gott verhüten möge, wer kann Ihnen da helfen? Niemand reist hier allein. Glauben Sie einem, der das Land kennt.»
Die Warnung war nicht unberechtigt. Hatte ihn doch auch Echegaray einen tolldreisten Draufgänger genannt. Nahm er sich zu viel vor? Schweigend trank er, und der Wein tat gut. Der Wirt brachte dampfendes Fleisch auf einem Holzbrett, dazu Salz und Gewürze. Ein scharfes Messer steckte im Braten. Er nahm das Fleisch mit der Hand, hielt es mit den Zähnen und säbelte mit dem Messer den Bissen vor der Nase ab. Das hatte er auf einer Hacienda in Buenos Aires gelernt. Die Tischnachbarn würdigten seine Fertigkeit.
«Sieh da, ein Gringo und schon ein Gaucho!» rief der eine. «Das ist eine ausgezeichnete Verbindung in unseren Gegenden.»
«Na also», lachte Haenke, «nun bekomme ich doch noch Ihren Segen.»
Duftendes, schmackhaftes, gut gebratenes Fleisch, der Reis ein wenig trocken. Er goß Wein nach und fühlte sich behaglich und sicher. Die Händler zogen Tabakdosen hervor, schnupften und niesten.
«Salud, Señores», rief er übermütig.
«Gracias», nickten sie im Chor.
«Ich danke Ihnen, Señores, daß Sie mich vor dem Ritt warnten. Er ist nicht ungefährlich, ich weiß es. Aber es gibt für mich keinen anderen Weg.»
«Kommen Sie doch mit uns nach Buenos Aires. Dort schiffen Sie sich nach Valparaiso ein und sind Ihre Sorgen los. Eine geruhsame Schiffsreise.»
Haenke lachte hell auf.
«Da will ich Ihnen einmal erzählen, wie geruhsam das Reisen heutzutage ist.»
Und er erzählte ausführlich von seinem Schiffbruch vor Montevideo.
«Sehen Sie, Sicherheit ist schon immer eine sehr unsichere Sache gewesen. Der Mensch soll sich von seinem Weg nicht abbringen lassen, wer weiß schon, wo er sonst hingerät. Und damit, Cabal-

leros», er erhob sich, «Ihnen eine gute Nacht und eine angenehme Reise in die Hauptstadt. Vor Sonnenaufgang hat mich die Pampa wieder.»

Elfter Tag. Haenke trieb die Tiere an, er war in Verzug geraten, drei Tage leichtsinnig vergeben wie ein Spieler den Einsatz. Nach all den Postas, den Räucherkammern, oft mit kläglicher Unterkunft und schlechter Versorgung, war er in Rincón de Bustos gelandet, einem Schmuckstück, einer Traumoase nach zermürbender Reise, nach Hitze und Staub. Das solide Stockhaus der Posta mit Veranda im Schatten hoher Bäume. Ein sauberes Bett, eine gute Küche und vor allem ein klarer Teich. «Hier bleibe ich!» jubelte er schon, als er vom Pferd stieg. Seit Tagen hatte er sich kaum reinigen können, Staub und Schweiß krusteten an seinem Körper. Angezogen, wie er war, stapfte er gleich ins Wasser und zog sich erst drinnen die Kleider vom Leib.
So blieb er länger, als er geplant hatte, und diese Rastzeit hatte er nötig, denn die Tage im Sattel hatten ihn gemahlen. Er war nun einmal kein Viehtreiber und die Pampa keine Almwiese. Zerschlagen, todmüde war er bei den letzten Postas aus dem Sattel gefallen, kaum, daß er etwas zu sich genommen hatte, kraftlos war er ins Schlafstroh gesackt. Er mußte zu Kräften kommen, und nichts eignete sich besser hierfür als diese schattige Zuflucht. Er nützte auch die Rasttage in Rincón und durchstreifte mit suchenden Augen und erntenden Händen die Umgebung.
Nun aber drängte der Kalender. Er trieb die Tiere an, die lange Strecke bis Tambo mußte an diesem Tag bewältigt werden.
Die Pampa hatte sich verändert; in den Spalten der sandigen, rissigen Tonerde verkümmerten winzige, gelbdürre Gräser, am Wegrand harte, staubige Disteln. Die Pampa wurde zur Wüste. Der harte Boden gab die Sonnenglut ab, die immense Ofenplatte brannte die Hufe der Tiere. Dennoch trieb er sie an, obwohl er wußte, daß es unvernünftig war. Diese Gangart würden sie in diesem Vorhof der Hölle nicht lange durchstehen können. Die Hitze war tödlich. Gebannt blickte er nach vorne. Nichts als brütende Wüste. Er zog das Teleskop aus

dem Gepäck. Und da! Wahrhaftig ein Berg, ein aus einem See aufragender Inselberg. Er fingerte die Skizze aus der Tasche, studierte sie. Unmöglich, das konnte doch nicht schon die Kordillere sein! Nein, nicht die Anden, doch sicher die Ausläufer der Cordobeser Berge, vielleicht der Morro, nicht sehr hoch, doch der höchste des Zugs, so an die tausend Brazas. Doch der See! Da war weit und breit kein See eingezeichnet. Sonderbar.
«Los!» kommandierte er. Die müden Tiere griffen aus, fielen aber bald wieder in den langsamen Trott.
«Wir kommen bald an einen Fluß», tröstete sich Haenke. Und dann waren sie am Fluß. Weiß glänzten Steinbrocken und Kies im rötlichen Sand. Kein Tropfen Wasser, nicht das zarteste Rinnsal. Betroffen starrte er in den trockenen Graben, und die Angst weichte seine Knie. Der Durst war unerträglich.
«Los!» keuchte er, nahm die Zügel und zog die Tiere zum anderen Ufer. Wie weit war es noch bis zum See? Er richtete das Teleskop wieder auf den Berg. Der Berg war da, aber der See hatte sich verschoben. Ihm wurde schwach. Luftspiegelung, es gab keinen See. Tambo, betete er, oh, mein Gott, die Posta, wenn wir nur schon dort wären!
Er hakte die letzte Fellflasche vom Sattel, goß das wenige warme Wasser auf einen Teller und hielt ihn den Pferden unter die Nüstern. Er saß vornübergeneigt im Sattel, die Zügel baumelten. Trocken waren seine Lippen, gespalten wie der Boden unter den Hufen. Die Kehle brannte.
«Geier», murmelte er nach einem Blick zum Himmel.
Die Vögel kreisten. Woher wußten sie nur, wo was zu haben war?
Er döste vor sich hin, gleichgültig, schicksalergeben. Sein Pferd stolperte, er rutschte ab, zog sich wieder hoch, hielt sich am Sattelknopf. Das nächste Mal würde er abfallen, liegen bleiben auf dem Bratrost, dann würden sie kommen, die von oben, und warten und heranhüpfen, näher und näher.
Stunden waren vergangen, und er ritt der Sonne entgegen. Durch müde, schmerzende Lider blinzelte er den Weg ab. Ein Baum in der Ferne! Er nahm das Teleskop ans Auge. Eindeutig ein Baum und

daneben ein Gebäude, ein Haus, was sonst! Tambo! Gott sei es gedankt, endlich die Posta!
«Vorwärts, meine Lieben», hauchte er, «wir sind gerettet.»
Es dauerte noch fast eine Stunde. Er glitt vom Sattel, wankte zum Haus, zum Trümmerhaus. Schwarz gebrannte Balken, wie Augenhöhlen eines Schädels starrten leere Fenster ihm entgegen, zerbrochene Bretter glosten, rauchten. Die zertrümmerte Tür grausig verrammt mit dem reglosen Körper einer Frau. Ihre Kleider zerfetzt, in ihrem geschundenen Gesicht blicklose Augen unter wirrem Haar. Nicht weit von ihr ein Mann mit zertrümmertem Schädel.
Er wandte sich ab.
«Oh Gott, oh Gott», stammelte er, «gib mir Kraft!» Mit irren Augen sah er sich um, und der Befehl machte sich stark in ihm: Sie müssen begraben werden, die Menschen müssen unter die Erde, ehe die Geier anfliegen. Doch vorerst trinken, trinken! Dort der Brunnen! Er wankte hin, warf den Eimer hinein, doch der Eimer fiel nicht. Er beugte sich über den Rand. Im Schacht steckte ein toter Mensch. Er fiel in die Knie, zog sich abermals am Brunnenrand hoch, stolperte zum Haus hin, stieg über die tote Frau, wankte ins Innere, das voll Rauch und Brandgeruch war, kroch in die Ecken, wühlte in den Trümmern. Ein Spaten, nirgendwo ein Spaten? Er fand ein Beil. Gut so, gut so. Er kroch über den Leichnam ins Freie, auf allen Vieren kroch er. Er hieb mit dem Beil auf den harten Boden, schob eine Handvoll Staub beiseite, kniete und hackte auf den Boden ein, mit beiden Händen hielt er das Beil, kratzte die lose Erde auf einen Haufen. Hinein müssen sie, jaja, in die Erde müssen sie. Abermals hob er das Beil und fiel der Länge nach hin, seine Hand krabbelte wie eine Spinne im Staub.

Er war auf dem Schiff. Leise schlugen die Wellen die Flanken, sanft schaukelte der Segler. Der Capitán goß Eimer voll Wasser über das Deck, benetzte sein Gesicht. Er schlug die Augen auf. Ein langhaariger, schwarzbärtiger Mann nickte ihm zu. «Man muß sie begraben», hauchte er hastig zu dem Schwarzbärtigen, wollte sich aufrichten, konnte es nicht. Die furchtbare Erinnerung stieg in ihm auf. Der

Mann kraulte sich den Kopf, deutsche Worte, er verstand sie nicht.
Allmählich kam Haenke zu sich. Er lag in einer breiten an zwei Baumstämmen befestigten Hamaca, er lag im Hof bei einem Rancho, einer jenem einfachen Häuser, in denen hier die Gauchos wohnten. Er fühlte sich sehr schwach.
«Salud», lächelte er, «wo bin ich?»
«Salud», lächelte der Mann, «Sie sind ein Glückskind.»
Aus dem Haus trat eine Frau, brachte ihm eine heiße Suppe und einen Blechkrug mit heißem Tee. Ein Stück Brot dazu.
«Essen, Señor», lächelte sie, «das macht gesund.»
Eine India war sie, er sah es, eine Tochter von Amerikas Urvolk, die erste, die ihm begegnete. Die straff geflochtenen Zöpfe hingen ihr bis zur Taille. Die ausgeprägten Backenknochen im dunklen Gesicht, die länglichen Augen. Schön war sie.
«Danke», lächelte er, «Sie sind sehr freundlich.»
Er kostete den Tee, ein eigenartiger bittersüßer Kräutergeschmack. Er trank, er brach das Brot und löffelte die Suppe.
«Die Tiere!» schreckte er auf.
«Es geht ihnen gut», nickte der Mann, «sie haben ihr Heu, sie haben ihr Wasser.»
«Danke. Und die armen Menschen, was wurde mit den Toten?»
«Wir haben sie der Erde gegeben. Was wollten Sie mit dem Beil?»
«Mit dem Beil?» Er kaute am Brot, versuchte sich zu erinnern. Da waren die furchtbaren Toten, das zerstörte Haus, die rauchenden Trümmer. Und dann?
«Wir sahen den Rauch», erzählte der Mann, «Ihr Glück, sonst wären auch Sie eine Leiche. Wir ritten hin, meine Frau und ich. Da lagen Sie, mehr tot als lebend, murmelten und stöhnten mit dem Beil in der Hand. In den Flaschen kein Wasser, die Tiere erschöpft. Sie sind ein Glückskind, Señor.»
«Wir wären dort alle wohl verdurstet.»
«Eine Stunde früher, und Sie wären in den Überfall hineingeraten. Wir haben die Nachbarn begraben, haben Kreuze auf ihre Gräber gesteckt. Eine Stunde früher und noch ein Kreuz in Tambo. Die Puelches wüten, die Spanier haben einen Häuptling gehängt. Wir

leben hier im Krieg, Señor, ein grausamer, ein erbarmungsloser Kampf. Man weiß nie, wann sie zuschlagen, wo sie zuschlagen. Ein Weißgesicht darf sich hier nicht blicken lassen. Sie sind sehr waghalsig, Señor.»
«Und Sie und Ihre Frau, haben Sie keine Angst?»
«Meine Frau ist eine von ihnen, wir haben, so hoffen wir, nichts zu fürchten. Doch der Krieg ist unberechenbar.»
Haenke erholte sich schnell. Am zweiten Tag nach dem furchtbaren Erlebnis saß er wieder im Sattel. Die guten Gastgeber, denen er sein Leben verdankte, redeten ihm zu, noch zu bleiben. Doch die Zeit drängte sehr. Er wechselte die Pferde, zahlte gern den Aufpreis, schlug etwas dazu, drängte es ihnen auf. Herzlich verabschiedete er sich, der Mann begleitete ihn noch zur Straße, die sie nach einer halben Legua erreichten. Mit frischen Pferden, gefüllten Flaschen und genügend Proviant setzte Haenke den Ritt durch die Pampa fort.

Am 17. März, auf den Tag drei Wochen, nachdem er in bedenkenloser Waghalsigkeit die Pampa betreten hatte, ritt er in Mendoza ein.
Mondlandschaft der Anden, des knorrigen, bizarren, grimmig sich hochtürmenden Rückgrats Amerikas. Westwall gegen den Pazifik, erkalteter Auswurf unbändiger Vulkane. Unter dünner Schale brodelndes Magma, hervorbrechende, vernichtende und formende Lavaströme. Liebloses Gestein, menschenferne, unnahbare Bergwelt. Nur in den Tälern der mittleren Lagen Baum und Strauch, in den oberen klare Seeaugen, und weiter oben in dünner Luft die massiven, gefurchten Kegel im imperialen Schmuck des ewigen Eises.
Er hatte das Vorgebirge überwunden. Spärliches Gras im losen Gestein, Geröllhalden im spärlichen Gras. Nun überblickte er das weit sich breitende Hochtal von Uspallata.
Nur vier Tage war er in Mendoza geblieben, jener Stadt an der Kordillere, diesem von den Eroberern gegründeten, zum Stützpunkt ausgebauten niederen Dorf, in dem der besondere Menschenschlag siedelte, den Amerika formte, der Amerika formte, der fern aller Zivilisation in die Wildnis, in die Einöden vorstieß, Besitz nahm,

zugrunde ging, gestaltete. In Mendoza, zwischen Pampa und Kordillere, hatten sie sich eingegraben, ihre elenden Hütten gezimmert, um durch die Jahrzehnte zu darben, zu roboten, hartnäckig für spätere Generationen Entbehrungen und freiwillige Verbannung zu tragen. Ein elendes Kaff, dieses Mendoza, ein aufwühlendes Beispiel menschlicher Selbstüberwindung.
Nur wenige Tage war er dort geblieben, nur um Proviant und warme Sachen zu beschaffen und die Pferde gegen Maultiere zu wechseln. Es zog ihn in die Berge, und nicht nur der in Valparaiso ankernden Korvetten wegen. Der Alpendrang in den Knochen, der Sog zu den Höhen war ihm bleibendes Geschenk der Heimat.
Am 21. März traten die Tiere bedächtig und stet in den steilen Pfad, der sich aus der Stadt über den steinigen Hang hinaufwand. Mendoza versank im Dunst, aus dem Hügel wuchs der nächste Hang, aus diesem die nächste kantige Halde. Höher, Tritt für Tritt höher. Das Podest der Kordillere vor ihm, wellige Mauern um ihn. Der Weg führte durch Engen zu neuem Anstieg, und als ob ein eifriger Kulissenschieber werkte, veränderte sich die Landschaft nach jeder Biegung, auf jeder Höhe. Der Weg verlor sich im Ungewissen einer enormen Einsamkeit. Haenke stieg in die Anden ein.
Grünes Tal von Uspallata, weit und geschützt von siebenfarbenen Bergen. Ein schütterer Wald, ein See. Er bestaunte das Harlekingewand der Formationen: Blaue, rote, braune, ins Grüne und Gelbe spielende Bänder querten die kahlen Hänge. Brachliegende Minerale, Erze, Silber, Kupfer, Eisen, eine bunte Wunderoase inmitten der unheimlichen Berge. Er ritt die Länge des Tals von Uspallata ab. Es war kühl geworden. Am Ende des Tals bog der Weg im scharfen Winkel westwärts und abermals hinauf in die steinerne Trostlosigkeit. Die Wälle rückten näher. Nur der perlende, schnelle, eisigklare Rio Mendoza, der sich von den Gletschern die Schneise gewaschen hatte, brachte Bewegung in die leblose Landschaft. Hoch oben im Weißblauen, die mächtigen Schwingen weit ausgebreitet, segelte der Kondor. Zeit für die Posta.
Haenke stieg vom Tier und lief zum Fluß hin. Er rang nach Atem, das Herz trommelte Alarm, ihm schwindelte, und eine Übelkeit stieg

auf wie damals in seinen ersten Schiffstagen. Ein Anfall. Wenn er hier liegen blieb, was dann? Der Kondor würde nicht lange warten. Er schleppte sich zum Wasser, trank, benetzte das Gesicht, zog heftig kalte Luft ein, konnte davon nicht genug bekommen. Dann tappte er tief atmend zum Maultier zurück. Schwer klomm er in den Sattel. Nun aber weiter. Er fühlte sich elend, seekrank in den Anden. Ein Spaß, ihm war gar nicht zum Lachen.

Die Gegend wurde zusehends verrückter. Bodenlose Abgründe rissen die Berge entzwei, tiefe Schneewehen in tiefen Furchen, rissige Zakken, brüchige Zähne mit eisigen Füllungen, Felsenmonolithe, eine düstere Aufmachung, ein Triumph über das Organische. Vor ihm ein Bild wie eine Vision, eine immense Brücke über den schäumenden Fluß, eine Naturbrücke, geformt aus rotem und blauem Fels, mit einer schweren Eisdecke behangen, ein von Wind und Wasser vollendetes Gebilde. «Puente del Inca», erinnerte er sich, er hatte die Wegmarke in der Skizze eingetragen. Und dort, unter der Felsplatte, in die Nische gedrängt, die Baude, die Posta. Na, endlich!

Die Postas entlang des Andenpfads waren solid gebaute, gut bestellte Hütten mit warmen Stuben. Haenke taumelte hinein, hauchte einen Gruß.

«Ein Unfall?» fragte der Wirt besorgt.

Haenke ließ sich auf die Bank fallen.

«Schlecht ist mir, ganz übel.»

«Ja, ja, die Puna, Caballero», lächelte der Wirt, «die Höhe macht so manchem zu schaffen. Da heißt es nur, schön langsam.»

«Also, die Höhenkrankheit hat mich», seufzte Haenke.

«Die Soroche», nickte der Wirt.

Haenke streckte die Beine von sich. Die Stube war gut geheizt, die Wärme tat wohl. Auf Anraten des Wirts aß er nur wenig und nur Breiiges, und bald zog er sich in die ihm zugewiesene Kammer zurück. Nach dem frugalen Abendmahl erholte er sich in bequemer Ruhelage allmählich, setzte sich auf, zog den Tisch heran und begann, Berichte nach Wien, an Jacquin und an Born, zu entwerfen. Viel hatte sich angesammelt, viel gab es mitzuteilen. Er nahm Papier und Feder und stellte das kleine Tintenfäßchen davor.

*«Ich verließ im Februar 1790 Buenos Aires und durchwanderte nun jene ausgedehnten, dem Auge unübersehbaren Ebenen, die man hier unter dem Namen Pampas kennt. Man durchreist auf dieser Straße eine ganz große, unbewohnte Welt, bis Mendoza, so flach und eben, und ohne allen Gegenstand, daß sich das Auge so wie auf der Seeoberfläche am Horizonte verliert. Alles, was man in jeder Richtung erblickt, ist unübersehbare Weide und herrliche Fütterung, auf der wahrhaftig Millionen des besten Hornviehs und der schönsten Pferde in ihrem wilden Zustande sich selbst überlassen herumirren, und es braucht eben nicht mehr Mühe, eine Herde Vieh zu besitzen, als dieselbe ungehindert im freyen Felde zu fangen. Nur in Entfernungen von 15 bis 20 deutschen Meilen einige elende Strohhütten, bey denen man mit tausend Unbequemlichkeiten von Entfernung zu Entfernung die Pferde wechselt. Etwas weiter in das Innere des Landes hinein, in eben nicht allzugroßer Entfernung von der Straße nach Córdoba, leben volkreiche Nationen wilder und ungebändigter Indianer, die Puelches und Peguerches, die durch ihre häufigen Streytereien, Raub und durch unmenschliche Grausamkeiten gegen alles, was nicht Indianer ist, diesen Weg so äußerst gefahrvoll machen, und die Beyspiele verunglückter Reisetruppen sind überall noch in zu frischem Andenken, als daß man sorgenfrei diesen Weg machen könnte. Man entwöhnt sich auf dieser Reise des Anblicks menschlicher Gestalten, und man ist unendlich froh, niemanden zu erblicken, da Lebensgefahr mit dem Anblicke verbunden ist. Die Vorsehung hat über mich gewacht. Auf diesem ganzen langen Weg bis Mendoza sieht man keinen Baum; auf vielen Stellen ist Mangel an Wasser, und nur der Botaniker findet hie und da eine Grassorte; der Boden ist sandiger Thon, und an vielen Stellen gefährlicher Ströme wittert häufig Alcali minerale aus.*
*Am 17. März erreichte ich die unbedeutende Stadt Mendoza, schon im Angesichte der himmelansteigenden und mit ewigem Eis und Schnee bedeckten Kette der Kordillere. Am 21. März reiste ich von Mendoza auf Maultieren in die Gebirge der Cordilleras. Schon die erste Reihe der Vorgebirge ist viel höher als unsere ansehnlichsten Europäischen Alpen…»*
Die Augen fielen ihm zu. Er erhob sich, trank etwas Wasser, dann schrieb er weiter:

*«Allein bald, bald hätte bey der Last unvermeidlicher Ungemächlichkeiten ähnlicher Reisen meine Gesundheit, vielleicht auch mein Leben, Schiffbruch gelitten, hätte nicht auch hier, bey den schauderhaften Abgründen, jener wohltätige Schutzgeist über mich gewacht, der mir im Sturm, im Schiffbruche und unter Horden mordender Indianer überall so allgegenwärtig war, allein, der Lohn meiner Bemühungen ist eine reichliche und gesegnete Sammlung von Pflanzen, die, was ihr äußerliches Ansehen betrifft, in einem ganz anderen Planeten erzeugt zu sein scheynen. Habe ich das Glück, einst Europa wieder zu sehen, so wird die bekannte Flora der Alpen durch mich eine ganz andere Gestalt bekommen.*

*Nachdem ich mitten zwischen Eise und Schnee die hiesige Alpenkrankheit, die der Seekrankheit so ähnlich ist ...»*

Er streckte die Arme aus, als wollte er den Tisch umfassen, die Feder fiel zu Boden, sein Kopf kam neben den beschriebenen Blättern zu liegen, die Lampe blakte. Er war eingeschlafen.

Die Cumbre, eingeklemmt in eisigen Felsen, hoch wie Europas höchste Höhe, doch hier nur Paß, Übergang nur zur Capitanía von Chile. Zeitig früh war er aufgestanden, aus der nachtdunklen Mulde aufgebrochen, noch leuchteten die hellsten Sterne. Neuschnee auf den Zacken. Hier oben wird der frühe Herbst schnell zum Winter.

Er stieg auf. Die Brust arbeitete wie ein Saugbalg, gierig sogen die Lungen die dünne, eisige Luft ein, das Herz pochte. Er stieg langsam, Schritt für Schritt höher, glitt aus, hakte sich ins Gestein, atmete schwer und kletterte weiter. Im Grunde eine unsinnige Kraftvergeudung, dieser Aufstieg stand nicht im Plan. Er kroch und keuchte und rastete kurz und kletterte weiter. Rot und groß ging die Sonne auf, als er über den Abgründen stand; vor ihm das mächtige Massiv des Aconcagua im weißeisigen Gewand, rosa leuchtend und funkelnd, erschütternd in seiner Schönheit und Erhabenheit. Mit pumpender Brust, tief ergriffen schaute er das Wunder der Bergwelt, Amerikas gewaltigsten Riesen, aus der Kette weißzackiger Gipfel ragend, die sich unübersehbar unter leuchtendem Himmel dem prächtigen Berg anreihten. Es hatte sich gelohnt, wahrlich, es hatte sich gelohnt.

Er lehnte an einem Felsen, und sein Atem wurde ruhiger. Als die Schatten merklich kürzer wurden, stieg er ab.

Haenke traf am 2. April in Santiago de Chile ein. Die Hauptstadt der Capitanía hatte sich zu einem größeren Ort gemausert. Aufrecht saß er auf dem Maultier, als er durch die Straßen ritt, der zerdrückte Sombrero saß ihm in der Stirn. Hager, braungebrannt, ein dünner Bart am Kinn, nun, er sah nicht gerade salonfähig aus. Und aus so mancher Kalesche beugten sich gepuderte Köpfe nach ihm, so mancher am Straßenrand grinste hinter ihm her, so mancher nicht gerade schmeichelhafte Zuruf flog ihm zu. Was kümmerte es ihn, der die Pampa und die Kordillere im Alleingang geschafft hatte. Er war mit sich zufrieden und sehnte sich nach nichts anderem als nach einem warmen Bad, einem weichen Bett und einer duftenden Küche.
In der Absteige, die man ihm empfohlen hatte, kannte man keine Etikette, wenn der Klang der Münzen stimmte. Er stimmte, und es duftete die Küche, und wohlig warm war das Wasser im Zuber und weich und rein das Bett. Er schlief die restlichen Tagesstunden und die folgenden Nachtstunden durch.
Zum Frühstück erschien er mit Perücke, im Frack und weißen Hemd mit Rüschchen, in Kniehosen und Schnallenschuhen. Nach eineinhalb ungestümen Monaten hatte er äußerlich wieder zu seinem Rang gefunden.
Der Wirt trat an seinen Tisch und verbeugte sich tiefer als tags zuvor: «Verzeihen Sie, Caballero, einige Señores möchten Sie sprechen.»
«Mich? Ich kenne niemanden.»
Der Wirt zog die Schultern hoch, beugte den Rücken abermals und entfernte sich im Krebsgang. Drei Männer traten auf ihn zu, voran einer, dem man die Entschlossenheit ansah, ein ernster Mann mit hoher Stirn und klugen Augen. Er blickte Haenke an.
«Señor Anke?»
Haenke erwiderte erstaunt den Blick. Was sollte das? Wollten sie ihn verhaften? Er erhob sich.
«Tadeo Haenke, zu Ihren Diensten, Caballero», murmelte er die übliche Höflichkeitsformel ab und zog fragend die Augenbrauen

hoch. Da aber faßten sie ihn auch schon an den Armen:
«Anke, wackerer Anke!» lachte der Anführer. «Sie haben es geschafft! Wahrlich, Sie sind ein ganzer Kerl.»
Haenke blickte von einem zum anderen. Der große Dicke an der Seite schlug ihm lachend auf die Schulter:
«Darf ich vorstellen», er wies auf den Anführer, «Comandante Alejandro Malaspina, und ich bin Pineda, und der dort ist Espinosa. Und Sie, Amigo, sind der Held des Tages. Los, das wird gefeiert!»
Sie umringten ihn, zogen ihn lachend und schwatzend fort.

Für Jahre fort über Tausende von Seemeilen zu den kalten Gewässern Alaskas, zu den warmen des australischen Pazifiks, zu den Ufern Asiens, in die üppige Fauna und Flora der Südsee, zu den Bewohnern der Archipele. Thaddäus Haenke ging auf große Fahrt, ehe er im Herzen von Südamerika seine unlöschbaren Spuren ziehen sollte.

# Moxos

Mir einen Erzengel!» lachte Haenke: «Glaub mir Gerónimo, zu solch himmlischer Geste war nicht einmal unser guter Kaiser Josef fähig, der immerhin mit dem Papst konkordierte, Gott hab ihn selig. Doch halt! Vorsicht!»

Der grinsende Gerónimo saß auf dem Bettrand und wollte in seine Stiefel. «Umdrehen und schütteln,» befahl Haenke, «da kriecht dir in diesen Gegenden so manches in die Wäsche. Das sollst du wissen, es läßt sich nicht gut auf Schlangen oder Spinnenzeug treten.»

Gerónimo beutelte und beklopfte das Schuhwerk. Gerónimo Arcángel, so hieß er eben, der junge, hochgewachsene Mann mit dem stets bereiten Degen. «Erzengel mit dem flammenden Degen» nannten sie ihn in der Einheit. Damals in Lima. An solche Späße mit seinem Namen war er gewöhnt, darauf kannte er zwei Antworten: ein gutmütiges Grinsen oder seinen schnellen Degen. Er, der Soldat, war auf obersten Befehl diesem Herrn Professor zugeteilt worden. Noch in La Paz war es gewesen, als er unwillig und mißgelaunt auf den Kräutersammler, den gelehrten Herrn, wartete. Schließlich war er, Gerónimo, ein Krieger und keine Kammerzofe. Den Befehl wünschte er zum Teufel und den Gringo ebenso, diesen ausländischen Federling und Bücherschnüffler.

So dachte er, bevor er Haenke zu Gesicht bekam. Als sie dann von der Höhe in die Tropen stiegen, als das Maultier sie beinahe in die Tiefe mitriß, als Haenke ihm das Seil um die Brust knüpfte und ihn über den Felsen zog, als ihnen die Farne ins Gesicht standen und Haenke als Wegbereiter das Langmesser wie ein gelernter Indio tanzen ließ, als sie sich aneinander klammerten und im reißenden Wasser den Baum griffen, den die Schnelle ans Ufer preßte, da dachte er nicht mehr so, da wunderte er sich über diesen Mann. Dann bewunderte er ihn, später verehrte er ihn.

Was Haenke sprach, was er tat, war für Gerónimo Neuland. Besah sich der Gringo den Flußsand, konnte er «Gold» sagen; tätschelte er einen Baumriesen, konnte er «Gummi» sagen; entwurzelte er Pflanzen und ordnete sie säuberlich und behutsam in der Kiste, sagte er «Textil»; beklopfte er Steine, nannte er Minerale, von denen Gerónimo nie gehört hatte. Dieser Mann schmeckte die Erde, hockte im weglosen Dschungel und schrieb und zeichnete. Er kochte Pflanzen zu Sud und erklärte: «Das, Gerónimo, ist ein satanisches Gift und eine hervorragende Arznei dazu. Es kommt nur auf die Menge an.»
Die zwei Monate, die sie nun schon durch die Gegend streiften, waren dem Soldaten zu Lehrjahren geworden. In den klaren Tropennächten blickten sie zu den Sternen, und an Haenkes Zeigefinger klaubte er Kreuz und Wandelstern aus dem Haufen. Sein Staunen war größer als sein Begreifen.
«Den Konquistadoren», verkündete Haenke einmal, «hat die Gier die Sicht genommen. Sie suchten Schätze und sahen sie nicht. Alles hier im weiten Umkreis ist immenser Reichtum, Nahrung und Kleidung für Völker. Der Krieg, Gerónimo, wuchert aus dem Mangel der vielen und dem Überfluß der wenigen. Dieses Land hier ist ein Land des Ausgleichs, hier könnte selbst der Frieden wachsen. Es kommt nur auf die Betrachtungsweise an.»
Sie hatten ihr Zelt in einer Waldlichtung aufgebaut, und Gerónimo machte sich um das Frühstück zu schaffen, Haenke zerteilte Früchte, der gespießte Fisch tropfte zischend und duftend über den Flammen.
«Sie meinen Gold, Señor? Scheint ja viel davon hier zu geben, im Berg, im Fluß, Gold für viele.»
«Gold, Gerónimo, wer spricht von Gold? Kannst du es knabbern? Wärmt es dich oben auf der Puna, kühlt es dich, wenn dir das Fieber im Leib brennt? Doch natürlich auch Gold. Aber viel mehr noch. Wir hocken hier inmitten der Schatzkammer Gottes.»
Sie hockten im feuchten Busch, umschwärmt von Moskitowolken.
«Sie sind ein wahrer Konquistador, Don Tadeo», Gerónimo legte frische Zweige in die Glut, um die Moskitos zu räuchern, «aber ein sanfter.»
«Ein sanfter Konquistador! Vorzüglich!» Haenke hieb eine Palmen-

nuß entzwei. «Also so was wie ein Tiger als Kolibri oder ein Schinder als Bußprediger, eine Hacke als Weihwedel. Aber ich danke dir für den Titel, vielleicht hast du sogar recht.»

In den Tagen und Wochen, die sie von La Paz, der höchsten Stadt, über die Berge zu den Tiefen Oberperus wanderten, war Gerónimos Überzeugung ins Wanken gekommen. Nach der Schale war er noch Kriegsmann, der stramme Soldat in der strammen Uniform der spanischen Krone, den Degen befehlsmäßig gegürtet. Doch mit der Zeit und in Haenkes Nähe regten sich in ihm die Zweifel über sein Handwerk. Neues tat sich in ihm auf, und es war erregender und herausfordernder als das Kampfgetümmel und das Siegen. Er begann zu sehen, und er fühlte durch seine Soldatenstiefel die Erde, die er früher achtlos getreten hatte. Er nahm wahr, entdeckte und erging sich in Gedanken, die einem Soldaten nicht zustanden.

Haenke schabte sich die Wange.
«Lassen Sie sich doch den Bart wachsen, Don Tadeo!» Gerónimo zog den Degen zur Linken und griff nach dem Rock.
«Unmöglich!» Haenke schob das Kinn vor, beugte den Kopf zurück, blinzelte an seinem Nasenhügel vorbei in den matten Spiegel. «Allmählich gewöhne ich mich an dieses Gesicht. Eine Behaarung würde uns unweigerlich wieder auseinanderbringen.»
Er hatte sich in den Jahren nicht verändert. Das glatte Knabengesicht war noch da mit den Traueraugen, die Nase, an der gerieben wurde, wenn etwas überlegt sein wollte; noch hielt er sich aufrecht und griff auf ebenen Wegen mit weiten Schritten aus. Die Kleidung paßte er der Mode an. Zur Zeit Urwaldmode. Und drinnen? Da wirbelten nach wie vor Gedanken, Ideen, Träume. Tag- und Nachtbetrieb. Und doch, er war gereift, selbstsicher geworden, fest in seiner Berufung. Er nahm Besitz von diesem Land, verleibte sich Berge, Wildnis, Ebenen, Flüsse ein, trug sie mit sich in seinem Fühlen und Denken. Ein Konquistador war er, doch von besonderer Art.
Viereinhalb Jahre war es her, als sie ihn damals in Santiago aufspürten, feierten, mitnahmen, genau vor vier Jahren und sieben Monaten

war er in Valparaiso an Bord gegangen. Eine Ewigkeit. Und davor noch die Heimat, die Eltern, das Studium. Die Erinnerungen fielen wie vergilbtes Herbstlaub, Weltmeere dazwischen, Tausende Seemeilen, Mexiko, das eisschwere Meer vor Alaska, die Philippinen. Und die Kameraden, Neé, Espinosa, all die anderen, der vorzügliche Malaspina, Seemann und Kommandant, beinahe sein Freund, doch zu unnahbar, trug er doch große Verantwortung. Und natürlich Pineda, der gute, arme Pineda. Endstation auf der Insel. Sie weinten an seinem Grab, er konnte ihn nicht retten. Liebenswerter Pineda, groß an Gestalt und an Wissen, klägliches Opfer eines unbekannten Giftes. Nichts half, er siechte dahin zu seinem fernen Dschungelgrab. Grab in der Wildnis, Grab des Entdeckers. Würde es auch sein Schicksal sein? Vergiftet, ermordet? Es soll in den Sternen stehen. Südlich oder nördlich des Äquators?

«Gerónimo, wie denken wir über Frühstück?»

«Gleich ist es so weit.»

«Was gibt es?»

«Fisch und gebackene Banane und Tortillas. Bién?»

«Macanudo», nickte Haenke, und Gerónimo lachte über das aus dem Alltagsgeplauder gefischte Wort.

Sammeln, Jahre des Sammelns, des Zeichnens und Verzeichnens, Hefte mit Anmerkungen und Bemerkungen, Jahre des Lernens, des Erkennens, des Analysierens, des Entdeckens und Enthüllens. Die schweren Kisten mit den Proben schwammen bereits nach Spanien, ein gutes Stück Haenke dabei.

«Wohl bekomm's, Don Tadeo!»

«Danke ebenso. Der Kaffee ist zu stark geröstet, er schmeckt bitter. Kleine Flamme, Gerónimo, und das Braun eines zwanzigjährigen Ketschuas.» Gerónimo grinste, nahm Becher und Teller auf, streifte das Messer an der Hose ab, trat aus der Hütte und ging zum Bach.

Der große Aufbruch, erfolgsbeladen, Rückkehr, Fahrt Kurs auf Peru, Land auf halbem Wege. Callao, der Hafen, dann Lima. Besuch beim Vizekönig, großer Empfang, Pomp, das gezierte höfische Gehabe. Nicht lange hatte es ihn in Lima gehalten, er bat um Urlaub. Dann schrieb er aus Arequipa, wo die Korvetten auf ihrer Rückreise eintreffen sollten, an Malaspina. *«... von hier aus nach La Paz, wo mich Gerónimo erwartet, und dann in die Montañas, in die Yungas. Das Gewässer, den Titicaca, habe ich erledigt, und nun möchte ich hinunter in die Provinzen, Moxos oder Chiquitos, denke bis Ende August in Potosí einzutreffen. Große Freude zu erfahren, daß Korvetten in Montevideo eintreffen. Hoffentlich wartet Ihr diesmal auf mich. Noch kein Geld bekommen, hoffentlich reichen die Mittel bis Potosí. Ansonsten bin ich bestens und hoffe dasselbe von Euch allen...»*

So und ähnlich hatte er geschrieben, den Brief abgesandt. Das war im Mai oder Juni gewesen, nun hatten sie September, und die Korvetten wiegten sich auf dem Atlantik mit Kurs auf Cádiz. Gute Fahrt, ihn hielt das Land gefangen. Wer weiß, was ihm sein Dickkopf noch einbringen wird.

«Gerónimo, habe ich dir die Sache vom Misti schon erzählt?»

«Nein, Don Tadeo.»

«Setz dich her, die Mango bitte, das Messer dazu. Gracias. Also, das war, bevor wir uns in La Paz trafen. Da ist Arequipa, das ist der Misti.» Er hielt die Mango hoch und setzte sie vor den Teller. «Und diesen Misti habe ich mir geschenkt. Kennst du Arequipa? So an die fünfzehn, zwanzig Leguas von der Küste. Eine wunderbare Stadt, sehenswert. Der Intendente, wie heißt er doch, Don Antonio undsoweiter, ein launiger Herr, mit dem es sich plaudern läßt.» Er nahm die Frucht und schälte sie. «Also, ich wollte dir vom Misti erzählen. Gleich daneben, fünf Leguas östlich, ein Gigant von einem Vulkan, enorm, weil er ganz frei aus der Ebene aufsteigt, 3.300 Brazas hoch, weißt du überhaupt, was das heißt! Geröll, Felsen, oben alles Schnee und Eis, und wenn er spuckt, dann brennt sich die Asche ins Eis ein. Und ich hinauf. Oben keuchst du bei jedem Schritt, die Luft ist hauchdünn, das Herz pocht und arbeitet, der Sauerstoff ist oben rar. Eilig darfst du es nicht haben, sonst wird dir schwarz vor den Augen, und du bleibst liegen. Kenne ich, kannte ich schon, ein übles Gefühl.» Er schnitt die saftige, gelbe Frucht vom flachen Kern und teilte sie auf. «Wie ich damals vor Jahren nach Santiago hinüber bin, da habe ich zum ersten Mal die Höhe zu spüren bekommen. Und der Misti ist noch um ein gutes Viertel höher als der Paß nach Santiago.

Also, der Intendente, dieser Don Antonio sagte: ‹Haenke, den Misti macht niemand, da ist noch niemand allein hinauf, da braucht man erfahrene Leute, die den Berg kennen, Seile braucht man und Stöcke, eine ganze Ausrüstung. Dann vielleicht in fünf, sechs Tagen, in einer Woche. Vorausgesetzt, daß Sie nicht erfrieren oder abstürzen!› So war das.»

Er schwieg, holte sich den Tag aus der Erinnerung, jenen 4. April. Welch ein Irrsinn! Wie ein Besessener war er den Berg angegangen, seine langen Beine wurden ihm zu kurz, er stieg, krallte sich in die Felsen, stemmte sich durchs Geröll, kroch mit wunden Knien und blutenden Händen über die Steilhänge, durch die brüchigen Engen. Indios, die ihm die Geräte trugen, weigerten sich weiterzugehen. Dann das Schneebrett, das ihm fast zum Verhängnis wurde. Er krabbelte sich frei und weiter und höher. Ein Taumel hatte ihn erfaßt. Doch warum? Wozu? Wettlauf für wen gegen wen? Wollte er es dem hochnäsigen Spanier zeigen, wozu einer aus Österreich imstande ist? Keuchend, schwitzend hackte er sich durchs Eis, klomm zur Platte hinauf. Und endlich vor ihm der schneeumkränzte Krater, aus dem es in kurzen Stößen paffte. Schwefelgeruch. Er richtete sich auf, blickte sich um. Was war in ihm damals vorgegangen? Triumph, Trunkenheit, Ergriffenheit? Dieser sonderbare verzückte Zustand, dieser Lichtstrahl in ihm, das Aufbrechen einer Gewißheit. Entrükkung. Wie lang es wohl andauerte? Was war die Ursache? Lufttrunkenheit, vielleicht der Schwefeldampf oder die übergroße Ermattung? Ein Blitzstrahl, eine Fülle von Licht und Freude, ein Erkennen. Was sollte es bedeuten?

«Ich war der Höchste», murmelte er, «ich war außerhalb.»

«Wie? Ich verstehe Sie nicht, Don Tadeo.»

Haenke lächelte.

«Zwei Tage, mein verehrter Gerónimo, in zwei Tagen habe ich diesen Feuerriesen genommen. Ein großes Gefühl, wenn du oben bist. Du bist der Sieger. Und ich frage dich und frage mich, warum? Da kriechen wir tagelang durch den Urwald, und weiß Gott, er hat seine Tücken. Vom Sumpffieber bis zum Jaguarbiß kannst du dir den Tod aussuchen. Du kannst sogar damit rechnen, hinterrücks erlegt zu werden. Wenn du da heil durchkommst, atmest du auf. Aber Sieger bist du nicht. Du bist nur ein müder, schwitzender Mensch, der froh ist, wieder einmal davongekommen zu sein. Warum ist es am Berg anders?»

«Das müssen Sie mir sagen, Don Tadeo. Berge sind beschwerlich, sie sind höllisch, wenn man vors Geschütz gespannt wird.»

«Ich weiß, euch Kriegern ist die Topographie nur Hindernis zur Schlachtbank.» Er erhob sich. «Doch auf, Amigo Gerónimo, wir müssen weiter nach Reyes.»

«Es ist alles bereit, Señor.»

Zwischen dem 10. und 18. Grad südlicher Breite und dem 62. und 68. Westmeridian erstreckt sich die grüne Unwegsamkeit des Dreistromlandes, feindlich und gefahrvoll in den verschlungenen Wäldern, in den sumpfigen Brutstätten schwärmender Krankheitsträger, in den reißenden Flüssen und mächtigen Strömen. Jaguare durchstreifen das Buschwerk, Kaimane verunsichern die Gewässer, Schlangen, Spinnentiere, schwärmende Insekten können dem Eindringling zum Verderben werden, doch auch der Mensch, der wilde Bewohner der Wälder und Savannen, ist dem Fremden Feind. Giftig wie der Schlangenzahn sind seine Pfeile.

Grüne Hölle, doch auch Füllhorn des Lebens, das war Moxos, jene Provinz unter der Audiencia von Charcas, die 1776 dem Vizekönigtum von La Plata zugeordnet worden war. Auf ihren Llanos weideten Herden von Rindern und Wildpferden, in ihren Wäldern wuchsen edle Hölzer, gediehen kostbare Rohstoffe für Industrie und Medizin, wucherte, brütete, vermehrte sich eine unbändige Flora, eine artenreiche Fauna. Diese unberührte, kaum erforschte Region am Ostrand der Anden grenzte an die portugiesischen Amazonasprovinzen und verlief sich im Süden in den Sümpfen des Gran Chaco.

Drei gewaltige Ströme durchzogen die Provinz, vereinten sich im Norden zum Madeira, einem der mächtigen Zubringer des Amazonas. Im Westen, entlang der Ausläufer der Anden, aus deren Schluchten und Bergtälern schnelle Flüsse zur Ebene stürzten, drängte sich der breite, eilige, üppig gespeiste Rio Beni durch das Tiefland. In der

Mitte von Moxos, vierzig bis fünfzig Leguas östlich des Beni, wälzte sich der behäbigere Rio Marmoré nordwärts, um am 12. Breitengrad den dritten Strom, den grünklaren Urwaldwanderer, den an den Hängen der Cordilheira dos Parecis entlangziehenden Guaporé, aufzunehmen. Der solcherart angereicherte Marmoré verband sich schließlich nahe dem 10. Breitengrad mit dem Beni zum Rio Madeira, der von da ab mit seiner enormen Wasserfülle zum Amazonas vordrang.

Ein gewaltiges Gebiet, dieses Dreistromland, eine Herausforderung, die bislang noch niemand angenommen hatte. Haenke nahm sie an.

Er und Gerónimo waren vor zwei Wochen, in den ersten Septembertagen des Jahres 1794, in Tipuani, einer Bergwerksniederlassung am gleichnamigen Andenfluß, angekommen, um von hier aus per Boot zum Beni zu gelangen. Sie hielten sich länger auf als geplant, Tipuani nahm ihn in Anspruch.

In Tipuanis Stollen brachen sie durchädertes Gestein, aus dem Flußsand schwemmten sie die Nuggets; Tipuani, das war eine der ertragreichsten Goldminen Spaniens, und die Spanier scheuten weder Strapazen noch Menschenleben, um an das Metall heranzukommen. In zwei Jahrhunderten Raubbau verbrauchten sie die Berge und verbrauchten die Menschen. In schweren Butten auf gebeugten Rücken schleppten die zur Mita gezwungenen Indios taubes Gestein und die sich allmählich verringernde Erzbeute aus den tiefen Löchern. Gemäß den Ertragstabellen verbrauchte man zusehends mehr Indios pro Verladungseinheit Edelmetall. Das erhöhte aber nur unwesentlich die Förderkosten, Arbeitskraft war billig, eine Größe, die bei der Mita, dem Frondienst in den Gruben, zu dem die Eingeborenen gezwungen wurden, unwesentlich die Spesen belastete. Selten, daß einer der Minenarbeiter die Dreißiger überschritt, mit fünfundzwanzig waren sie alte, mit dreißig verbrauchte Menschen. Männer, Frauen und deren Kinder, denen es beschieden war, im Dunkel zu leben, Staub und Gift des Berges zu atmen, sie starben im Dunkel viel zu früh, viel zu hoffnungslos. Das Himmelreich ist ihnen gewiß, sagten die Priester, und die Totenglocke der kleinen weißen

Kapelle inmitten der graubraunen, strohgedeckten, fensterlosen Adobeshütten bimmelte ihre Begleitmusik zum alltäglichen Robot. Indios gab es genug, sagten die Spanier, aber Gold und Silber nicht. Die Mita dezimierte die Stämme jener Völker, die einst ihren Göttern und Herrschern Städte, Paläste und Tempel errichteten, doch ihr eigenes Land bebauten und ihre kleine Freiheit lebten.
Haenke sah das Elend im Dorf, an den Abbaustellen, die er inspizieren sollte, er sah die Unmenschlichkeit, und er suchte nach Möglichkeiten, das Elend zu lindern. Aber, um der Obrigkeit, die er längst durchschaut hatte, etwas abzuringen, mußte vom Nutzen gesprochen werden. In all seinen Eingaben vermied er es, Gefühle, Moral oder gar Mitleid anzusprechen, sondern wies kühl und sachlich darauf hin, daß nur ein gesunder und genügend genährter Arbeiter in seinen Leistungen gefordert werden könnte.
Er war mit dieser Forderung nicht allein. Seit der Eroberung fanden sich immer wieder Spanier, unter ihnen viele Priester, welche den Vizekönig und Madrid bestürmten, dem Terror gegen die Einheimischen ein Ende zu machen, die furchtbare Mita außer Kraft zu setzen. Und es gab immer wieder Viezkönige in Lima, die sich diesen Eingaben nicht verschlossen. Doch kaum machte sich einer an Reformen, wurde er abgesetzt, worauf sein Nachfolger abermals den Rückwärtsgang einschaltete. Der Madrider Hof, der den Wert seiner Kolonien nur in Gold und Silber aufgewogen haben wollte, vernichtete alle Bestrebungen nach einer menschlicheren Arbeitsweise und einer freizügigen Bewirtschaftung des Landes. Die Eingaben über Nutzen und Nutzungen überdauerten in den Archiven die Amtszeit der Vizekönige.
Auch Haenke mußte seinen Nutzen unter Beweis stellen, verfügte er doch über keine Eigenmittel, um seine Reisen und Arbeiten finanzieren zu können. Er stand nun einmal auf Madrids Lohnliste, und der Lohngeber erwartete von ihm Anregungen und Vorschläge, welche sich für die Krone in Macht und materielle Bereicherung umsetzen ließen. So sprach er immer vom Nutzen, auch wenn es ihm um andere Dinge ging. Als er nach seiner Ankunft in Lima bei Hofe vorstellig geworden war, erhielt er von höchster Stelle den Auftrag,

während seiner Fahrten zur Erkundung des Landes die Gebiete, die er aufsuchen wollte, auf weitere Ertragsfähigkeit zu prüfen. Vor allem sollte er die Abbaustellen unter die Lupe nehmen, den Erzgehalt des Gesteins prüfen, um Vorschläge zur Verbesserung der Ausbeute einzubringen. Doch auch von seinen Reisen durch das wilde, unbekannte Land erwartete der Auftraggeber Handfestes, das der wirtschaftlichen und politischen Verwertung diente. Die Bestandsaufnahme der Fauna und Flora, die topographische und geographische Erfassung des Tieflands würden die Grundlagen für den schon immer beabsichtigten Vorstoß der Spanier in die tropischen Gebiete bilden.

Haenke war ein Aktivposten des spanisch-königlichen Etats, und er war sich seiner Abhängigkeit bewußt. Bevor er zu den tropischen Niederungen aufbrach, hatte er das peruanische Hochland durchwandert, die mittlere Andenkette bestiegen, die Ufer des Titicacasees aufgesucht und die Salpeterwüste Chiles erkundet. Überall, wo immer er auch hinkam, sammelte und analysierte er und fertigte Vorschläge an Hand der Ergebnisse an.

Er machte seine Arbeit, und im Grunde war es ihm nicht so wichtig, was man von ihm dachte. Es war nicht sein Ehrgeiz, in das Pantheon von Berühmtheiten aufgenommen zu werden; etwas anderes verzehrte ihn, ließ ihn nicht zur Ruhe kommen, trieb ihn ins Wagnis, forderte seinen Geist und seinen Körper. Dieses andere war er selbst, denn der sanfte Haenke war im Grunde ein Besessener, ein nach Erkenntnis Trunkener, ein unermüdlicher Sucher. Die Pedanterie, mit der er Proben sortierte, Aufzeichnungen und Verzeichnisse anfertigte, hätten einem trockenen Professor im abgeschiedenen Kämmerlein alle Ehre gemacht. Doch Haenke war alles andere als ein Stubenhocker und Bücherfuchser, er brannte vor wissenschaftlicher Neugier, vor Durst nach Erkenntnis, und dieses eifrige Erforschen von Ursprüngen und Quellen ließ ihn oft stundenlang vor der Retorte sitzen oder mit dem Teleskop am Auge unter freiem Himmel, und es trieb ihn in die Waghalsigkeit seiner Fahrten, für deren Gelingen so mancher andere nicht nur *einen* Schutzgeist, sondern ein ganzes Bataillon davon erbeten hätte. Ohne Rücksicht auf das eigene Wohl, besorgt um das Wohl anderer, pedantisch genau in der Arbeit, besessen vom Drang nach neuer Erkenntnis, das war Haenke, und so schrieb er seine Berichte für den Sold, der ihm seine Pläne ermöglichte.

Im Umgang mit Obrigkeiten erinnerte er sich gern der Ermahnung, die ihm Malaspina zum Abschied mitgegeben hatte: «Ich bitte Sie, tun Sie, was zu tun Sie nötig glauben, helfen Sie, wo Sie helfen können, aber sagen Sie den Obrigkeiten nur das, was die hören wollen. Diplomatie, mein Freund, um der guten Sache willen. Die Dummheit will sich nicht im Spiegel sehen. Es gibt kein größeres Hindernis für unsere Arbeit als die Bösartigkeit eines eitlen Hofschranzen. Merken Sie sich das!»

Das war Malaspinas wohlbegründeter Rat gewesen. Haenke nahm sich oft vor amtlicher Dumpfheit sehr zusammen, doch wenn es um wissenschaftliche Fragen ging, konnte er sich selbst vergessen, da ließ er es nicht zu, daß sie ihm mit ihren ungeeigneten Hirnen in die Quere kamen. Bislang ging so weit alles gut, seit Arequipa hatte er bei ihnen Steine im Brett, Arequipa war durch ihn zur Kurstadt geworden.

Die Heilquellen entdeckte er in der Schlucht von Yura, 33 Grad die Quelle von Tigre, 28 Grad das Schwefelwasser von Vegeto, gemäß den Analysen bester Mineralgehalt. Sein Reiselabor war ihm dabei sehr zustatten gekommen, die Kiste mit dem gut verpackten Apparat und den Chemikalien. An Ort und Stelle hatte er die Wasser untersucht, lindernde Wasser, gut gegen Hautkrankheiten, gegen Gelenkschmerzen. Auch die Entdeckung der Heilquelle von Guancavelica, oben in den Bergen, war sein Werk. Mögen die in den Heilwassern Gesundenden seiner gedenken, mögen die Verstorbenen in Frieden ruhen auf jenem Gottesacker, den er anlegen ließ. Diesen öffentlichen Friedhof hatte er dem Intendente vorgeschlagen, am Stadtrand von Arequipa sollte er umzäunt werden. Aber die Nonnen wehrten sich, die wollten ihr Feld nicht freigeben. Der Intendent jedoch blieb an seiner Seite, und so wurde der Nonnenacker zum Gottesacker, zur friedlichen Heimstatt all jener, die nicht in Frieden leben durften. Das hatte er auch Malaspina mitgeteilt, und jener

sollte es wissen, daß sich Haenke in seinem Urlaub verdient machte. Noch im April hatte er geschrieben:
«... *in dieser Stadt Arequipa habe ich einiges für die Öffentlichkeit getan. Ich analysierte die warmen Mineralwässer in der näheren Umgebung. Man beabsichtigt, die Analyse in Druck zu geben, damit die Wässer der Regierung und den Armen der ganzen benachbarten Region zur Verfügung stünden. Tatsächlich sind es ganz besondere Wässer für innere und äußere Anwendung. Die Arbeit einer genauen Analyse hat sich wahrlich ausgezahlt. Im weiteren hat der Intendant von Arequipa Auftrag zur Gründung eines öffentlichen Friedhofs außerhalb der Stadt gegeben. Alle waren von dem Plan eingenommen, nur einige unnütze, müßige Nonnen stellten sich dagegen ...*»
Das war nun auch schon ein halbes Jahr her.

Über die Plattform tanzte der rote Schein hinüber zu den Baracken und dem Blockhaus der Verwaltung. Nackte, schweißglänzende Körper bedienten das Feuer, ausdruckslose Gesichter, langes Kopfhaar, den kirchlich verordneten Lendenschurz um die schmalen Hüften. Kleine Frauen in grobem Sacktuch, einige von ihnen mit einem Kind auf dem Rücken, schleppten Holzscheite zur Feuerstelle. Kein Lächeln, keine Träne, Pantomime der Ausgebeuteten.
Zwei Soldaten betraten die Szene. Einer von ihnen führte einen Menschen hinter sich her. Der hielt den Kopf gesenkt, den Strick hatte er um den Hals gebunden. Der Strick hing locker, der Mensch trabte wie ein müder Hund. Hinter ihm eine Frau im Sack. Stumm beide, stumm auch die Soldaten.
«Halt!» rief Haenke. «Was ist hier los?»
Die Soldaten erkannten ihn, grüßten.
«Wir hängen ihn», sagte der eine, der andere fügte hinzu:
«Er hat gestohlen.»
Im Schein der Morgensonne leuchteten die benachbarten Gipfel, der Schein überstrahlte das Feuer und brachte die Nüchternheit des Tages ins Minendorf. Aber das Grauen des Ortes wurde damit nicht geringer. Haenke lief zum Blockhaus, riß die Tür auf. Der Verwalter saß bei Tisch und löffelte Reis.

«Das können Sie nicht tun, Sie können doch den Menschen nicht hinrichten lassen! Was hat er denn verbrochen?»
Der Verwalter sah müde auf.
«Señor Anke, was können wir nicht tun? Warum sind Sie so aufgeregt? Setzen Sie sich doch. Sie meinen die Hinrichtung? Der Mann hat gestohlen, ein Goldkorn hat er sich in den Mund gesteckt. Diese Verrückten, immer wieder versuchen sie es, obwohl sie wissen, daß es der Tod ist.»
«Bestrafen Sie ihn, aber morden Sie ihn nicht!»
«Morden? Wir morden nicht, Señor, wir handeln nach dem Gesetz.»
Haenke ließ sich in den Stuhl fallen. Der Verwalter schob den Reistopf beiseite und besah sich den Gringo.
«Hier ist immer Krieg, Señor, die Menschen bringen einander um, und sie werden es weiter tun. Dieser Fluch lastet eben auf uns. Darum gilt es, der Stärkere zu sein.»
«Wie wäre es mit einem Akt der Gnade? Wenn ihr schon die Stärkeren seid, dann könnt ihr auch Gnade üben, schon um zu zeigen, daß ihr keine Angst habt.»
Der Verwalter grinste.
«Sie sind ein verkappter Jesuit, Señor, Sie drehen mit den Worten, bis einem schwindelt. Das habe ich schon längst bemerkt. Aber mit den Jesuiten haben wir auch kurzen Prozeß gemacht. Sie sollten sich nicht mit solchen Sachen belasten, Señor Anke, Gesetz ist nun einmal Gesetz und Stärke ist Härte. Das ist nämlich Politik, Señor, und nicht Ihre Sache und auch nicht meine, die wird in Madrid zurechtgeschneidert und in Lima oder unten am La Plata, aber nicht hier in Tipuani. Wenn ich das Gesetz breche, bin ich ebenso fällig wie der arme Hund, der sich das Goldkorn in den Mund steckte. Unsereins ist auch nur ein Mensch und kein Heiliger.»
Haenke schwieg. Da war sie, die Obrigkeit, da war sie, die Mauer, an der man sich den Kopf wundlief, da war es, das legalisierte Verbrechen, das den Gerechten zum Gesetzlosen machte. Und da war sie auch, die völlige Wehrlosigkeit, von der selbst der illustre Malaspina zu erzählen wußte.
«Geben Sie mir die Proben», sagte er heiser.

«Das ist wieder ein klares Wort», grinste der Verwalter, schritt zur Eisentruhe, öffnete das massive Schloß, hob den schweren Sack mit den Brocken hoch und ließ ihn auf den Tisch krachen.
Später gab er das Bündel samt Analyse beim Verwalter ab. Er trat aus dem Blockhaus und blickte ins Tal, das sich wie ein grüner Trichter nach Osten öffnete. Dahinter lag das Dreistromland und das Geheimnis ungekannter Wälder und Ebenen. Der Fluß unten, der sich an den engen Wänden braun gerieben hatte, würde ihn dorthin bringen zu den klaren Gewässern des Tieflandes.
Er stieg ab. Die Arbeit war getan, nichts hielt ihn mehr in Tipuani. Er hüpfte den Hang hinunter, sprang über Steine, Buckel, kurvte um Sträucher, rodelte das letzte Stück über die Wiese und schritt in der Talsohle kräftig aus. Er hatte es eilig.
«Gerónimo», rief er von weitem, «es ist Zeit, wir brechen ab, wir brechen auf. Wo sind die Boote?»
Gerónimo flickte an seinem Waffenrock.
«Kein Boot, Señor.»
«Was heißt das nun wieder? Wir brauchen eins und schleunigst. Ich dachte, es wäre alles erledigt. Höchste Zeit, von hier wegzukommen.»
«Der Fluß wirbelt im Unterlauf. Es ist nicht ratsam, mit einem Boot die Schnellen zu nehmen. Ein Floß wäre besser.»
«Gut, einverstanden, dann sieh zu, daß wir ein Floß bekommen.»
«Es liegt vertäut am Ufer.»
«Ach du mein vortrefflicher Erzengel. Das wird begossen. Haben wir Wein?»
«Wir haben, Señor.»
«Du mußt noch meine Geräte von der Verwaltung holen, ich werde hier die Sachen ordnen.»

Wundersamer, grüner, kräftig dahinströmender Beni. Die beiden Indios am Heck hielten das Floß in der Strommitte. Rechts drängte sich der Wald heran, staute sich in mächtigen Bäumen, bildete einen massiven Wall aus Grün und Geäst, aus zum Wasser pendelnden Girlanden, aus ins Wasser greifenden, knorrigen, armstarken Wurzelsträngen. Hinter dem Wall das Unbekannte, das Unerforschte, das lockende Geheimnis, Freiraum der Fantasie. Hin und wieder flatterte ein farbiger Vogel aus der Stille auf. Nicht so dicht war die linke Seite mit Baum und Gesträuch befestigt, immer wieder aufgerissen von den Mündern der Bäche und Flüsse, die sich in den Strom mengten. Dahinter die Bergterrassen, Hügel, Ausläufer der Kordillere.

Menschenleere, unberührte Landschaft. Auf einer der Kisten, die wie auch die anderen Stücke verschnürt an den Floßbalken festgemacht waren, hockte Haenke und neben ihm Gerónimo. Schweigend blickten sie in den grünen Tunnel, durch den das breite Wasser strömte, hinter Kehren verschwand, bis sich ihnen ein neues, ähnliches und doch verändertes Bild vor die Augen schob.

«Hast du schon von El Dorado gehört, Gerónimo?»

Gerónimo lachte auf.

«Ay, Don Tadeo, da gibt es viele Geschichten. Einer wollte mir eine Zeichnung verkaufen, wo der Ort vermerkt ist. Aber ich bin ja nicht verrückt. Das sind alles Märchen.»

«Ich bin da nicht so sicher, etwas Wahres ist dran. Aber du hast recht, niemand weiß Genaues, entdeckt wurde es niemals. Der eine glaubt, es ist der verschwundene Inkaschatz, der andere denkt sich eine Goldstadt aus, und dann habe ich auch einen Bericht gelesen, wonach El Dorado ein Mensch aus Gold sein soll. Das ist auf die Ungenauigkeit der Übersetzung zurückzuführen. Der Vergoldete kann ja sowohl ein Gegenstand wie ein Ort wie auch ein Mensch sein. Jedenfalls werden deine Landsleute krank vor Habgier, wenn sie nur das Wort aussprechen. Gold, immer nur Gold.»

«Wenn ich es hätte, würde ich nicht krank, sondern sehr gesund werden», grinste Gerónimo, «wir hätten ruhig aus Tipuani ein paar Proben mitnehmen sollen.»

«Glaube mir, es tut nicht gut. Schon der Gedanke daran wurde vielen zum Verderben, etliche sind schon an der Wahnvorstellung vom Dorado zugrunde gegangen. Kennst du die Geschichte von López de Aguirre?»

Gerónimo schüttelte den Kopf.

«Nun, das ist allerdings schon über zweihundert Jahre her. Deine

Landsleute waren erst ein paar Jahrzehnte in Peru, und der Goldwahn hatte sie zu Ungeheuern gemacht. Sie mordeten, folterten, raubten, plünderten, nur um ans Gold zu kommen. Aber das ist wieder eine andere Geschichte. Ich wollte dir von jenem López erzählen, übrigens kein Märchen, eine wahre Begebenheit. Vorsicht! Festhalten!»

Wendig steuerten die Heckmänner an der Untiefe vorbei, berichtigten den Kurs, und die Ufer kamen wieder in Ordnung, glitten gleichmäßig vorbei. Haenke erzählte.

«Also, dieser López de Aguirre war ein abgefeimter Schurke, ein Matón erster Klasse, ein Strauchdieb und Mörder im Rang eines Leutnants seiner Majestät und somit ein unbescholtener Konquistador. Eines Tages wurde er einem Hauptmann namens Pedro de Ursoa zugeteilt, der vom Vizekönig den Auftrag erhielt, umgehend El Dorado ausfindig zu machen. Also machten sie sich auf den Weg zu den Wäldern um den Marañón, den Oberlauf des Amazonas, dort oben im Norden, einige hundert Leguas von hier. Nach dreihundert Leguas Fußmarsch ermordete López den Hauptmann im Einvernehmen mit den Soldaten, die er sich zu Spießgesellen gemacht hatte. Nun war er der Kommandant, und den gesuchten Goldschatz hatte er sich bereits selbst verschrieben. Doch nicht genug damit. Auf sein Verlangen wählte die Bande einen neuen König, einen gewissen Fernando de Guzmán, und setzte damit den Madrider König ab. López ernannte sich zum Generalquartiermeister dieses Gegenkönigs. Damit noch immer nicht genug. Bald danach ließ er den von ihm gemachten Gegenkönig, samt Hauptmann der Garden, sowie den frischen Generalstatthalter, den Kaplan und ein Dutzend anderer seiner ehemaligen Kameraden hinrichten. Da dürfte er schon vollkommen wahnsinnig geworden sein, denn er beschloß, die Mitglieder des Geheimen Rats in Lima ebenso zu bestrafen. Er ernannte für den Feldzug gegen Lima Hauptleute und Feldwebel und ließ sie kurze Zeit danach aufhängen. Elf Monate durchstrich er mit dem Rest der Bande die Wälder auf der Suche nach El Dorado. Zwei Jahre danach tauchte er an der Küste im Norden auf und verkündete die Unabhängigkeit des Landstrichs.

Seinen Spießgesellen wurde es nun zu bunt, sie verließen ihn, und die Spanier rückten ihm zu Leibe. Als es so weit war, rief er seine Lieblingstochter, die ihn überallhin begleitet hatte, und sagte zu ihr: ‹Ich hatte gehofft, dich zur Königin zu machen, bereite dich auf den Tod vor!› Dann erstach er sie. So war das mit López de Aguirre und seinem Traum von El Dorado.»
«Und was geschah mit ihm?»
«Da gibt es zwei Mitteilungen. Nach der einen hängten sie ihn auf der Insel Trinidad, nach der anderen erschlugen sie ihn auf dem Festland. In einem solchen Fall hält doppelt wohl besser. Aber Ruhe gab er noch immer nicht. Seitdem spukt er als Irrlicht in den Llanos, was von so manchem Savannenreiter heilig beeidet wurde.»
«Glauben Sie das?»
Und Haenke meinte:
«Also das mit seinem gespenstischen Herumgeflacker konnte noch nicht einwandfrei belegt werden. Alles andere jedoch ist in der Chronik nachzulesen.»
«Eine unheimliche Geschichte», fand Gerónimo.
«Es ist nur eine der vielen Geschichten um El Dorado. Sie alle enden in Blut und Jammer. Die Inkas hatten starke Götter.»
«Glauben Sie an die Götter, Don Tadeo?»
«An die Götter, mein Gott! Nein, das tue ich nicht. Man benötigt sie nur hin und wieder. Doch ich bin vollauf zufrieden mit meiner Religion, mit der ich gut zurechtkomme. Ich glaube sogar an den Menschen, obwohl man an ihm ständig verzweifeln könnte.»
Ein Baumstamm plumpste ins Wasser und trieb sonderbarerweise auf das Floß zu, gegen den Strom.
«Sehen Sie, Señor, sehen Sie nur!» Gerónimo deutete aufgeregt auf das gesetzlose Ding.
«Wahrhaftig, ein Kaimán, ein Prachtstück von einem Alligator! So etwas möchte ich einmal in die Hände bekommen.» Haenke beugte sich dem Reptil entgegen.
«Vorsicht, Señor, Vorsicht, geben Sie lieber acht, daß er sie nicht in die Zähne bekommt.»
Der Kaimán riß das Maul auf, als ob er das Floß mit Haut und

Haaren verschlingen wollte. Die Steuermänner schlugen mit den Rudern auf ihn ein. Da drehte er ab.
Haenke blickte ihm nach.
«Prächtig, prächtig, wohl an die zehn Armlängen lang. Tadelloses Gebiß, beneidenswert.»
Gerónimo lachte. Haenke legte eines seiner Hefte aufs Knie und begann zu schreiben. Die Sonne sank den Hügeln zu, der Beni strömte wundersam im fahlen Licht des nahen Abends, wie Watteflaum schwebten leichte Nebel auf dem Wasser. Haenke sah auf, sah den Fluß und widmete ihm seine Andacht. Nie ist er der gleiche, doch immer derselbe in seiner Einheit und Vielfalt, dieses Sinnbild der sich stetig verändernden Stetigkeit.
Sie suchten die Ufer nach einem geeigneten Lagerplatz ab.
«Dahinter, Don Tadeo», Gerónimo zeigte zum rechten Ufer hin, «dort vielleicht ist El Dorado.»
«Vielleicht», nickte Haenke verträumt, «doch verheißungsvoll nur den Gewaltlosen.»
«Und wir ziehen vorbei!»
«Wer weiß. Ein wenig müssen wir unsere Wege schon unserem Herrgott überlassen.»
Die Flößer steuerten zum Ufer, das sich in der Dämmerung auflöste. Nur der Fluß leuchtete.

Am 22. September hatten sie Tipuani verlassen und waren auf dem dahinjagenden, malmenden Fluß gleichen Namens zum Beni getrieben. Mit viel Geschick wußten die Indios die Schnellen zu nehmen, an Untiefen vorbeizusteuern. Sie kannten diese Straße. Flott hatte sie der Beni aufgenommen, vierzig Leguas in vier Tagen, das war eine außergewöhnliche Reisezeit. Nun näherten sie sich dem Ort, von wo Haenke landeinwärts die etwa zwei, drei Leguas entfernte Missionsstation Reyes, eine der wenigen als Stadt bezeichneten Niederlassungen in der weit sich dehnenden Provincia de Moxos erreichen wollte. Dort sollte Proviant gefaßt werden, um dann in ein, zwei Tagen zum Rio Yacuma zu gelangen, der sie zum zweiten großen Strom, dem Rio Marmoré, tragen würde.

Die Flößer wurden entlohnt, und Gerónimo beschaffte Reit- und Tragtiere. Sie folgten dem durch den Wald gehauenen Pfad über Wurzelstränge, durch Gräben und Moraste. Die Moskitos summten ihre giftige Litanei. Plötzlich erhob sich eine tobende Jagd in den Höhen, ein Gequietsche und Gegrunze, die Äste bogen sich wie unter dem Sturm. Im Höllenspektakel tobte eine Affenhorde durch die Wipfel.

«Die brauchen weder Machete noch Papiere», rief Haenke, «nur wer oben ist, ist frei. Da hast du es wieder einmal, Gerónimo!»

«Ich fürchte, Don Tadeo, wir bekommen Ärger. Die Leute, von denen ich die Tiere beschaffte, ließen einiges locker.»

«Nun, was munkelt das Volk?»

«Zamora, der Gouverneur von Moxos, er soll ein übler Typ sein. Ein Indioschinder. Er läßt niemanden ins Land. Vor einigen Monaten hat er einen Abgesandten und dessen Begleitung in den Kerker werfen lassen. Erst auf strengen Befehl aus Lima ließ er sie wieder frei. Er nannte den Abgesandten Spion und Aufwiegler. Dabei sollte er ihm nur ein wenig in die Karten schauen. Aber gerade das will er nicht. Er ist ein Pirat, sagen die Leute.»

«Das klingt nicht gerade gut. Doch mich interessieren seine Karten nicht, und ich habe meine Vollmachten. Wir werden ja sehen.»

Keine gute Nachricht. Im Grunde waren sie hier hilflos und wehrlos gegen Willkür und Gewalt. Seine Vollmacht war nur Papier und kein Schutztrupp, und Lima war unendlich weit, von Buenos Aires gar nicht zu reden. Hier auf sein Recht pochen? Das Gelächter der Affenhorde erwiderte die einfältige Frage.

Aus dem feuchten Wald trabten sie in eine sonnige Lichtung, nasse mannshohe Gräser, einiges Gebüsch und Licht und ein weiter Raum zum Atmen. Er beschloß, einige Tage auf diesem angenehmen Flekken zu verbringen, ein erstes Stück Moxos zu erschnüffeln, zu erkunden, seine Sammlung aufzufüllen. Dann aber sollte es weitergehen nach Reyes und zum Yacuma. Sie holten Zweige und Äste und errichteten nach bewährter Methode das Laubzelt. Der Indio, der sie begleitete, um die Pferde vom Yacuma zurückzuführen, half eifrig mit.

Gerónimo rüttelte den schlafenden Haenke wach.
«Don Tadeo, wachen Sie auf, wachen Sie auf! Wir sind umzingelt!»
«Was?» Verständnislos blinzelte er aus dem Schlaf. «Was heißt umzingelt?»
«Sehen Sie, sehen Sie doch selbst!»
Haenke sprang auf, zog sich die Hose fest, trat im Hemd aus der Hütte. Vor ihm im Halbkreis paradierten ein Dutzend Berittene. Er empfand die Lage eher als grotesk denn bedrohlich.
«Buenos días, Señores», rief er, «wollen Sie mich erstürmen?»
Aus der Gruppe trabte der Anführer auf ihn zu. Tadellose Uniform, gelockte Perücke, gerötetes, gedunsenes Gesicht. Haenke veranstaltete eine übertriebene Reverenz und schwenkte seinen nicht vorhandenen Hut.
«Caballero, mit wem habe ich die Ehre?»
«Alonso de Villaverde, Administrador und Secretario seiner Exzellenz Don Miguel de Zamora, des Gouverneurs der Provinz Moxos», brummte der Rotgesichtige unwirsch, «wir dulden hier keine Händler und Schmuggler. Sie werden von hier verschwinden. Seine Exzellenz ist nicht willig, dubiosen Gestalten das Betreten der Provinz zu gestatten.»
Das war ungeheuerlich, aber Haenke nahm sich zusammen.
«Señor», sprach er mit fester Stimme, so daß es der Halbkreis hören konnte, «Sie wissen offenbar nicht, wen Sie vor sich haben. Ich bin Bevollmächtigter und Abgesandter des Hofes von Madrid. Jede Beleidigung meiner Person ist eine Beleidigung des Königs und zugleich ein Affront gegen die Vizekönige von Lima und Buenos Aires, deren absoluten Rückhalt ich genieße. Gerónimo», rief er ins Zelt, «Pässe und Vollmachten!»
Alonso de Villaverde nahm den Dreispitz ab und wischte sich das Gesicht. Gerónimo brachte die Papiere.
«Wollen wir nicht in der Hütte Platz nehmen? Es ist etwas warm hier.»
«Sicher, sicher.» Don Alonso stieg vom Pferd und folgte Haenke ins Innere.
Gerónimo zog den Weinsack aus der Grube und trug ihn zu Tisch,

füllte zu Villaverdes zustimmender Miene die Becher. Man trank einander zu, und Gerónimo füllte nach. Der Administrator nahm die Papiere und studierte sie aufmerksam.
«Erstaunlich», murmelte er, «Sie sind demnach Naturalista, Caballero, und wollen Tiere und Pflanzen unserer Provinz erforschen. Erstaunlich.»
«Und die Bodenbeschaffenheit.»
«Ja, ja, und die Bodenbeschaffenheit. Da muß wohl ein Irrtum vorliegen, der Gouverneur dürfte falsch informiert worden sein. Es gibt nämlich einen Befehl von Don Miguel an alle Garnisonen in Moxos, Sie, Doktor wie? ja, Anke, nicht aus den Augen zu lassen, damit Sie mit den Indios keinen Handel treiben. Das hat mir auch der Gouverneur persönlich nahegelegt, bevor er nach Concepción aufbrach. Sie sollen mit den Eingeborenen überhaupt nicht in Berührung kommen. In einem Zusatz ordnete er an, daß Sie schleunigst die Provinz verlassen müssen, sonst werden Sie festgenommen.»
Haenke überlegte.
«Ich werde selbst an den Gouverneur schreiben und die Sachlage klären.»
«Ja, ich bitte Sie, tun Sie das. Es scheint hier tatsächlich ein Irrtum vorzuliegen. Ihre Vollmacht ist in Ordnung.»
«Woher dann die Unterstellung, daß ich Handel betreibe?»
Villaverde zog die Schultern hoch, blickte auf den Becher in seinen Händen.
«Dr. Anke, ich habe den Auftrag, Ihr Gepäck zu durchsuchen.»
«Mein Gepäck!» erregte sich Haenke, «was wollen Sie denn da finden? Gold aus Tipuani, Silber aus Potosí oder gar Glasperlen aus Böhmen?»
Villaverde erhob sich.
«Ach, wissen Sie, Caballero, Gepäckuntersuchung, das ist bei uns Routine. Daran kommt keiner vorbei, nicht einmal der Erzbischof.»
Er stolzierte hinaus.
«Nun, was meinst du, Gerónimo? Was hältst du davon?»
«Da ist etwas im Gange. Zamora ist sichtlich hinter Ihnen her.»
«Es scheint so, der Kerl will wirklich nicht, daß man sich in seiner

Provinz umsieht. Der hat es faustdick hinter den Ohren.»
Villaverde trat mit vier seiner Leute ins Zelt.
«Dürfen wir beginnen, Dr. Anke?»
«Sie dürfen, doch fürchte ich, es wird weder Ihnen noch Ihren Leuten bekömmlich sein.»
«Wie meinen Sie das?»
«Nun, öffnen Sie schon. Hier diese Kiste. Was das ist? Das sind präparierte Exemplare. Vorsicht, nicht anfassen! Die Sachen sind nicht ungiftig.»
Die Soldaten zögerten, Villaverde hielt sich die Hand vor den Mund.
«Würden Sie, Doktor, selbst die Gepäckstücke öffnen?»
«Aber sicher. Hier Minerale, hier getrocknete Pflanzen, hier Samen und hier mein Instrumentarium und die sehr ätzenden Chemikalien.»
«Gut, gut», nickte Villaverde und schnupfte, «also keine Handelsware?»
«Nur der Wein, den Sie bereits verkostet haben. Damit sind Sie mein Schmugglerkomplize», grinste Haenke, und Villaverde grinste zurück.
«Eine Frage, Don Alonso. Wann erfuhr der Gouverneur von meinem Kommen?»
«Schon vor langem. Man teilte es ihm mit, daß Sie kommen würden. Er war sehr verärgert, weil er Sie, wie ich sehe, falsch einschätzte. Er nahm an, Sie würden sich in die Angelegenheiten der Eingeborenen mischen, und das können wir nicht dulden. Die Jesuiten hatten hier alles durcheinander gebracht, und es ist sehr schwer, wieder Ordnung zu schaffen. Die Wilden müssen gezähmt werden, sonst werden sie nie gute Christen. Nun sind die Franziskaner da, die lassen wenigstens dem König, was des Königs ist. Glauben Sie mir, Doktor Anke, es ist nicht leicht, ein solches Land zu kolonisieren.»
«Wir wollen über den Yacuma zum Marmoré. Ich brauche Proviant und Boote.»
«Ich werde sehen, was sich machen läßt. Sie bleiben noch hier?»
Das klang ein wenig wie ein Befehl.
«Ja, ja, ich will hier noch etwas arbeiten.»

«Nun, ich kann über Ihr Ansuchen nicht allein entscheiden. Ich reite jetzt mit meinen Leuten zurück nach Reyes. Ich werde Ihnen Mitteilung zukommen lassen.»
«Aber bald, ich bitte Sie, Madrid wartet auf die Ergebnisse.»
«Ich werde mein möglichstes tun, Doktor.»
«Lassen Sie mir einen Mann hier. Ich will den Brief jetzt schreiben, und er soll ihn an den Gouverneur befördern.»
Villaverde war einverstanden und ließ einen Mann zurück. Dann ritt er mit den anderen davon. Gerónimo unterhielt sich mit dem Soldaten.
«Ich habe einiges aus ihm herausbekommen», berichtete Gerónimo später, «sie mögen ihn nicht. Dieser Zamora führt Hof wie der König. Villaverde ist ihm ergeben, er ist ein Schwächling, er macht alles, was Zamora anordnet. Strafzüge gegen Indios sind keine Seltenheit, der Gouverneur führt ein Mord- und Brandregime. Außer sich und seine Angehörigen schont er niemanden.»
«So etwas habe ich mir gedacht», nickte Haenke, «und diesem Piraten soll ich schreiben und ihn um Unterstützung bitten! Doch was bleibt uns übrig. Diplomatie, Diplomatie, sagte schon Malaspina, und er wußte, wovon er sprach. Wie schreibt man an einen Despoten? Eure Exzellenz von Satans Gnaden?»
«Zamora ist gefährlich, Don Tadeo. Der Mann erzählte mir von einem Hauptmann, der sich abfällig über Zamoras Mätresse äußerte. Der Hauptmann verschwand für immer. Oder die Sache mit dem Konsul ...»
«Ach, Gerónimo, erzähl mir das später, der Brief muß weg, auch wenn er kaum etwas nützen wird. Welchen Tag haben wir heute?»
«Heute? Keine Ahnung.»
Haenke schrieb:
*«Reyes 1794. Auf Grund eines Befehls, den Sie dem Administrator von Reyes erteilten, wurde mein Gepäck geöffnet und durchwühlt. Neben einigen Messern und Plaketten enthielten sie Lebensmittel, meine persönlichen Sachen, meine Bücher, meine mathematischen Instrumente, verschiedene Papiere und die Sammlung von Vögeln, Tieren und Pflanzen, bestimmt für die Abteilung Naturgeschichte seiner Majestät in*

*Madrid. Ein Teil der Sammlungen und geographischen Beschreibungen stammt aus den Arbeiten der Expedition, die im Auftrage seiner Katholischen Majestät unter dem die Korvetten ‹Atrevida› und ‹Descubierta› befehlenden Schiffskapitän Alejandro Malaspina durchgeführt wurden ...»*

Haenke sah auf.

«Gerónimo, je mehr ich schreibe, desto höher steigt mir die Galle. Es ist einfach unfaßbar. Ich sage dir, wenn wir hier lebend herauskommen und es mir die Umstände erlauben, werde ich dieses Banditen entsprechend gedenken.»

Er setzte das Schreiben fort:

*«... ich möchte hierbei feststellen, ich komme nicht ins Land, um mit Taschentüchern, Servietten und anderen mir widerwärtigen Dingen Handel zu treiben. Das einzige, was ich von hier mitzunehmen gedenke, sind einige wenige Muster der einheimischen Erzeugung und Handfertigkeit, und auch diese Sachen behalte ich nicht für mich, sondern sie sind für die Akademie der landwirtschaftlichen und kulturellen Wissenschaften in Madrid bestimmt. So haben wir es auf unseren Fahrten immer gehalten. Ich ersuche Sie nur um unumgängliche Unterstützung auf dieser sowieso schon über die schöne Jahreszeit hinaus verzögerten Reise, die ich nach den Niederlassungen von Santa Ana, Exaltación, San Ramón und weiter über Trinidad, Loreto bis Santa Cruz de la Sierra durchzuführen gedenke. Diese Reise steht völlig in Übereinstimmung mit meinem Auftrag, welcher den Mitgliedern von Seiner Majestät Expedition erteilt worden war ...»*

Er seufzte erleichtert.

«So, und jetzt nur noch das übliche formelle Gewäsch und basta! Gerónimo, Wachs und Siegel!»

Der Soldat bekam den Brief und einen Batzen, worauf er sich aufs Pferd schwang und davonritt.

November. Der Winter, die milde, trockene Jahreszeit ging zu Ende. Schwere dunkle Regenwolken entluden sich auf Wälder und Llanos, auf Flüsse und Sümpfe. Der Sommer kündigte sich an, der Treibhaussommer des wild wuchernden, dampfenden Tropenwaldes, der

Backofensommer des öden, wüsten Küstenlandes am Westrand der Kordillere. All seinen Regen, den er dem Wüstenstreifen vorenthielt, lud er über den Niederungen des Ostens ab.

Der Sommer zwischen den Wendekreisen ist den Menschen eine harte Prüfung, er weicht die Muskeln, lähmt Geist und Willen, läßt Tun und Handeln in bleierner Gleichgültigkeit versanden. Frühling und Herbst in den Tropen sind nur kurze, kaum merkbare Übergänge. Heftig und ergiebig ist der Regen in den Tropen, und er ist auch ein pünktlicher Regen, er hält sich an seine Stunde des frühen Nachmittags und beendet sein prasselndes Zwischenspiel ebenso nach der Uhr. Seine Tätigkeiten außer Haus plant der Mensch vor oder nach dem Regen. Nach dem Gußfinale verziehen sich eilig die Wolken, und die Sonne zieht in dampfenden Schwaden die Feuchtigkeit aus der Erde, von den Blättern und Gräsern.

«Und der Regen, er regnet jeglichen Tag», sang Haenke, und es waren gewaltige Mengen, die da herunterkamen. Er dachte an die Pampa, wo ihn einst so ein Guß überrascht hatte, und auch an damals, als er das furchtbare Unwetter auf dem Atlantik nicht zu überstehen glaubte. Doch hier! Tag für Tag der Wasserfall. Die Laubhütte hielt nicht mehr dicht, es tropfte durchs Dach, und auf dem Boden bildeten sich kleine Pfützen. Und Reyes schwieg, keine Nachricht von dort. Haenke nahm sich die Karte vor.

«Gerónimo, wir müssen aus der Falle, wir brauchen einen Pfadfinder.»

«Einen Pfadfinder?»

«Eben. Wir brauchen jemanden, der uns zum Yacuma bringt. Sprich einmal mit dem Treiber, vielleicht kennt er sich aus.»

«Aber es wurden uns doch Boote und Proviant versprochen.»

«Ich will nicht länger warten. Wir versinken im Dreck, und die Zeit drängt. Außerdem traue ich dem Villaverde nicht und seinem Gebieter schon gar nicht. Nein, nein, wir müssen schauen, daß wir fortkommen.»

Der Indio kannte sich aus. Er hieß Manko, doch auch Francisco. Ihm war es gleich, wie man ihn nannte, das Taufwasser für den Francisco war längst verdampft. Mit den Göttern stand er sich nicht schlecht, mit den Spaniern weniger gut. Doch das waren keine Götter.

Es galt, im nächtlichen Ritt einen Bogen um Reyes zu schlagen, und Manko Francisco führte sie in die hochgrasige Savanne.

Schwüle, mondlose Nacht, kaum daß sich die Silhouetten der Reiter aus der Finsternis abhoben. Fast lautlos griffen die Tiere auf dem Gras aus, trabten flott durch die Dunkelheit. Voran der Indio, dann Haenke, dahinter Gerónimo und die Packpferde.

Dumpfes Grollen, fern, ersterbend, aufrührend. Die Wolkendecke zerriß und gab die Sterne frei. Doch irgendwo, fern oder nah, in der unheimlichen Blindheit Unordnung, Bedrohliches, dunkles Wellen auf und ab.

Er wandte sich um.

«Hörst du das, Gerónimo?»

«Trommeln, es sind Trommeln.»

Trommeln in der Nacht, Rhythmus des Grauens, unheilvolle Musik, Trommeln auf und ab. Schallwellen, nichts als Schallwellen, doch die Angst macht die Seele krumm.

«Francisco, Trommeln!» rief er nach vorne.

Francisco hielt und nickte.

«Trommeln für böse Geister, Indios mit Krieg.»

«Wo Trommeln, Francisco?»

«Dort», er zeigte nach Osten, «Fluß, schlechte Indios, viel Krieg.»

«Wo, Francisco, weit weg?»

«Si, si, Señor, weit.»

«Also dann adelante, der Morgen ist noch weit.»

Stunden im wiegenden Gang der Tiere. Die Trommeln waren verstummt, und die Nacht war ihnen bereits vertraut. Silberstreif im Osten, doch Reyes noch nahe und diese Nähe nicht ungefährlich. In einer von Büschen umgebenen Mulde warteten sie den Tag ab. Am Nachmittag ritten sie wieder los durch den Regen, der sie durchweichte, und als es Abend wurde, erreichten sie den Auwald, dessen Moraste in der Regenzeit überliefen. Nicht ratsam war es, in der Finsternis den Auwald hin zum Fluß zu durchqueren, jedoch unabwendbar. Wenn ihre Flucht bemerkt worden war, würde man sie

verfolgen. Auf dem Fluß waren sie sicher, sie mußten hin auf dem schnellsten Wege.
Stickig und schwarz lag die Nacht auf ihnen, nur hin und wieder zeigten sich im schütteren Laubwerk vereinzelte Sterne. Francisco war abgestiegen und tappte vorsichtig durch die Pfützen, über breiigen Boden, in dem der Fuß knöcheltief einsank. Haenke und Gerónimo blieben dicht dahinter. Haenke glitt aus, fiel in den Brei, zog sich am Tier hoch und schritt wortlos weiter. Man sah die Hand nicht vor den Augen. Der Morast war eine böse Falle, und er war ihnen nahe zu beiden Seiten des Pfads. Selbst bei Tag konnte der Unerfahrene vom Weg abkommen und in den schlingenden Sumpf geraten.
Plötzlich ein Poltern, ein Schlingern, das Tier hinter ihm wieherte auf, darauf ein Splittern und Knacksen.
«Gerónimo!» schrie Haenke.
«Das Tragtier!»
«Vorsicht, Gerónimo, vorsichtig. Francisco, halt!»
Haenke tappte sich nach hinten, stieß mit Gerónimo zusammen.
«Es ist fort, es ist nicht mehr da!»
«Oh, Gott, das Tier hatte die Kisten geladen.»
Sie krochen, robbten im Schlamm, tasteten nach allen Seiten. Das Tier schnaubte, Haenke tastete hin und fand den Kopf, dann griff er die Zügel.
«Ich hab es, Gerónimo, hierher! Es steckt im Schlamm, es sinkt. Wir müssen versuchen, es herauszuziehen.»
Das Hinterteil des Tieres steckte bereits im Morast, wild schlug es mit den Vorderbeinen. Es war nicht leicht, an das Tier heranzukommen.
«Achtung, es schlägt. Nimm die Zügel und ziehe!»
Es schien aussichtslos, aber sie bewahrten das Pferd vor weiterem Absinken.
«Francisco, hierher Francisco!»
Der Indio tauchte aus der Dunkelheit. Gerónimo keuchte:
«Es ist zu schwer, die Kisten ziehen es hinunter.»
«Schneid die Kisten ab!»

«Die Kisten? Die Sammlung!»
«Schneid die Riemen durch, schnell!»
Gerónimo nahm das Messer in den Mund, faßte den Hals des Tieres, ließ sich daneben in den Morast sinken, fand die Gurte. Er durchschnitt sie, mit einem Glucksen verschwand die Last. Das Tier wieherte, schlug mit den Beinen. Haenke zog Gerónimo hoch.
«Und nun alle ziehen, los, ziehen!»
Das Pferd stemmte die Vorderbeine in die Böschung, wühlte mit den Hinterbeinen den Schlamm auf. Die Männer zogen. Ein Sprung, und das Tier stand schnaubend und zitternd auf festem Boden.
«Gerettet», jubelte Haenke, «gut gemacht, Amigos!»
Nun kümmerte sich Francisco um das Tier, beruhigte es, reinigte es.
«Und unsere Kisten, Don Tadeo?»
«Monate Arbeit», seufzte Haenke, «so ist das, wenn man auf große Fahrt geht. Zum Glück sind die Instrumente im anderen Packen. Aber nun los, schauen wir, daß wir heil zum Fluß kommen.»
Sie verteilten den Rest des Gepäcks auf die Pferde und stapften weiter, Schritt für Schritt, durch Schlamm und Wasser. Still war der Sumpfwald, nur das Unken aus dem Brei tönte heimelig in der unguten Lautlosigkeit. Abermals vergingen Stunden, müde hielten sie sich an den Tieren, ließen sich schleppen, brachten die Füße aus dem weichen Boden kaum noch hoch, wankten stumm dahin in der stickigen Luft des dunstenden Schlammes, der faulen Dämpfe.
Doch endlich kein Dach mehr, frei und klar der Himmel, und der Mond stand Kopf. Sie kollerten den Hang hinab, lagen ausgestreckt, schwer atmend am Ufer des Yacuma und sonnten sich in den Sternen.

Flacher, gemächlicher Yacuma. Zart schnitten die schmalen Boote das Wasser, drei labile Baumrindenkanus, je ein Paddler vorne, einer hinten. Haenke im ersten Boot, Gerónimo im letzten, dazwischen die Kiste mit den Instrumenten, die Chemikalien, das restliche Gepäck. Rhythmisch, weich stachen die Paddel ins Wasser, die nackten, braunen Körper der Indios bewegten sich im Takt. Ballett auf türkisfarbenem Fluß.

Früh waren sie aufgebrochen, bis zum Regen mußte Fahrt gemacht werden. Der Marsch durch den Sumpf stak ihnen noch in den Knochen, sie konnten sich preisen, daß sie heil in den Booten saßen. Manko Francisco war bedankt, entlohnt und verabschiedet worden. Vorher hatte er sie noch ins Fischerdorf geführt, wo sie die sechs Männer mit den drei Booten fanden. Die würden sie zum Marmoré bringen. Schade um Manko Francisco, er wäre ihnen auch hier ein guter Begleiter gewesen. Nun trabte er wohl schon durch die Savanne zurück zu seinem Hüttendorf am Beni.

Die Zeit zog ruhig dahin wie der Wald an den Ufern. Reglos schien der Fluß, kaum beunruhigt von den leichten Wellen, die das Paddel hob. Haenke blätterte in seinen Aufzeichnungen, ging durch, was sich angesammelt hatte. Wieviel Zeit und Ausdauer brauchte es doch, bis sich einem die Tierwelt auftat. Die Vögel in ihrer luftigen Art machten es einem so gar nicht leicht. Diese Vielfalt! Der Orgelvogel, der orgelnd den Sturm meldet, der aber auch wie eine Nachtigall zu flöten weiß. Die Tonfolge wäre zu vermerken. Der Cyphorhinus cantans, ein ebenso exquisiter Sänger, seinen Abgesang tickt er wie eine verstimmte Drehorgel. Rosaroter Kuckuck, dieser Pfefferfresser. «Dios te dé» schnattert er. Gott geb es dir. Ein Hanswurst. Der bellende Ochsenvogel und hier, ja hier, das wunderbare Tunki, das rote Felsenhuhn mit schwarzen Flügeln und orangenem Schnabel. Diese elegante Prinzessin grunzt wie ein Schwein. Ja, und den gefiederten Esel haben wir auch, den iaaenden, gehörnten Camungo. Enorme Musikanten im Orchester vor farbentollem Publikum, den Papageien, den nimmermüden, geschäftigen Klopf-klopf-Spechten, dem Neuntöter und den prächtigen, rotbrüstigen, metallblauen Finken. Allen voran aber der siebenfarbene Tanagra, er ringt mit dem Bartvogel, diesem grüngold berückten, rotbäuchigen Prachtstück, um den Farbenpreis. Schwirrende, Smaragde und Rubine darunter, die Kolibris, lebende Juwelen, blitzschnell im Laub, libellengleich über dem Wasser, leicht wie Federn, schier flügellos ruhen sie erdgelöst, weil unser Auge dem rasenden Schlag nicht zu folgen vermag. Manche käferklein.

Er blickte auf, dachte an die verlorenen Kisten, worin Wertvolles,

Sehenswertes verstaut war. Ein enormer Verlust. Er blätterte zu den Pflanzen aus drei Vegetationsschichten. Kräuter, Sträucher, Unterholz, Bäume von Lianen umschlungen, turmhohe Palmen, Wald über Wald. Helikonien waren in den Kisten verstaut und Orchideen, Farne, Keimlinge, Heilpflanzen. Die Brechwurzel, die an den Ufern sprießende dornige Sarsaparilla, der Huaco gegen Schlangenbiß und der Huaco aguado gegen den Todesbiß schäumender Hunde. Der betäubende Barbasco und die wohlriechende Vanille. Giftgewächse, aus denen Heilsäfte gewonnen werden können. Unsereins könnte von den Eingeborenen noch viel lernen. Cocullus- und Strychnusarten. Sie tragen es auf ihre Pfeile auf. Von all dem vieles im Sumpf versunken. Da heißt es nachholen. Und die Samen der Urwaldriesen! Cäsalpinien, Meliaceen, Cedreleen, Artokapeen. Die medizinische Quina, der Balsamspender. Pucherisamen gegen Dysenterie. Muß noch erprobt werden. Copaiva, Cascarilla gegen das Fieber, der blutstillende Matico, das Gelbholz, all die Arten tropischer Nußbäume, Kautschuk, Kopal. Die Gerberrinde des Petersilienbaums. Prächtige Hölzer. Der kolossale Fikus, der sich von fünf nicht umspannen läßt. Und natürlich die herrlichen Palmen. Ein einziger botanischer Garten, dieses Land. Jacquin wäre hellauf begeistert. Wir beide, Jacquin und ich, wir würden die Enzyklopädie um Bände aufstocken.
Er blätterte weiter, numerierte, notierte. Bis die ersten Tropfen fielen und die Kanus zum nahen Ufer abdrehten.

Leicht glitten die Boote den ruhigen Yacuma abwärts, träger Fluß im geringen Gefälle, Fluß zwischen den Strömen. Kein Berg, der ihn in kühler Frische fallen ließ, ihn drängte und drückte zum großen Marmoré hin, dem er gehörte. Im ungebrochenen Rhythmus, die muskulösen Arme schwingend, stachen die braunen, schweißglänzenden Eingeborenen ihre dünnwandigen Kanus Meile für Meile, Stunde um Stunde voran.
Fauler Yacuma, den der tägliche Regen über die Ufer trieb, wo er sich mit den Wässern der Sümpfe mengte, deren Gestank sich auflud, Yacuma, sonnendurchwärmtes, brütendes Nährwasser dichter Moskitowolken, die ihnen zur unerträglichen, unbezwingbaren Plage

wurden. Oft, wenn die summende Wolke über ihnen aufzog, stülpte er sich, auch bei größter Hitze, den Poncho über den Kopf, drückte sich ins Boot, krümmte sich unter der schweren Decke, schwitzte furchtbar und fand kaum Atemluft. Doch besser ersticken, als sich dem schmerzenden, unabwehrbaren Angriff auszusetzen. Den Biestern war nicht beizukommen. Er betrommelte sein Gesicht, schlug rasend zu. Die schwarzen Punkte duldeten es nicht, sie schienen sich noch zu vermehren, sie schwärmten und nadelten sich in die Haut. Er sah aus, als ob ihn eine Seuche befallen hätte. Gerónimo ging es nicht besser. Doch die Indios an Bug und Heck verrichteten ungerührt ihre Arbeit.

Nur beim Lagern konnten sie eine Verteidigung aufbauen. Der aus mit feuchten Rinden genährten Feuern aufsteigende, beizende Rauch hielt die Feinde in gewissem Abstand.

«Wie macht ihr es denn?» fragte Haenke einen der Paddler, mit dem er sich halbwegs verständigen konnte. «Ich meine, wieso stechen sie euch nicht?»

Der Mann blickte ihn fragend an.

«Paß auf!» mischte Gerónimo sich ein, wies auf Haenke und tippte sich selbst auf die Brust. «Ssss, stich, stich, du und er und er nicht, sss, sss, nicht stich, stich. Warum?»

Er breitete fragend die Arme aus. Nun kam das Verstehen. Der Mann kramte aus einem Lederbeutel einen kleinen, felligen Behälter hervor, öffnete ihn und hielt ihn den beiden unter die Nase.

«Pest», rief Haenke und schrak zurück, «das Zeug stinkt wie die Pest.»

Gerónimo hielt sich die Nase zu. Die Indios bogen sich vor Lachen.

«Bueno, bueno», grinste der Befragte und strich sich über Arme, Brust und Gesicht, «nicht sss, stich, stich.»

Haenke lachte. «Was denkst du, Gerónimo, was ist besser, zerstunken oder zerstochen?»

«Der Gestank bringt mich um.»

«Die Moskitos auch. Wir werden unsere feinen Nasen abdichten.»

Er nahm die grünliche Paste und bestrich sich Gesicht und Hände, dann reichte er Gerónimo die Stinksalbe.

«Nun entferne dich aber, mein Bester, mir genügt mein eigener Gestank. Ein wahres Glück, daß die Moskitos über einen ausgeprägten Geruchsinn zu verfügen scheinen. Eine sehr bemerkenswerte Wahrnehmung. Ich hoffe nur, die unseren sind nicht verschnupft.»
Der Indio verpackte sorgfältig die Paste und steckte sie in den Beutel zurück. Wenn man mit ihm nur reden könnte, dachte Haenke, möchte gerne wissen, woraus sie das Zeug zubereiten. Vielleicht ist es sogar besser, wenn man es nicht weiß.
Der eindringliche Gestank ließ aber bald nach, teils gewöhnten sie sich wohl daran, teils aber dürfte die Pestilenz von der feuchten Luft absorbiert worden sein. Bemerkenswert, ein kluges Mittel von erfahrenen Menschen, denn tatsächlich, kaum daß es von nun ab eines der Biester noch wagte, diesen abwehrenden Duftschirm zu durchbrechen.

Eines Abends, als sie bereits nach einem für das Nachtlager geeigneten Platz Ausschau hielten, waren die Trommeln wieder da. Plötzlich, aus dem Nichts nahe, donnernde Trommeln. Die Indios schraken auf. Es war das erste Mal, daß sie aus dem Takt fielen.
Der Bugman wandte sich zu Haenke um:
«Salvajes», flüsterte er, «nicht gut, nicht gut.»
Haenke wies zum Ufer.
«Wir legen an.»
Diesmal blieben sie ohne Feuer. Haenke schätzte die Trommeln in einer Entfernung von etwa einer halben Legua. Kriegstrommeln? Drohend dröhnten sie, voll Gefahr war der finstere Wald, doch auch der lichte Fluß, wo man sie leicht ausnehmen konnte, wo sie den Pfeilen ein wehrloses Ziel bieten würden. Bedrückt kauerten sie am Ufer, schwiegen, und im wilden, dumpfen Stakkato des aufgewühlten Waldes wünschten sie sehnlich den Tag herbei.
Viele Eingeborenenstämme hatten sich vor den Spaniern in die Sicherheit der Einöden und Unwegsamkeiten zurückgezogen und nur den tödlichen Haß gegen die Eroberer mitgenommen. Feind war ihnen jeder, der nicht ihrem Stamm angehörte; auch die Indios, Haenkes und Gerónimos Begleiter und Beförderer, wären verloren,

wenn sie den Trommlern in die Hände fielen. Opfergierig und blutrünstig waren deren Geister und Götzen, ihre unberechenbaren Schicksalsmacher, doch einziger Rückhalt der Gejagten gegen die Launen der Natur und die Willkür der Menschen.
«Ich muß mir das einmal ansehen», sagte Haenke unvermittelt.
«Was ansehen, Don Tadeo?»
«Das, was die dort aufführen, das ganze Theater.» Er zeigte in Richtung Trommeln.
«Das kann aber ein sehr fatales Theater werden, Don Tadeo.»
«Ich beabsichtige nicht mitzuspielen. Wie steht's mit dir?»
«Ich komme mit, ich bin noch nie gebraten worden.»
Er gab den Indios Anweisung, die Kanus zum sofortigen Ablegen bereitzuhalten. Dann machten sich die beiden auf den Weg.
«Die Trommeln decken uns», flüsterte Haenke, als sie behutsam durchs Gebüsch schlüpften. «Nieder!»
Nun krochen sie bäuchlings weiter, fühlten die Feuchtigkeit des Bodens. Feuerschein flackerte vor ihnen, die Trommeln dröhnten, aber noch verdeckte das Buschwerk die Sicht.
«Dort hinauf!» flüsterte Haenke und deutete auf eine kleine Anhöhe.
Wie Schnecken klebten sie an der Erde, und ebenso langsam schoben sie sich den flachen Hang empor, bogen behutsam Zweige beiseite, räumten vorsichtig loses Zeug aus dem Weg, hielten das Gesicht zur Erde. Es dauerte seine Zeit, bis sie hinter einem Busch lagen, einen Durchblick fanden, um die Szene zu überschauen.
«Macanudo», hauchte Haenke.
Ihnen bot sich ein Schauspiel fremder, unheimlicher Art. An die zweihundert nackte Menschen hockten um die hohen Flammen, vorne die Männer, hinten die Frauen. Gegenüber, auf der rechten Seite des Feuers wirbelten sechs Männer ihre Trommelstöcke auf gespannte Häute. Unbändiger Rhythmus. Die Sitzenden wiegten ihre Oberkörper und brummten einen Dreiklang hinauf und hinunter. Die Trommeln schwellten ab, drohten auf zum Gebrumme der nicht endenwollenden Melodie. Die wellende Eintönigkeit des Konzerts beschwor das Grauen der von den zuckenden Flammen aufgerissenen Finsternis.

«Fantástico», flüsterte Haenke aufgeregt, die Szene hatte seine Erwartungen übertroffen. Doch Musik und Brummgesang waren nicht alles, es gab auch Tanz. Ein einzelner Tänzer mit einem Dreispitz auf dem Kopf, das Gesicht weiß, den Körper mit bunten Ornamenten bemalt, hüpfte, schlenkerte mit Armen und Beinen, verrenkte den Körper, warf sich nach hinten, nach vorne, zuckte und beutelte sich, verzerrte sein Maskengesicht und stieß eine Lanze nach oben in die Nacht hinein. Seine langen Haare, die aus dem Dreispitz hingen, schwenkte er wie eine Fahne, ließ sie kreisen, so daß sie ihm zeitweilig das Gesicht verdeckten. Und immer wieder wirbelte er die Lanze und stach Löcher in die Finsternis.

Auch das war noch nicht alles. Über einem kleinen Nebenfeuer, näher zu den Beobachtern, brutzelte ein gespießtes Stück Fleisch. Der leichte Wind trug ihnen den Rauch zu. Es roch widerlich, süßlich.

«Kannibalen!» war Gerónimos erstickter Aufschrei.

«Menschenfresser?» hauchte Haenke ungläubig.

«Sie sind es», flüsterte Gerónimo aufgeregt, «ich rieche es. Da!»

Er stieß Haenke an und wies den Hang hinunter. Nicht weit von ihnen war ein Mann an den Baum gefesselt. Er stand im Schatten, und so hatten sie ihn nicht eher bemerkt. Er war unbewacht.

«Los, Gerónimo! Wir nehmen ihn mit!»

Im Schutz der Büsche krochen sie den Hang hinab zum Baum hin.

«Du nimmst ihn, und dann nichts wie weg zu den Booten!»

Haenke richtete sich schnell auf und zerschnitt die Fesseln, Gerónimo packte den Mann am Arm und riß ihn mit sich fort. Der Gefangene, willenlos vor Entsetzen, stolperte hinterher. Gerónimo zerrte ihn wie einen störrischen Esel. Doch der Esel bockte, spreizte sich gegen die Flucht, riß sich los, und Gerónimo packte fluchend von neuem zu. Da heulte der Wilde auf, schlug auf Gerónimo ein, trat ihn mit den Füßen, brüllte, spuckte, kratzte. Und da verstummten die Trommeln.

«Los, Gerónimo, adelante, sie sind hinter uns her!»

«Dieser Teufel will nicht. So komm doch, du Narr!»

Der Mann bäumte sich auf, befreite sich von Gerónimos Umklammerung und hetzte heulend dem Lager zu.

«Er ist fort, er läuft zurück!»
«Schnell, Gerónimo, wir müssen weiter!»
Sie keuchten durch den Busch, stolperten über Wurzeln, stießen sich an Ästen. Nur fort, die wilde Jagd hatte begonnen. Atemlos langten sie am Ufer an.
«Er wollte nicht gerettet werden», brüllte Gerónimo.
Die Mannschaft hatte längst begriffen, das Verstummen der Trommeln war ihnen Zeichen genug, die Männer saßen bereits in ihren Kanus und hielten die Paddel ins Wasser. Haenke und Gerónimo wateten zu den Booten, ließen sich hineinfallen.
«Schnell fort!» keuchte Haenke, und die Furcht schlug das Taktmaß, die Kanus schossen vorwärts.
Geheul brandete gegen den Fluß, die Verfolger waren angelangt, sie schrieen ihnen ihre Wut zu. Einige stürzten sich ins Wasser, schlugen sich den Booten nach, doch die Kanus waren schnell. Ein Hieb an die Außenwand, noch einer, Pfeile über ihnen, um sie. Sie duckten sich, und die Angst steigerte ihre Kraft. Gebückt stachen die Männer in rasender Folge die Paddel in den Fluß.

Willkommener müder Morgen nach furchtbarer Nacht. Der Schrekken kribbelte ihnen noch in den Gliedern, sie waren einem Nachtmahr entkommen. Desto schöner war der Morgen.
«Du meinst also, es waren Kannibalen, Gerónimo?»
«Gewiß, der Braten roch widerlich.»
«Es könnte auch Affenfleisch gewesen sein.»
«Es waren Menschenfresser. Wozu der Gefangene?»
«Aber gerade er, er lief doch zurück und wußte, was ihn dort erwartete. Er zog den Tod der Freiheit vor. Ich will versuchen, mit unseren Leuten darüber zu sprechen. Wozu haben wir Arme, Hände und Beine?»
Mit Worten und Gesten und pantomimischen Szenen berichteten sie den Kanuten, was sich bei der Flucht zugetragen hatte. Die Männer hörten und sahen aufmerksam zu und nickten, wenn sie verstanden. Auch sie begannen zu gestikulieren und führten unter sich ein unverständliches Gespräch.

«Nun», unterbrach Haenke ihren regen Wortwechsel, «was ist nun? Warum ist er zurück? Warum?» Er spielte ihnen die Rückkehr des Befreiten in den Tod vor. «Warum? Warum?»
Die Gesprächsrunde schwieg. Einer von ihnen erhob sich und wandte sich an Haenke.
«Indio tot», er führte mit einem anderen die Tötung vor. Dann nahm er den Gefallenen an sich, drückte ihn an sich. «Indio nun da», er tippte sich auf die Brust, «leben, da leben.»
Haenke nickte eifrig.
«Aufregend. Dachte ich es doch, habe schon darüber gelesen. Ich denke, ich verstehe.»
«Ich aber verstehe gar nichts», klagte Gerónimo, «was hat er denn gesagt?»
«Komm, wir wollen frühstücken.»
Sie saßen beisammen, und Haenke überlegte laut:
«Es handelt sich, wie ich glaube, um eine, wie soll man es sagen, Umsiedlung der Seele in ein neues Heim. Eine Wiedergeburt. Der Gefangene wollte getötet, vielleicht sogar verzehrt werden – wenn es wirklich Kannibalen waren –, um aufzuerstehen im Leib des Stammes, um weiterzuleben. Der Tote, so glauben sie, der nicht im lebenden Leib aufgenommen wird, bleibt den Dämonen überlassen. Um ihm die Wiedergeburt zu ermöglichen, wird der mystische Zauber aufgeführt, muß er geopfert werden. In ihrer Sicht also ein Gnadenakt, den sie dem Feind gewähren. Und auch er wollte in den Stamm eingeseelt werden. Und was taten wir? Wir wollten ihn gewaltsam von seiner Wiedergeburt abhalten. Dagegen wehrte er sich mit Händen und Füßen. In diesen einfachen Menschen ist der Glaube stärker als der Tod.»
«Das ist ja vollkommen verrückt», Gerónimo war mit solchem nicht einverstanden, «das ist ja vollkommen unmenschlich.»
«Uns scheint es verrückt und unmenschlich, und es verträgt sich auch gar nicht mit unserer Moral. Aber sieh dir nur einmal an, was in unserer Moralgesellschaft vor sich geht. Niemand mordet bei uns, um die Seele des Ermordeten zu retten. Das stimmt. Bei uns mordet man um des Goldes willen, bei uns wird verwüstet und getötet um

des Besitzes und der Macht willen. Ist das nicht auch verrückt? Und was glaubst du, welches der Mordmotive menschlicher ist?»
Gerónimo schwieg.
«Darüber müßte ich noch nachdenken», sagte er dann, «aber die Kirche predigt doch auch Menschenliebe, und menschliches Fleisch zu essen ist widerwärtig und ekelhaft.»
«Es ist widerwärtig und ekelhaft», stimmte Haenke zu.
«Ich verstehe auch nicht», fuhr der nachdenkliche Gerónimo fort, «warum sie eigentlich für ein solches Leben wiedergeboren werden wollen. Es ist kein schönes Leben, finde ich. Das Paradies wäre mir dabei viel angenehmer.»
«Diesen wilden Stämmen sagt unser Paradies nichts und ebensowenig unsere Hölle. Sie leben in enger Beziehung mit ihren Dämonen und Göttern, und vor allem leben sie in der Geborgenheit ihrer Gemeinschaft. Und das ist mehr, als wir von uns sagen können.» Haenke fuhr fort. «Sicher gibt es auch Getaufte unter ihnen, die vor der Versklavung in die Wälder flohen. Viele von ihnen wurden zur Taufe gezwungen. Zum Glauben aber kommst du nur durch inneres Verlangen und nicht durch äußeren Zwang. Vordem, in ihrer simplen, auf die reine Lebenserhaltung gerichteten Philosophie, fügten sie sich in die Stammesgemeinschaft, die ihnen Schutz und Nahrung bot. Warum sollte ein Verfolgter, ein Versklavter nicht in die Gemeinschaft flüchten? Unsere Kirche verspricht den Himmel, aber die Hölle, die ihnen von uns auf Erden beschert wird, macht ihnen unseren Himmel nicht sehr glaubhaft. Ich sage dir, es gibt nicht genug Weihwasser, um die Schandtaten, die sie seit der Konquista erleiden mußten, wegzuwaschen. Keinesfalls war das der geeignete Weg, um einen Heiden von der Liebe unseres Herrgotts zu überzeugen.»
Gerónimo stand auf, reckte sich, spazierte hin und her. Sein Denken war in Bewegung geraten. Eigentlich schon seit damals, bald nachdem sie die lange Fahrt angetreten hatten. Die einstige säuberliche Einordnung von Menschen, Dingen, Begebenheiten purzelte nun durcheinander. Fragwürdig waren ihm der soldatische Gehorsam geworden, die scharfen Abgrenzungen von Oben und Unten, von

Freund und Feind, von Gut und Böse. Und Haenke hatte gemerkt, wie sehr sich der einst zielsichere, gedankenfaule junge Mann veränderte, er vermerkte es gern.
Gerónimo setzte sich wieder.
«Ich verstehe nun», verkündete er, «warum das Paradies ein Garten ist und keine Stadt mit Kirchen und Palästen. Aus der Stadt kommt der Krieg, kommt Sodom und Gomorrha. Ich weiß nicht, ob ich in diese Zeit heute wiedergeboren werden möchte. Aber ich weiß auch nicht, was mit mir in einer krieglosen Zeit sein soll. Ich bin nun mal Soldat und bin nichts anderes.»
Haenke stöberte mit einem Stock im Feuer.
«Ich bin kein Priester», sagte er, «aber so viel lernte ich, daß Gott dem Menschen Körper und Seele gab und ihn dann hinausschickte, damit der Mensch sich seiner Fähigkeiten bewußt werde. Jeder muß für sich entscheiden, welche Gebote ihm annehmbar, welche Ziele erstrebenswert scheinen. Doch Gott gab dem Menschen noch eines, nämlich das Bild des Paradiesgartens, die Vision menschlicher Gemeinsamkeit in Frieden und Freude. Und es ist Gottes Wille, daß der Mensch seine Fähigkeiten auf jene Gebote und jene Ziele ausrichtet, die ihn der Vision näherbringen.»
«Ich glaube, Sie predigen so ganz anders als die Mönche, Don Tadeo», lächelte Gerónimo.
«Du wirst mich noch zum Ketzer machen. Aber lassen wir das Geplauder, ich verstehe wahrlich wenig vom Theologischen, mehr vom Wissenschaftlichen, das bilde ich mir zumindest ein.»

Zu beiden Seiten des Yacuma breiteten sich nun Grassteppen ins Land. Immer wieder erblickten sie Herden magerer Rinder, die sich muhend über die Ebene schoben. Einzelne Tiere kamen auch zur Flußtränke, doch sobald sich ihnen die Boote näherten, scheuten sie auf und hetzten davon. Herrenlose Tiere, einstiger Bestand und Wohlstand der von den Jesuiten gegründeten Siedlungen.
Das war nun schon drei Jahrzehnte her. In einer Nacht des Jahres 1767 waren die Mönche aus ihren Häusern gejagt, aus ihren Missionen getrieben worden. Von Madrid angeordnet, von Lima an die

Audiencia befohlen, war die Aktion von dieser nicht unwillig ausgeführt worden. Intrigen, Verleumdungen gingen dem schändlichen Vorfall voraus, bis es zur Übereinkunft der ansonsten stets verfeindeten Kronen Portugals und Spaniens gekommen war. Das versiegelte Dokument langte in Lima ein, worauf alsbald Geheimkuriere über das Hochland galoppierten. Höchste Geheimhaltung war angeordnet worden, als ob es sich um die Niederschlagung einer gewaltigen Erhebung handelte. Vier Dutzend Padres und Novizen sollten im Handstreich verschleppt werden. Hinter den Padres allerdings standen Zehntausende ihnen vertrauende, an sie glaubende Indios. Sieben Jahrzehnte Missionsarbeit in Moxos und den südlichen Provinzen, doch auch drüben in den Wäldern des Ostens, Jahrzehnte eines einzigartigen Versuchs, dessen Erfolge sich deutlich abzeichneten. Kopfjäger waren zu Bauern und Handwerkern geworden, zu Erbauern selbstverwalteter Gemeinwesen, die, wie es die Jesuiten durchgesetzt hatten, von keinem Europäer betreten werden durften. Unter Anleitung der Padres hatten sich die Stämme gesammelt und zu einfachen, doch beispielgebenden und gedeihenden Kommunen entfaltet. Und dann das plötzliche und brutale Ende. Die Padres wurden aus den Häusern gezerrt und zum qualvollen Marsch durch Sümpfe und Steppen getrieben, hinauf in die eiskalten Regionen und hinunter durch die brütende Atacamawüste zum Hafen hin. Wenige überstanden den Leidensweg, wenige erreichten den Hafen, wo sie nach Spanien eingeschifft wurden. Was blieb? Zerstörung, Erbitterung und Haß. Die Padres in ihrer Ergebenheit hatten selbst die aufbrodelnde Empörung beschwichtigt. Die Kommunen zerfielen, die Menschen, die den Spaniern entkommen konnten, kehrten in die Wildnis zurück, das ertragreiche Land versumpfte, und die Herden durchgrasten von da ab herrenlos die weiten Savannen zwischen den Strömen.

Haenke nahm seine Hefte wieder auf, er wollte von den drückenden Gedanken loskommen. Die Moskitos schwärmten, doch die Salbe wirkte. Die wenigen Mücken, denen der Geruchssinn scheinbar abhanden gekommen war, wurden mit gezieltem Klatschen vernichtet. Vor ihm das nun tagelang gewohnte Bild, der breite Rücken des

Paddlers mit den anschwellenden und abschwellenden Muskeln, dann das schillernde Band, grünbuschige oder kahle Ufer, die den Blick in die Savanne freigaben. Heitere Morgensonne, teuflische Morgensonne. Er zog sich den Sombrero in die Stirn. Wann würde er je wieder als standesgemäß nach der Mode dieses Jahrhundertfinales Gekleideter auftreten? All das seidene Zeug, das er mit sich führte! Hier in freier Natur lächerliche Maskerade. Doch umgekehrt, wie würde er sich mit seinem Habit in den Salons ausnehmen? Fransiger Sombrero auf ungesittetem Kopfhaar, fleckiger Poncho, geschnürte, geflickte Hosen, staubige, abgetretene Stiefel, das offene Hemd, das die Brust freigab, und dann noch das Buschmesser in der Schärpe. Er grinste sich eins. Ach und oh würde es aus den Krinolinen unter gezückten Lorgnons zirpen, hmhm würden sich befrackte Perücken räuspern, das also ist der weitgereiste Professor! Ein Landstreicher! Welch ein Affentheater, dieses Getue, ein makabrer Karneval, der Aschentag sei ihnen gnädig.
Er beugte sich über den Rand, schöpfte Wasser, goß es sich über Kopf und Körper. Eigentlich ist diese Welt schön, seufzte er. Bald würden sie Santa Ana erreichen.
Ein Schwirren, ein lauter Aufschrei zerriß seinen Tagtraum. Der Mann hinter ihm hielt sich den Arm, in dem ein Pfeil steckte. Haenke kroch zu ihm hin, das Kanu schwankte. Das Geschoß steckte nicht tief, mit einem Ruck zog er es heraus. Der Mann stöhnte auf. Haenke drückte an der Wunde, doch sie blutete kaum. Er besah sich den Pfeil, beroch ihn. Gift! Mit der Schärpe band er den Arm des Verwundeten kräftig ab, dann weitete er mit dem Messer den Einstich, drückte Blut aus der Wunde, saugte daran und spuckte.
«Gerónimo! Gerónimo! Schnell her!»
Gerónimos Kanu schoß heran, Haenke griff den Bordrand und zog die Boote aneinander.
«Der Mann ist verwundet. Kann sein, daß es Gift ist.»
«Sollen wir ans Ufer?»
«Nicht ratsam. Wer weiß, was sich dort herumtreibt. Nein, besser wir schauen, daß wir nach Santa Ana kommen. Kann nicht mehr weit

sein. Ein Mann vom Gepäckkanu soll hier einspringen, du nimmst sein Paddel. Sieh zu, daß ihr bald nachkommt!»
Der Verwundete stöhnte. Haenke stopfte ihm einen Ballen unter den Kopf. Dann stieg er in Gerónimos Boot, das Krankenkanu sollte nicht noch mehr belastet werden. Nun legten sich die Paddler abermals ins Zeug, voran der Krankentransport, dahinter das Kanu mit Haenke. Schneller, schneller. Sie setzten sich vom Gepäckkanu ab, in dem Gerónimo sein Bestes tat, um mit den anderen gleichzuziehen.

Niedere, einfache Hütten am rechten Ufer, Bambus, Stroh, Holz. Holzhäuser, niedere Holzhäuser. Ein Kirchturm dahinter. Santa Ana. Sie legten an. Dann hieben sie mit dem Buschmesser dicke Äste, hackten die Zweige ab, banden eine Decke fest und legten den Verwundeten auf die Trage. Sie hoben die Last auf ihre Schultern und trabten los, Haenke daneben. Leute begegneten ihnen, sahen ihnen nach.
«Wo ist das Missionshaus?» rief sie Haenke an. Sie wiesen zur Kirche hin. So trabten sie Richtung Kirchturm.
Ein Mönch in brauner Kutte trat ihnen entgegen.
«Gott segne euch! Wo kommt Ihr her?»
Haenke winkte ab.
«Später, Padre, später, der Mann ist todkrank.»
Sie standen vor einer gedeckten Tafel.
«Erlauben Sie», sagte Haenke und räumte den Tisch ab. Behutsam legten sie den Mann auf die Tischplatte. Haenke kramte in seiner Arzneitasche und zog Flaschen und Säckchen hervor. Er mischte ein Pulver aus Salpeter und Quina und anderem, dann machte er sich an der Wunde zu schaffen. Der Arm war kalt, die Wunde verkrustet. Haenke öffnete sie, der Mann stöhnte. Abermals preßte der Doktor Blut aus der Wunde, wusch sie und belegte sie mit einem Lappen mit Verbandzeug, dann knotete er die Sperre auf, zog die Schärpe vom Arm. Der Mann fieberte.
Der Mönch hatte aufmerksam Haenkes flinken Händen und seinen sicheren Griffen zugesehen.

«Das wär's», murmelte Haenke, «mehr kann ich nicht tun. Nun sind Sie an der Reihe, Padre, ein Gebet würde nicht schaden.»
«Sie sind Arzt, Señor?»
«Ja, das bin ich.»
«Welch ein Glück. Es gibt keine Ärzte in der Provinz.»
Haenke, der seine Sachen verstaute, sah nun den Padre lächelnd an. «Danke, Padre, für den Tisch. Können wir den Kranken irgendwohin bringen? Er braucht ein Bett.»
«Ja, natürlich, ins Haus mit ihm.»
Die Männer hoben den verwundeten Kameraden vom Tisch und folgten dem Padre ins Haus.
Von weitem zeigte sich Gerónimo. Haenke winkte. Hinter Gerónimo dessen Paddlerkollege.
«Meine Arme!» jammerte Gerónimo, «ich fühle sie nicht mehr. Wie geht es dem Verwundeten?»
«Er ist drinnen im Haus, hoffentlich kommt er durch. Es sind heimtückische Gifte, in die sie ihre Pfeile tunken.»
Der Indio, der mit Gerónimo gekommen war, hielt Haenke einige dickfleischige aloenartige Blätter hin.
«Bueno, bueno», er zeigte auf seinen Arm.
Haenke beroch die Blätter, zerschnitt sie. Weißer Saft schleimte an seinen Fingern.
«Muß ich mir näher betrachten. Die Leute finden oft das Richtige für ihre Wunden. Bueno, gut gemacht», er beklopfte den Arm des Mannes und verstaute dann die Blätter in der Arzneitasche. «Der Mann fiebert, Gerónimo, hoffentlich bringen wir ihn durch.»
Die Krankenträger kamen aus dem Haus, hockten sich abseits in den Schatten und sprachen miteinander. Hin und wieder blickten sie zu Haenke. Dieser aber deckte die Tafel von neuem, stellte die Speisen, Schüssel und Teller auf den Tisch. Nun kam auch der Mönch aus dem Haus und strahlte vor Gastlichkeit.
«Ich bitte euch, meine lieben Freunde in Cristo, nehmt Platz, greift zu. Ich bin Padre Amadeo.»
Fast mein Mozart, grinste Haenke in sich, nannte seinerseits ihre Namen und erklärte in kurzen Worten ihr Woher und Wohin. Gern

nahmen sie die freundliche Einladung an, sie waren sehr hungrig. Sie beugten die Köpfe zum Gebet.
Haenke ließ es sich schmecken und dachte an tausenderlei Dinge. Gerónimo schlang, um seinen Heißhunger zu stillen. Doch anders der Padre, er liebte jeden Bissen, führte ihn bedächtig zum Mund, ließ ihn andächtig zergehen, würzte ihn mit Schlucken aus dem Weinglas. Ein Genießer. Zufriedene Genießer sind freundliche Menschen. Der Padre nickte seinen Gästen wohlwollend zu.
«Hat es gemundet, meine Freunde? Das ehrt mich. Ich besorge hier die Küche, meine Brüder im Orden, wir sind sechs hier, arbeiten auf dem Feld. Abends werden wir alle zusammensitzen.»
«Ich danke Ihnen sehr, Padre Amadeo, Sie sind ein freundlicher Mensch. Ich bitte Sie nur, uns jetzt zu entschuldigen, wir haben einen schweren Tag hinter uns.»
«Aber sicher, aber sicher. Wie unaufmerksam von mir. Kommen Sie, ich zeige Ihnen die Kammer.»
Zuvor sah sich Haenke aber noch den Kranken an. Er hatte hohes Fieber und blickte zu Haenke mit traurigfragenden Augen auf. Der Verband wurde erneuert, die Wunde sah nicht gut aus.
«Schlafen», sagte Haenke und zeigte es mit der Hand an der Wange vor, «schlafen.» Der Mann nickte: «Schlafen.»
Für die Indios war gesorgt worden. Sie nahmen sich und bekamen, was ihr anspruchsloser Gaumen kannte. Die von Padre Amadeo zubereitete gewürzte Speise reihte sich nicht in ihre Geschmacksliste. Sie kosteten und spuckten und schüttelten sich und lachten. Dann brieten sie auf offenem Feuer zwei Fische, schöpften Reis aus dem Topf des Padre, kauten an einer Wurzel und tranken Wasser. Später hüllten sie sich mumiengleich in ihre Decken und lagen reglos im Schatten der Mauer.

Aus der Abendgesellschaft wurde nichts. Die ermatteten Gäste schliefen, und Padre Amadeo wollte sie nicht wecken. Es war spät nachts, als es zaghaft an Haenkes Tür klopfte. Dann stärkeres Klopfen. Haenke fuhr aus dem Schlaf, Gerónimo schnarchte. Tiefste Dunkelheit. Wieder das Klopfen.

«Ja, was ist?» Er sprang aus dem Bett, zündete ein Talglicht an, öffnete die Tür. Einer der Indios stand draußen.
«Señor, nicht gut Indio, nicht gut», er zeigte zur Kammer des Kranken.
«Gerónimo, wach auf, wach auf!»
Gerónimo kam aus der Tiefe und fand sich langsam zurecht.
«Dem Kranken geht's nicht gut. Wir brauchen mehr Licht. Schau, daß du etwas findest, und komm nach.»
Der Indio ging voran, Haenke folgte mit Licht und Arzneitasche.
Der Kranke wand sich auf dem Lager, zischte Unverständliches, wollte sich aufrichten, doch Haenke drückte ihn sanft nieder. Beim spärlichen Licht, das der Begleiter hochhielt, nahm er den Verband ab, blickte auf die blaugrün verkrustete Wunde. Gerónimo trat ein, brachte vier flackernde Lampen.
«Gerónimo, du hältst ihn, daß er sich nicht bewegt!» Er schnitt in die Wunde, grüngelber Eiter ölte den Arm entlang. «So, und nun bitte ich dich, hol mir den Mann, der zuletzt mit dir im Kanu war.»
Haenke kramte aus der Arzneitasche die fleischigen Blätter auf den Tisch. Sie vertrauen ihrer Medizin, warum sollten wir es nicht? Ich muß es versuchen, besser in diesem Fall etwas tun als nichts tun. Gerónimo trat mit dem Blättersammler ein.
«Also wie machen wir es?» fragte Haenke und wies auf die Blätter hin.
«Si, si», nickte der Indio und machte sich an die Arbeit. Er zerschnitt die Pflanzenteile in dünnste Scheiben und sammelte den schleimigen Saft in einem Gefäß. Das Gefäß ließ er über der Lichtflamme kreisen, dann hob er es hoch und stimmte einen leisen Gesang an. Darauf bestrich er mit dem Saft Stirn, Mund und Brust des Kranken und beträufelte damit die offene Wunde. Mit den dünnen Scheiben bedeckte er Stirn und Brust, legte Blätterscheiben auf die Wunde und umwand sie mit einem Palmenblatt. Dabei schnalzte er mit der Zunge und begann daraufhin das Krankenbett zu umtanzen. Die flakkernden Lichtflammen warfen große, zuckende Schatten an die Wand.
«Um Gottes Willen, Don Tadeo», flüsterte Gerónimo, «wenn die

Mönche es merken, daß der Teufel im Kloster tanzt, gibt es Aufruhr.»
«Ruhig, Gerónimo, wir wollen die Methode des Kollegen nicht stören. Jeder von uns Medizinmännern schwört auf seine Behandlungsweise. Sieh nur, der Kranke wird ruhig, das Ritual scheint ihm zu bekommen. Er glaubt eben daran, und so glaubt auch sein Körper daran. Der Glauben ist eine wunderbare Medizin.»
Schlürfende Schritte im Gang, Gerónimo griff nach Haenkes Arm: «Sie kommen!»
«Du bleibst hier!» Er trat aus der Kammer. Ein Licht schlürfte ihm entgegen, Padre Amadeo mit Nachtmütze.
«Oh, Doktor Anke, was ist los? Dieses Gepolter!»
«Der Kranke ist sehr unruhig, Padre. Es ist die Krise. Er bekam ein starkes Mittel, nun singt ihm Gerónimo ein Wiegenlied.»
«Ein sehr lautes Wiegenlied, finde ich.»
«Er wird bald einschlafen.»
«Ich will bei ihm wachen und beten.»
«Nein, nein, Padre, wir müssen vorsichtig sein, wir wollen ihn nicht beunruhigen. Sie kennen ja diese Menschen, sie sind mißtrauisch, sogar einem Priester gegenüber.»
«Sie haben sicher recht, Doktor», seufzte der gemütliche Padre, «na dann gute Nacht Ihnen, und möge der Herr uns allen gnädig sein.» Er schlug ein Kreuz über Haenke und wankte gähnend davon.
Als Haenke ins Krankenzimmer kam, war die Zeremonie beendet. Der Zauberarzt hockte sichtlich erschöpft in der Ecke, der Kranke schlief. Haenke berührte seine Stirn.
«Gerónimo, ich glaube wahrhaftig, das Fieber hat nachgelassen, und nie werden wir es erfahren, ob es meine Arznei oder seine Zauberei war, die ihm geholfen hat.»
Am nächsten Morgen lag der Kranke ruhig und blickte Haenke mit klaren Augen an. Er fieberte nicht mehr. Haenke war glücklich. Der Zauberarzt kniete vor ihm nieder und verbeugte sich.
«Auf, Hombre, auf», lachte Haenke, «es steht gar nicht fest, wer sich vor wem verbeugen sollte.»
Die Bootsmänner kamen auf Zehenspitzen, um nach dem gesund werdenden Kranken zu sehen.

«Bueno», sagte einer von ihnen und streichelte Haenkes Arm, «bueno, bueno, Señor.»
Nun kam auch Padre Amadeo herangetrippelt.
«Der Herr hat meine Gebete erhört, ihm sei Dank», jubelte er, «Sie sind ein guter Médico, Señor Anke, so etwas können wir hier sehr brauchen. Aber nun, einem guten Arzt ein gutes Frühstück.»
Und darauf verstand sich der Franziskaner bestens. Selbst der Ordensgründer, der heilige Kostverächter von Assisi, hätte hierbei wohl ein oder zwei Augen zugedrückt. Ein guter Tagesbeginn, Haenke war bester Laune.

Haenke hatte sich zurechtgemacht. Seidenhemd, der etwas zerknitterte Frack, Kniehose, Schnallenschuhe. Das Haar gekämmt. Die Perücke blieb im Sack. Auch Gerónimo erschien gewaschen und herausgeputzt, den Degen umgeschnallt, zum gemeinsamen Abendmahl. An den getünchten Wänden des Refektoriums blakten dicke Kerzen. Ein langer solider Tisch in der Mitte, dazu fest gezimmerte Stühle, das große Holzkreuz an der Ostwand und gegenüber ein Bild des Heiligen, ein naiver Franziskus mit himmelan verdrehten Augen und von nicht einzuordnenden Vögeln umflattert. Ein unbeholfenes Bild, Haenke hatte schon daran vorbeigesehen.
Sechs wohlwollende Gastgeber in Franziskanerkutten, überstrahlt von Amadeos runder Gemütlichkeit. Einheimisches Hauspersonal trug auf. Weinkrüge, Gemüse, Fleisch, Früchte. Zuvor das Abendgebet, doch gleich danach schweigendes, genüßliches Geschmatze, Gemampfe. Becher zum Zuspruch erhoben. Gott befohlen. Der Heilige soll leben.
«Wie ich hörte, hat Ihr Orden die Moxosmissionen von den Jesuiten übernommen», Haenke wandte sich an seinen Tischnachbarn, der eben daran war, sich einen Bissen durch den grauen Bart zu stecken.
«Ganz recht», nickte der Nachbar, «wir wurden hierher beordert.»
Ein heikles Thema, man spitzte die Ohren.
«Nun, übernommen kann man nicht sagen», meinte der Mönch gegenüber, «die Verwüstung war heillos, wir mußten alles von neuem anpacken. Was Sie hier sehen, ist unserer Hände Arbeit.»

«Mit Unterstützung der Einheimischen, muß man gerechterweise hinzufügen», meldete sich ein jüngerer der Mönche.
«Ganz recht, mit Unterstützung der Eingeborenen.»
«Demnach haben die Jesuiten in ihrem Auftrag versagt?» fragte Haenke in die Runde.
Man räusperte sich, und Padre Amadeo ergriff das Wort.
«Nun ja, unsere Brüder von der Gesellschaft Jesu, wir lieben sie, wie wir Gott lieben. Doch einen gewissen Hochmut kann man ihnen nicht absprechen. Sie maßen sich zuviel an. Mein Reich ist nicht von dieser Welt, sagte unser Herr Jesus gemäß Johannes, Kapitel 18, Vers 36, und so sollte es uns Gottesdienern Befehl sein. Doch sie!» Amadeos gemütliches Gesicht färbte sich rötlich.
«Sanftmut, Padre Amadeo, Sanftmut!» ermahnte ihn der Kollege daneben.
«Der Herr vergebe mir, ich bin ein sanftmütiger Mensch, doch wenn es um Gottes Wort geht, ziehe ich in den Kampf.»
Gerónimo, der offensichtlich schon zu viel guten, schweren Roten gekostet hatte, sprang auf und zog den Degen:
«Hier mein Degen, Padre!»
Die Gottesmänner starrten ihn verwirrt an, Haenke schmunzelte über die theatralische Geste, und Padre Amadeo wußte nicht, was er mit dem Angebot anfangen sollte.
«Nein, nein, mein Sohn, setz dich und steck deinen Degen weg. Wir Franziskaner sind ein friedliches Volk, unsere Waffe ist das Vertrauen zu Gott.» Worauf er abermals Haenke ansprach.
«Unsere Brüder von der Gesellschaft hingegen sind eine sehr militante Organisation mit einem General an der Spitze. Ich frage Sie, Doktor Anke, Sie sind ein erfahrener Mann, darf ein Gottesmann Dienst und Demut in soldatische Ränge stufen?»
«Ja, und darf er überhaupt», mischte sich der Jüngere ins Gespräch, «sich von weltlichen Dingen, von Politik mitreißen lassen? Doch das taten sie, ja das taten sie!»
«Ja, ja», nickte der Graubärtige neben Haenke, «sie mißachteten den Auftrag, denn nur Demut, Anbetung und Gewißheit im Heil meistert den irdischen Leidensweg zur Erlösung. Selig sind die Leiden-

den. Vor allem hierin versündigten sie sich, indem sie den Heiden die Demut nahmen, sie von der Hingabe zur himmlischen Verheißung abkehrten und sie in ränkevolle, weltliche Verirrungen um Macht und Gewalt hineinzogen. Sie haben die Indios verdorben.»
Die Runde nickte zustimmend, aber Haenke billigte es nicht. Was brachte sie so auf, wenn sie ihrer Sache so sicher waren?
«Sie fragten mich nach meiner Erfahrung, Padre Amadeo. Wie ich Ihnen berichtete, ist es hier nicht das erste Mal, daß ich Eingeborenen begegne. Ich lernte Menschen in der fernen Inselwelt kennen, ihre Sprachen sind verschieden, ebenso ihre Riten und ihre Lebensart. Doch eins haben sie gemeinsam mit den amerikanischen Indigenas: das tiefe Mißtrauen uns Europäern gegenüber. Da braucht es viel Zeit und Hingabe, um eine Bresche zu ihnen zu schlagen, da braucht es sichtbare und fühlbare Beweise, uneigennützige Hilfe und Freundlichkeit von unserer Seite, um in ihr Vertrauen einzubrechen. Erst mit einem Gefühl von Gleichwertigkeit und in der Gewißheit unserer aufrechten Freundschaft sind sie bereit, uns in Glaubenssachen und auch in anderem zu folgen.»
«Die Gleichwertigkeit finden sie in Gott», warf einer der Padres ein.
«Das ist Ihr Standpunkt, Padre, doch in der Wissenschaft ist es Gesetz, daß sich erst nach sorgsamer und wohl durchdachter Vorarbeit ein Versuch erfolgversprechend einleiten läßt. Und dieses Erfolgsrezept, meine ich, hat nicht nur in den Laboratorien seine Gültigkeit. Sollte diese Erfahrung nicht auch in Glaubenssachen einbezogen werden? Doch hier sehe ich Chirimoyas!»
Früchte waren aufgetragen worden, und Haenke nutzte die Gelegenheit, um vom heiklen Jesuitenthema abzulenken. Er nahm sich eine der unscheinbaren, graugrünen, warzigen Früchte. Eine Kröte von einer Frucht.
«Sie lieben sie, Doktor?» Gern wechselte auch Padre Amadeo zum Fruchtkorb über. «Ich lasse sie eigens aus den Yungas kommen. Ist sie nicht köstlich?»
«Sie ist eine Königin», nickte Haenke und zerteilte sie. Schneeweißes Fruchtfleisch mit schwarzen Kernen gespickt. Kröte außen, Hermelin innen. Er hatte die Chirimoya erst hier in Amerika genossen.

«Im Geschmack ein wenig Ananas, ein Schuß Zitrone und wohlschmeckende rahmige Milch. Ein köstliches Naturkind.»
«So ist es, Doktor, genau so. Nehmen Sie nur, genießen Sie.»
Haenke erzählte von seinen Erkundungen, die Mönche von ihren Tätigkeiten. Es war eine gute Abendgesellschaft.
«Was setzen Sie sich hier eigentlich als Ziel, Padre Amadeo?»
«Ich oder wir?»
«Ich meine Ihre Ordensgemeinschaft hier.»
«Das ist einfach, Doktor, unser Prinzip ist ora et labora, beste Medizin für Seele und Körper, das Glück der Bescheidenheit im Diesseits, die Fülle der Seligkeit im Jenseits. Wir bekehren die Gemeinde zu frommen, sanften Lämmern, die wissen, was sie an ihrer Wolle haben.»
Die Mönche kicherten.
«Also, wenn ich verstehe, eine Seelenwendung im Menschen zur Glaubensidylle hin. Wohlbefinden der Herde unter dem guten Hirten?»
«Genau so ist es, Doktor, wie Sie es trefflich sagen. Frieden und Genügsamkeit unter frommer Anleitung.»
«Dennoch keine Empörung mehr in den von Ihrem Orden geführten Missionen wie damals Anfang des Jahrhunderts?»
«Das konnten nur die Jesuiten gewesen sein!» rief einer, und die anderen stimmten zu. Damit waren sie wieder bei den Jesuiten angelangt. Wie stark wirkten doch die Geister der Vertriebenen! Haenke wunderte sich nur über seine Rolle eines Jesuitenverteidigers. Seine Jahre im Prager Jesuitenseminar waren trübe Jahre gewesen, da war nichts geblieben, was ihn für den Orden begeistern konnte. Im Gegenteil, welche Genugtuung damals, als der Kaiser das «Wenzel» schließen ließ und die schwarze Gesellschaft abstellte. Aber hier in Amerika war etwas Profundes geschehen, hier hatten sie ein einzigartiges Beispiel gesetzt, hier hatten sie den Opfergang zum Menschen angetreten.
«Ich las es anders», Haenke gab sich erstaunt, «im Gegenteil, es war ein Jesuit, jener Alvaro de Mendoza, der den blutigen Aufstand gegen die Franziskaner abfing. Dagegen, wie man mir von wissender Stelle

mitteilte, rebellierten die Eingeborenen niemals gegen die Jesuiten.»
«Oh doch», erregte sich ein Kahlköpfiger, «die Jesuiten waren immer die Unruhestifter, sie stopften die Hirne der Indigenas mit abartigen Gedanken voll.»
«Aber jeder hat doch sein eigenes Hirn, um denken zu können», rief der bisher schweigsame Gerónimo.
«Schon, schon, junger Freund», ermahnte ihn Haenkes graubärtiger Nachbar, «aber der Lehrmeister des Bekehrten kann nur Gott und sein Werk sein. Das ist das heilige Vermächtnis unseres großen Franziskus. Weltliches, menschliches fehlerhaftes Wissen verdirbt die Unschuld.»
«So ist es», bestätigte Amadeo, «nichts gegen Sie oder Ihre Wissenschaft, Doktor, aber was hinterließen uns die Philosophen? Nur eine große Verwirrung. Und der Teufel hatte seine Freude daran.»
«Ich will nicht lehren und nicht bekehren», lächelte Haenke, «ich bin nur ein gläubiger Christ, dem Dogmen fremd sind. Doch eines weiß ich, und eines fühle ich, unser Gott ist wahrlich größer und allmächtiger, als es sich unsere Einfalt ausmalen könnte.»
«Amen», nickten die Mönche, gegen ein solch erhabenes Wort konnte kein Einwand erhoben werden.
«Es ist Nachtzeit», verkündete Amadeo.
Die Abendgesellschaft erhob sich. Mit guten Wünschen ging man auseinander.
Haenke trat aus dem Haus und blickte zu den Sternen. Aus der Dunkelheit löste sich ein Schatten, näherte sich ihm. Es war der gesundete Kranke. Er sah Haenke an.
«Na, wieder auf den Beinen?»
«Si, si», nickte der Indio heftig, «bueno, du guter Zauberer!»
«Ich und ein Zauberer!» Haenke lachte auf. «Ach, Amigo, wenn ich ein Zauberer wäre, würde ich mir Flügel hexen, um mich ein wenig aus der Schwere zu begeben. Da», er wies nach oben, «leuchten sie dich nicht auch aus der Enge in die Endlosigkeit?»
«Si», nickte der Indio und starrte offenen Auges ins All.

Marmoré, Strom der Mitte, breit und kräftig drängte er sich durch die Savanne, schlürfte an ihren lehmigen Rändern. Opakes, mehliges Wasser. Aus den Wäldern seines Oberlaufs trug der regenvolle Strom Baumstämme und Gesträuch mit. Die Indios rührten mit ihren Paddeln links und rechts, um dem steuerlosen Treibgut nicht zu nahe zu kommen.

Zweiter Tag auf dem Strom. Freundlich war der Abschied von Santa Ana gewesen, die Padres luden ihnen Früchte und Brote ins Boot, und sie sollten wieder vorbeischauen, riefen sie ihnen nach. Schon viel gab es, wo man wieder vorbeischauen sollte, doch wohl nie mehr vorbeischauen würde. Gott denkt und lenkt, und der Mensch plant und verplant seine ihm karg bemessene Zeit. Träume von geruhsamen Stunden, der Rastlose, der Wanderer, der Sucher, er trägt sie als Erinnerung und Sehnsucht im Gepäck.

Breiter Strom, Gestrüpp an den Ufern, dahinter mannshohes Gras. Ihr Ziel war Exaltación. Ein exaltierter Name für einen in dieser Weite verlorenen Flecken. Kummerdorf oder Ödkaff wäre hier wohl angebrachter. Exaltación, Mission und Garnison. Nicht zu umgehen.

Die Sonne lastete auf dem Strom, auf den Kanus, auf den Menschen. Er kramte im Sack nach seinem Notizheft, stemmte sich gegen die Bordwand des schwankenden Fahrzeuges, um Halt zu finden, um schreiben zu können, starrte über die glimmernde Trasse hinaus, und seine Gedanken formten sich um das in ihm keimende Projekt, welches allmählich Gestalt annahm.

Die Berichte des Jesuitenpaters Samuel Fritz, eines Landsmannes, hatten ihn sehr beeindruckt. Dieser Mann war etwa ein Jahrhundert zuvor vom Norden her zum Amazonas vorgestoßen. Er lebte unter den Eingeborenen, lehrte sie die Landwirtschaft. Doch das war es nicht, woran er anknüpfte. Was ihn beeindruckte, waren des Paters Skizzen vom Einzugsgebiet des Marañon und Beschreibungen der Region am Oberlauf des Amazonas. Von diesen Beschreibungen ausgehend, war ihm die Idee gekommen, dem Dreistromland ein weites Tor zu öffnen und Europa den Savannen, den Rinderherden, den kostbaren Hölzern, den heilbringenden Pflanzen, dem Übermaß an Mineralen und Grundstoffen näherzubringen. Ein Zugang zu den

Niederungen des südamerikanischen Mittellandes, das sich entlang des Anden-Ostrands von den Llanos am Orinoco bis zu den Pampas am Paraná dehnte. Dieser enorme fruchtbare Streifen, diese einzigartige Basis für eine wirkungsvolle Bewirtschaftung, lag brach, denn von Besiedelung konnte hier weit und breit keine Rede sein. Die wenigen, die in dieser Region wohnten, fristeten im Reichtum der Natur ein armseliges Dasein. Zu dicht war der Regenwald, zu hoch der Andenwall, welche das Tiefland von den Märkten und Pazifikhäfen abriegelten. Nur mit größten Mühen und Opfern konnten die dichten Wälder und steilen Bergpfade bewältigt werden. Es führte keine Straße, auf der die Erträgnisse der Ebenen zu den Städten gefahren werden konnten, und ebenso spärlich gelangten die Erzeugnisse der Städte und des Mutterlandes in die Tiefebene.
Er rieb sich die Nase, unterbrach seine Aufzeichnungen. Er wußte, wie sie zuweilen Indios zwangen, gegen reißende Flüsse die mit Fleisch und Früchten beladenen Bootskarawanen an den Andenwall heranzubringen. Dann trieben sie die Menschen hinauf in die Berge. Ein grausamer Irrsinn. Die Träger, an die Tropenhitze der Savannen gewöhnt, mangelhaft mit dünnen Fetzen bekleidet, unter schwerer Last in dünner Luft nach Atem ringend, gerieten in den Schnee, in die sibirische Kälte des Hochlandes. Sie stürzten ab, sie erfroren. Nur wenige von ihnen langten bei den Häfen an, wo ihre Lasten in die Schiffe nach Spanien geladen wurden.
Er vertiefte sich wieder in seine Notizen. Sie haben keine Straße, ich gebe sie ihnen. Der Marmoré, welche prächtige, breite Avenida, dazu der Beni drüben und im Osten der Guaporé. Drei prächtige Avenidas hin zum Amazonas, der mächtigsten von allen, der sie aufnimmt und ihre Wasser hin zum Atlantik trägt. Ein Netz von tragfähigen Verkehrswegen. Schiffe durch den Urwald, quer durch die Savannen, hin beladen mit Produkten des Landes und zurück mit Erzeugnissen von drüben. Und mit Menschen, die aus dem Hunger im Paradies landen. Im Norden der Ucayali und der Purus zum Marañon, der oberen starken Ader des Amazonas. Hin zum Atlantikhafen. Kein Kap Horn mehr, keine stürmische, Schiffe zermalmende Umfahrung mehr, sondern direkt ab nach Cádiz, um Wochen, ja sogar um Mo-

nate schneller. Mündung des Amazonas, weites Tor des Dreistromlandes. Schwierigkeiten, Hindernisse? Große, doch kaum der Natur, eher schon wegen der Politik. Am Amazonas sitzen die Portugiesen. Doch der Nutzen! Er sollte doch auch die härtesten politischen Holzköpfe zur Räson bringen. Ich will es ihnen schmackhaft machen. Beschaffenheit des Landes, geographische Lage, Beschreibungen bis in die Einzelheiten. Projekt Amazonas, die breiteste und längste Handelsstraße, Erschließung des agrarischen Kernlandes, Moxos, Chiquitos, Santa Cruz, Cochabamba. Müßte doch aufgegriffen, ernsthaft überlegt werden. Der Köder wird jedenfalls ausgeworfen. So überlegte er, skizzierte, notierte, gefangen von seiner Idee. Selbst als sie schon das Lager aufschlugen, saß er noch grübelnd abseits.

«Komm her, Gerónimo, und sieh dir das an!»

Sie hockten beim Lagerfeuer, und er zeichnete Linien in den lehmigen Boden.

«Beni, Marmoré, Guaporé, die Nebenflüsse, das Dreistromland. Hier der Yacuma vom Beni zum Marmoré. Und allüberall an den Flüssen Siedlungen, Städte, Manufakturen, Glashütten, Häfen. Um die Städte weites Land, Viehherden im hohen Gras, Landwirtschaft. Auf den Flüssen und Strömen Segler und Segelschiffe, vollbeladen abwärts zum Madeira, zum Marañon, zum Atlantik. Von dort beladen zurück. Reges Leben allüberall, Nahrung für Leib und Seele, auf daß die Hungernden satt und friedlich werden – wie es gewiß irgendwo in der Heiligen Schrift steht. Ein Hirngespinst? Vielleicht. Doch ein Hirngespinst auf soliden Beinen. Ist das etwa nicht der Marmoré hier vor uns? Ist der etwa ein Hirngespinst oder eine prächtige Wasserstraße? Na, was sagst du?»

Gerónimo beguckte die Linien.

«Ich verstehe jedes Wort, Don Tadeo, und habe nicht die geringste Ahnung, wovon Sie sprechen.»

Haenke lachte auf.

«Ja, ja, Amigo, mit der Verständigung sieht es oft kümmerlich aus. Aber ich sage dir etwas anderes: Der Mensch schätzt nur, was er selbst schafft. Warum, glaubst du, mußten wir aus dem Paradies? Die Schlange? Ach, das war nur eine pikante Episode. Der eigentliche

Grund war ein anderer. Unsere Stammeltern hatten eben keine Beziehung zu ihrem Lebensraum, sie schätzten ihn nicht, weil sie an seiner Erschaffung völlig unbeteiligt waren. Was blieb also unserem Herrgott anderes übrig, als sie in die Wüste zu schicken, damit sie lernen, Verstand und Körper zu gebrauchen? Nun, mit dem Verstand können wir bis heute nicht so richtig umgehen, deshalb geht so viel in die Binsen. Schau dir diese Zeichnung an, Gerónimo! Das sind Grundlinien der göttlichen Herausforderung an unseren Verstand. Es ist das Dreistromland, das er uns anbietet.»
Grübelnd betrachtete Gerónimo den übermütigen Haenke.
«Es dämmert nicht?» grinste dieser, erklärte dann aber, worum es ging.
«Aber die Moskitos, Don Tadeo, und die Hitze», wandte Gerónimo ein, «das ist schwer zu ertragen. Ich möchte hier nicht leben.»
«Moskitos, Hitze! Das sind nur Hürden, Amigo Gerónimo, die genommen werden können. Dazu reicht unser Verstand schon aus. Die Portugiesen aber sind eine Barriere, die geben mir weitaus mehr zu denken, da muß man sich schon was einfallen lassen, um diese Sturköpfe an einen Tisch zu bekommen. Aber du und ich, Gerónimo, wir werden es den Herren schon zeigen!»
«Don Tadeo», stammelte Gerónimo verlegen, «daß Sie das alles mit mir besprechen, und überhaupt, ich bin Ihnen sehr dankbar für alles. Verzeihen Sie, ich weiß nicht, wie ich es sagen soll, aber es ist eine glückliche Zeit mit Ihnen.»
Diese unerwartete Huldigung berührte ihn sehr, es dauerte ein wenig, bis er sich faßte. «Schon gut, schon gut, Gerónimo», wehrte er ab, «es ist noch nicht an der Zeit, Abschiedsreden zu halten.»
«Ich hoffe nur, es möge bis dahin noch lange dauern.»
Er lag im Schatten, die Hände unter dem Kopf. Luftige, träge Wölkchen bauschten sich auf blaßblauem Grund. Cirruswatte, Schönwetterlamm. Seine Gedanken aber segelten aus dem Sonnentag weit zurück ins Trübwetter der Prager Studentenzeit. Wollten sie ihm wehtun, da sie alte Wunden abtasteten, oder sich der Narben vergewissern? Warum gerade jener Tag, als er zerstört, schluchzend, tränennaß vor dem Bild des Heiligen auf dem Boden lag? Er hatte es

sich geschworen, und der Heilige sollte sein Zeuge sein, niemals würde er sich an einen Menschen binden. Schon als Kind, damals im Heimatdorf, waren es Scheu und Angst, die ihn vor den anderen abriegelten. Der unscheinbare Taddi war er, das traurige Ziegengesicht, der Spinner, der sich zu seiner Geige verkroch, während die anderen Unsinn trieben. Mädchen. Sie beachteten ihn nicht, keine einladende Geste, kein Komm, von niemandem. Ein armseliger Lappen war er. Er verschloß sich, verachtete sie, beneidete sie. Es tat weh. Die Eltern merkten nichts, freuten sich über den Eifer, mit dem er musizierte, mit dem er sich in die Bücher vergrub. Der biedere Vater brachte ihn zum Pfarreroheim Eschler. Da war er kein Kind mehr, da rochen sich bereits Gleichaltrige in die Welt hinein. Die Welt, die er roch, war das Pfarrhaus. Brav und fleißig lobten sie ihn. Das Studium war sein Halt in den Verwirrungen. Darauf Prag, das Seminar, Anstalt zur seelischen Verkrüppelung. Die Mönche, prügelnde Kerkermeister. Wie alt war er? Elf oder zwölf, einer der mittellosen Stipendiaten inmitten hochnäsiger adeliger Herrchen. Um vier Uhr morgens wurden sie aus den Betten gejagt zum Frondienst. Putzen, kehren, den Adeligen den Zopf binden. Im Rempter am Stipendiatentisch, wo sie die Almosen, die Restbissen vom Tisch der adeligen Kollegen gereicht bekamen. Bittere Demütigungen. Aber dann die tiefe Wunde, der Verrat des Fraters. Er hing an ihm, er liebte diesen Menschen, war Ambrosius doch der einzige, der ihm half, der ihm, dem Verzweifelten, zärtlich über den Kopf strich, ihn mit weicher Stimme tröstete. Sie wurden zum Oberen zitiert, und der bleiche Ambrosius leugnete, sagte, daß sich Haenke ihm zudrängte, ihm lästig wurde. Das war der Tag des Abgrunds, damals war es, als er im wütenden Schmerz den Eid leistete. Niemals mehr in seinem ganzen Leben wollte er sich an einen Menschen binden. Er verbiß sich ins Studium, fügte sich der Pflicht, der Disziplin und reifte in die Wissenschaft und in die Musik. Wien veränderte ihn. Der Magen knurrte, nunmehr in Freiheit, in Ungebundenheit. Und sie nahmen ihn auf in ihre Kreise, in ihr aufgeschlossenes, aufschließendes Denken. Sonnenfels, Jacquin, Born, Stoll, seine Freunde, seine Lehrer. Wien tat ihn auf, nahm ihm die Bitternis. Doch zu einer engen, intimen Beziehung war es auch dort nicht gekommen. Er hielt Distanz aus Furcht vor Enttäuschung. Er blieb in Quarantäne, gürtete sich mit seiner Berufung und kasernierte die Gefühle. Frauen? Sobald er in ihnen den Gleichklang fand, waren sie ihm lieb wie jeder Freund. Er verehrte sie. Doch das Weibliche, davor verstärkte er den Sanitätsgürtel. War er zum seelischen und körperlichen Eisberg geworden? Weiß Gott, so gar nicht, und so geschah es eben, daß ihn zuweilen der Jammer überkam, dann klammerte er sich an seine Berufung wie der versuchte Priester ans Kruzifix. Die Wunde unerfüllter Liebe vernarbte nicht und brach hin und wieder mit Wehmut und ungestillter Sehnsucht auf.

Ein Vogel raschelte im Laub und flatterte blau und gelb fort. Der weiße Bauschen wandelte sich aus einem speienden Drachen zu einem Windhund und schwamm der Sonne zu. Dunkle Wolken stiegen auf, Cumuli des Regens jeglichen Tags. Haenke schlief ein.

Ruhige Tage auf dem Marmoré, Routine, der Arbeitstakt der Paddler, mittags zur Rast am geschützten Ort unter der Plane, wohlige Siesta durch die Regenstunden, Zeltbau am Vorabend, Feuermachen zur Cena, während er noch die Umgebung durchstreifte. Frühmorgens unter blassen Sternen in die Boote.

Doch dann nach Tagen backbords Dächer hinter Palmen, Ziel der Etappe, Exaltación, der Missionsflecken. Ebenso wie in Santa Ana marschierten sie geradewegs zu den Mönchen.

«Irgendetwas stimmt auch hier nicht, Gerónimo», Haenke rieb sich die Nase, «es riecht, meine ich, verdammt nach Zamora.»

«Es stinkt, Don Tadeo.»

Die Mönche hatten sie empfangen, artig und höflich. Bedauerlicherweise könnten sie ihnen keine Unterkunft bieten, zu gedrängt hausten sie schon in ihrer franziskanischen Anspruchslosigkeit. Und außerdem würden sie einem so hohen Herrn ihren mönchisch asketischen Alltag nicht zumuten. Wohl hätten sie ihn gern hin und wieder bei Tische. Aber Bett und Klause? Lamentablemente, nicht möglich. Doch alles halb so schlimm, ganz in der Nähe stünde ihnen ein kleines Holzhaus zur Verfügung.

Man sah dem pausbäckigen Empfangskomitee die Erleichterung an, als Haenke für die Einweisung ins Holzhaus dankte.
«Haus ist Haus, Gerónimo, Dach ist Dach. Wir wollen die Brüder in Francisco nicht inkommodieren. Aber irgendetwas ist faul.»
Sie schritten in die angewiesene Richtung, die Indios folgten mit Kisten und Ballen.
Exaltación war für einen längeren Aufenthalt vorgesehen. Diese ehemalige Jesuitenmission, keine Legua vom Flußufer entfernt, war größer und stattlicher als Santa Ana. Wie in den Städten liefen auch hier die Straßen geradlinig und rechtwinklig zueinander. Kompakte, teils sogar mit Ziegeln bedeckte Adobeshäuser gaben dem Ort ein solides Aussehen. Doch bald merkten die Angekommenen, daß viele der Häuser unbewohnt, einige zerfallen waren. Von den einst viertausend Bewohnern hatten mit den Jesuiten etwa zwei Drittel ihre soliden Wohnheime verlassen, waren in die Savanne geflüchtet, die sich weit und unüberblickbar hinter dem Ort ausdehnte.
Das Haus war geräumig und sauber. Drinnen Betten, Tisch, Bank, Stühle, eine Kochstelle. Besser hier als in der Klause der mißtrauischen Padres. Gerónimo schnürte die Bündel auf. Sie richteten sich häuslich ein, und bald saß Haenke wieder über seinen Notizen.
Fast schien es schon, als ob ihn sein Geruchssinn getäuscht hätte. Eine Woche war vergangen, genug, um sich ein wenig einzuleben.
Am Vormittag nach der Arbeitswoche pochte es an die Tür. Ein lautes, forderndes Pochen. Haenke fuhr von der Schreibarbeit auf.
«Gerónimo», rief er unwillig, «was ist das für ein unverschämter Lärm?»
Gerónimo schritt zur Tür und riß sie wütend auf. Draußen standen zwei bewaffnete Lottergestalten im Rock des Königs.
«Was gibt's?» fuhr sie Gerónimo an.
«Sind Sie Señor Anke?»
«Nein, warum?»
«Wir müssen Señor Anke zum Kommandanten mitnehmen.»
«Mitnehmen! Den Caballero mitnehmen!» Gerónimo schrie es und schnellte den Degen gegen die beiden, «einen Abgesandten des Kö-

nigs mitnehmen! Ich werde euch dem Teufel am Spieß servieren, wenn ihr nicht sofort abhaut!»
«Laß nur, Gerónimo!»
Haenke war neben ihn getreten und betrachtete die Krieger eine Weile, ging in Pose und sprach:
«Richtet eurem Kommandanten folgende Botschaft aus. Don Tadeo Haenke, Bevollmächtigter seiner Majestät des Königs von Madrid und der Vizekönige von Lima und Buenos Aires würde sich freuen, die Bekanntschaft des Señor Comandante zu machen. Er möge in einer Stunde vorsprechen. Habt ihr das verstanden?»
«Si, Señor», stammelten des Königs Krieger, rüttelten sich in Stellung und traten ab.
«Da haben wir's», seufzte Haenke, «schlimm, schlimm. Der windige Zamora hat uns auf der Fahndungsliste. Es wird Schwierigkeiten geben, vielleicht große Schwierigkeiten. Nun ist es klar, warum uns die Mönche das Asyl verweigerten, sie wollten mit uns Verbrechern nichts zu tun haben. Zamora hat sie alle in der Hand. Hat er Haftbefehl gegen uns erlassen? Ihm wäre es zuzutrauen. Übrigens, du warst großartig, Gerónimo, dein theatralischer Auftritt war sehr eindrucksvoll.»
«Ich war wirklich wütend, Don Tadeo. So eine Unverschämtheit!»
«Na, dann bleibt nichts als warten, ob er kommt, wie er kommt. Und wir werfen uns in Gala. Frack und Perücke sind manchmal wirkungsvoller als blanke Degen.»
Er kam. Ein hochgewachsener, bärtiger Offizier. Gerónimo öffnete. Haenke in vornehmer Aufmachung, die Perücke frisiert und gepudert, stand aufrecht, locker im Raum, räusperte sich und betupfte salonmäßig seine Lippen.
«Der Comandante!» verkündete Gerónimo.
Der Offizier blickte Haenke an, verneigte sich kurz und stieß mürrisch hervor:
«José Donoso de Granvela. Zu Ihren Diensten, Caballero.»
Haenkes Perückenkopf deutete ein wohlwollendes Nicken an, räuspernd wies er zu Tisch, den Gerónimo gesäubert und mit Weinkrug, Brot und Früchten bestellt hatte. Der Comandante setzte sich drah-

tig Haenke gegenüber. Das war kein Waschlappen, sondern ein harter Brocken. Gerónimo schenkte Wein ein und blieb aufrecht bei Haenke stehen. Dieser hob den Becher.
«Comandante Donoso, ich will den ungehörigen Vorfall vergessen. Wie Ihnen schon bekannt sein dürfte, wie Sie auch aus meinen Papieren ersehen können, bin ich des Königs Bevollmächtigter. Doch ich bin vor allem Wissenschaftler und schon aus diesem Grund nachsichtig. Das Um und Auf der Wissenschaft besteht darin, Fehler zu erkennen, um sie nicht zu begehen.»
Das strenge Gesicht des Comandante entspannte sich. Nun griff auch er zum Becher.
«Ich danke Ihnen, Caballero, und entschuldige mich für das rüpelhafte Auftreten meiner Soldaten. Ich werde sie zur Rede stellen. Es sollte eine Einladung sein und keine Aufforderung.»
«Es ist eine Einladung.»
Sie tranken einander zu.
«Nun, um es kurz zu machen», begann Haenke, «ich weiß nicht, wie weit Sie über meinen Auftrag informiert sind. Es handelt sich um eines der wichtigsten Projekte, die von der Krone in letzter Zeit in Angriff genommen wurden, nämlich um die Erfassung der natürlichen Beschaffenheit der Provinzen. Deshalb benötige ich Ihre Unterstützung, um die ich Sie hiermit ersuche.»
Donoso beugte sich vor.
«Um es kurz zu machen, Caballero, das einzige, was ich Ihnen bieten kann, ist Sicherheit. Ich stelle Männer für Sie ab, die Wildnis ist voll Gefahren.»
Dazu Haenke:
«Ich benötige Ihre Männer nicht. Wir beide wissen für unsere Sicherheit bestens zu sorgen.»
Unbeirrt fuhr der Comandante fort:
«In zwei Tagen, oder spätestens in drei, werden Sie in Begleitung meiner Männer die Reise zurück nach Reyes antreten. Das ist alles, was ich Ihnen bieten kann.»
«Das kommt gar nicht in Frage!» erregte sich Haenke, doch unbewegt blickte ihn Donoso an. Also so war das. Nicht verhaften, noch

nicht, aber hinaus aus der Provinz, zurück nach Reyes. Vorwand: Die Sicherheit des Bevollmächtigten könnte sonst nicht gewährleistet werden. Dieser Zamora, dieser Fuchs! Haenke faßte sich.

«Comandante, kraft meiner Vollmacht enthebe ich Sie der Verantwortung, die Ihnen in bezug auf meine Person aufgelastet wurde. Ich hatte auf Ihre Unterstützung für meine Weiterfahrt gehofft, doch wir werden auch ohne sie zurechtkommen.»

«Es ist ein Befehl, Caballero», stieß Donoso hervor.

«Ein Befehl? Wessen Befehl?»

«Vom Gobernador Don Miguel Zamora.» Donoso beugte sich über den Tisch zu ihm. «Darf ich Sie unter vier Augen sprechen?»

«Ich kenne keine Geheimnisse vor meinem Begleiter.»

«Das billige ich Ihnen zu, Señor Anke. Aber ich bitte Sie, zu verstehen, wenn ich Ihr Vertrauen zu Ihrem Begleiter nicht teilen will.»

Haenke überlegte, erhob sich und nahm Gerónimo beiseite.

«Sieh dich ein wenig draußen um. Vermutlich müssen wir uns davonmachen. Ich werde ihn hinhalten.»

Gerónimo gürtete sich und verließ das Haus.

«Nun?» Haenke setzte sich, und da lockerte Donoso seine Steifheit und Strenge, nahm eine Frucht und schälte sie.

«Don Tadeo. Ich darf Sie doch so nennen? Ich weiß von Ihnen, ich bewundere Sie, ich schätze Ihre Arbeit. Im Vorjahr, auf Besuch in Lima, habe ich von Ihnen, von der Expedition unter Malaspina gehört. Ich beneide Sie.» Er blickte kurz auf. «Und ich vertraue Ihnen. Hier haben wir den Terror. Der Gobernador ist gefährlich und hinterhältig. Zur Zeit ist er irgendwo im Süden. Er ist mißtrauisch und gewalttätig. Nicht nur die Indios, die er wie Sklaven behandelt, leiden darunter. Sogar wir Offiziere. Jeder, der ihm nicht nach dem Munde redet, der aufmuckt, verunglückt alsbald tödlich. Er hat seine Schergen und Speichellecker. Schon eine ganze Reihe meiner Kameraden verschwand, verunglückte, wie es heißt. Oft beschuldigt er die Indios des Mordes, um sie grausam zu bestrafen. Wir wissen es besser.» Wieder blickte er auf. «Ich will fort von hier. Und es besteht die Möglichkeit, daß ich versetzt werde. Deshalb führe ich seine Befehle aus, so auch diesen.»

«Ist Ihnen klar, Comandante, daß Sie damit wider die ausdrücklichen Weisungen Ihrer obersten Befehlshaber handeln?»
«Es ist mir klar. Aber Zamora ist hier, und seinem Befehl bin ich unterworfen. Mich auf oberste Befehlshaber zu berufen, kostet mich den Hals. Was glauben Sie, Doktor Anke, wo wir hier sind? In der Kathedrale von Lima?»
«Ich verstehe», murmelte Haenke und füllte die Becher. «Und angenommen, Comandante, wir wären nicht hier gelandet. Hatten Sie Befehl, uns aufzuspüren?»
«Nein, der Befehl bezieht sich nur auf meinen Bereich, das ist Exaltación und Umgebung. Nehme an, in allen anderen Garnisonen der Provinz liegen gleichlautende Befehle.»
«Das wäre also geklärt», nickte Haenke.
«Ich sehe mit Freuden, Sie nehmen die Sache nicht so schwer, Doktor Anke, das beruhigt mich. Doch hüten Sie sich vor Zamora. Glauben Sie mir, der Mensch ist zu allem fähig.»
«Danke für den Ratschlag, ich werde ihn befolgen. Und nun, Comandante, weil Sie ein wißbegieriger Mann sind, zeige ich Ihnen etwas.»
Er winkte den Comandante zu den Kisten, und staunend beugte sich Donoso über Haenkes Sammlung und betastete behutsam die Schätze, die Steine und Pflanzen. Haenke begann zu erklären.
Inzwischen sah sich Gerónimo um, wanderte müßig durch den Ort, aufmerksam damit beschäftigt, Taktik und Strategie einer Flucht zu überdenken. Das größte Hindernis waren die beiden Posten vor dem Haus, die mußten beseitigt werden. Dann zum Fluß zu den Kanus. Ein paar Stunden den Marmoré abwärts, und der Comandante konnte sie vergessen. Aber wohin? Sie brauchten Proviant. Woher? Und die Kanus? Die Verabredung mit den Indios galt nur bis Exaltación. Sie würden sie nicht im Stich lassen, zu sehr waren sie Don Tadeo zugetan, sie würden mitmachen. Aber für wie lange? Sie wollten doch zurück in ihr Dorf. Und was dann? Exaltación war der letzte Ort, stromabwärts gab es dann nichts mehr, für Wochen nichts. Das hatte er auf der Karte gesehen. Wohin also? Da konnten sie sich nur mehr den wilden Stämmen als Feiertagsbraten anbieten, würde Don

Tadeo in seiner Weise feststellen. Nun, er sollte das entscheiden, er würde wissen, wie weiter. Doch vorerst die Wachtposten. Durchs hintere Fenster? Kaum möglich. Der Comandante wußte seine Order gründlich zu geben. Gerónimo schlenderte durch den Ort zum Fluß hin, spekulierte, wendete Möglichkeiten, wog sie gegen Wahrscheinlichkeiten. Er begegnete niemandem, seine soldatische Aufmachung fegte die Menschen von der Straße.
In Ufernähe behinderte dichtes Gestrüpp den Weg. Mit vorgestreckten Armen drängte er sich durch das Geäst. Die Kanumannschaft mußte irgendwo hier lagern. Ein Zweig peitschte ihm die Stirn, er fluchte. Plötzlich ein Strampeln und Rascheln, er griff zum Degen. Zu spät. Eiserne Arme umschlangen ihn, schmerzend preßte eine brutale Hand seinen Mund. Er konnte kaum atmen, er wand sich, drehte sich. Die Arme schlossen sich noch enger um seinen Körper. Er knurrte vor Wut.
«Wo ist der Médico?» fragte eine leise Stimme.
Seine zornigen Augen suchten den Frager. Eine kleine Gestalt, den Poncho bis zu den Knöcheln, den Strohhut über den Augen. Er konnte das Gesicht nicht sehen.
«Werden Sie schreien?» fragte die Stimme.
Gerónimo rückte den Kopf nach links und rechts, so weit es die brutale Hand zuließ. Die Stimme hackte unverständliche Silben, worauf die Arme von ihm abfielen. Heftig wandte er sich um. Zwei riesige Indios, das Haar zum Schopf gebunden, betrachteten ihn gleichgültig.
«Hurensöhne, verdammte, ich jag euch die stinkende Seele aus dem Leib!» fauchte er in unbändiger Wut, wollte sich auf sie stürzen.
«Psss», zischte es hinter ihm, «Sie wollten doch den Mund halten, sonst wird er Ihnen wieder gehalten!»
Der zornige Gerónimo funkelte nun den Kleinen an. Der aber legte den Finger an den Mund. «Psss, Silencio!»
Der kleine Flüsterer hob den Kopf, worauf in Gerónimo der Blitz einschlug, so daß sein verkniffener Mund auseinanderfiel und die zornroten Augen sich zu andächtigem Staunen verklärten. Er blickte in das schönste Mädchengesicht, das er je gesehen hatte, in das

schmale, braunolivfarbene Gesicht einer Inkaprinzessin mit schmaler Nase und wunderbarem Mund und tiefschwarzen Augen. Ein Märchen von einem Mädchen. Sie nahm den Hut ab und schüttelte ihre schwarze Mähne frei.
Rotes Stirnband auf blauschwarzem Haar.
«Señorita?» hauchte er.
«Ich bin Mikay», sagte sie
«Gerónimo», brachte er heiser hervor.
«Mein Vater Sintschi ist krank. Wir brauchen den Médico. Er muß kommen. Führen Sie mich zu ihm!»
«Ja, ja», nickte Gerónimo hingerissen und zögerte, «aber es geht nicht, Señorita, es gibt da Probleme.»
Und dann plauderte er los über alles, was vorgefallen war, und pries Haenke in höchsten Tönen.
«Aber wenn ich es mir so überlege», dachte er laut, «so trifft es sich gar nicht schlecht, daß Ihr Vater krank ist. Entschuldigen Sie, ich meine es anders. Wir müssen nur schnell zu ihm, wir müssen fort. Wir werden das schon machen.»
Ein wenig später marschierte Gerónimo zurück, und ihm folgten die Männer ihrer Kanuflotte. Sie hatten sich vermehrt, ein kleiner Kanute mit Strohhut und langem Poncho war ihnen zugewachsen. Als sie ankamen, winkte Gerónimo den Wachtposten zu, und diese deuteten Haltung an. Haenke und der Comandante saßen noch bei Tisch, als die Mannschaft eintrat.
«Ah, unsere Bootsmänner», rief Haenke, «ich will ihnen Anweisungen für die Abreise geben.»
Donoso erhob sich, Mikay machte sich hinter Gerónimo noch kleiner.
«Da will ich nicht länger stören, Don Tadeo. Ich danke für die Einladung und Ihre Gastfreundschaft und vor allem dafür, daß Sie mir Ihre Sammlung zeigten. Noch einen kleinen Rat: Brechen Sie möglichst zeitig auf, um die große Hitze zu vermeiden.»
«Gewiß, Comandante, wir werden Ihren Rat befolgen. Leben Sie wohl!»
Donoso neigte den Kopf und schritt zur Tür hinaus.

«Nun?» Haenke sah Gerónimo fragend an.
«Wir haben noch jemanden hier», er gab Mikay frei.
«Eine Frau!» Haenke stieß es beinahe entsetzt hervor. «Was soll das bedeuten?»
«Die Señorita heißt Mikay. Sie ist die Tochter des Häuptlings Sitschi, und dieser Häuptling ist krank und ruft nach Ihnen.»
«Ich bitte Sie, Doktor, mein Vater braucht Sie dringend.» Mikay verstand es, mit den Augen zu bitten.
«Ja, aber», Haenke rieb sich kräftig die Nase, «wir sind hier in einer Klemme, Señorita. Gerónimo, hast du es nicht gesagt? Wir wissen noch gar nicht, wie wir von hier verschwinden können.»
«Ich glaube, es fügt sich nun alles in den Plan, Don Tadeo.»
Gerónimo berichtete, führte aus, schlug vor, und Haenke unterbrach ihn kaum.
«Ja, so könnten wir es anstellen, so müßte es gehen. Und wo finden wir den Vater?»
Gerónimo winkte Mikay zum Tisch, auf dem Haenkes Kartenskizze lag. Mikay besah sich die Zeichnung.
«Hier sind wir, hier ist Exaltación», erklärte Haenke, «dieser Strich hier ist der Fluß.»
Sie fand sich auf der Skizze nicht zurecht und blickte Haenke an.
«Wir müssen etwa vier Leguas mit dem Strom, drei Stunden oder so. Und dann kommt ein Fluß von dieser Seite», sie hob den linken Arm, «Iruyani.»
«Iruyani?»
«So heißt der Fluß.»
Haenke vermerkte die Mündung auf der Karte.
«Ja, und dann», fuhr sie in ihrem fehlerlosen Spanisch fort, «müssen wir auf diesem Fluß etwa bis Sonnenuntergang.»
«Klar und eindeutig», nickte Haenke.
«Klar und eindeutig», wiederholte Gerónimo und lächelte Mikay an.
«Macanudo», sagte Haenke und schritt erregt durch den Raum. Aus der Zamorafalle ergab sich mit einem Mal die wunderbare Möglichkeit, eine Zeitlang in der Wildnis inmitten von Eingeborenen zu logieren. Die Flucht mußte gelingen.

«Gerónimo! Was machen wir mit den Posten vor der Tür?»
Gerónimo plauderte mit der Häuptlingstochter, hörte nur mit halbem Ohr die Frage.
«Ja, ja, die Wachtposten, Don Tadeo. Ich bringe sie um.»
«Was!»
Nun merkte er, wie sehr der Erzengel von dem anderen Engel gefangen war. Er beugte sich zu den beiden und lachte Gerónimo an.
«Du legst sie also um, Amigo? Ich glaube, vorerst wirst du einmal umgelegt und das nicht zu unsanft. Señorita Mikay, würden Sie mir gütigst diesen Gerónimo wieder ein wenig herborgen, ich brauche ihn noch.»
Eine leichte Röte mischte sich in Mikays olivfarbenes Gesicht, und der ertappte Gerónimo rief unwillig:
«Don Tadeo, was soll das!»
Doch Haenke boxte ihn in die Brust und lachte sein aufmunterndes Lachen:
«Komm herab, Erzengel, aus deinen Wolken, jetzt wollen wir Fakten reden. Also die zwei da draußen um die Ecke bringen? Abgesehen von der etwas ungewohnten Moralauffassung, die, wie ich zugeben will, uns gesuchten Verbrechern möglicherweise zusteht, kämen wir in die einigermaßen unbequeme Lage, durch den ganzen Kontinent gejagt zu werden. Das entspricht weder unserem Programm noch meiner Laune. Ist das klar?»
«Es ist klar, Don Tadeo.»
«Somit kehren wir zum Ausgang zurück, das heißt zur Tür. Was geschieht mit den Posten?»
«Ich betäube sie. Ein starker Ast, zwei Schläge und gute Nacht.»
«Besser, aber nicht gut genug. Zu viele Unbekannte: die Wucht des Schlags, die Biegsamkeit der Waffe, die Empfindlichkeit ihrer Hinterköpfe. Dieses Risiko wollen wir nicht eingehen. Frage mich!»
«Ich frage Sie: Was sollen wir tun?»
«Das ist eine gute Frage.» Der aufgeräumte Haenke streckte einen belehrenden Finger in die Höhe. «Sie ist eine gute Antwort wert. Falls du es noch nicht gemerkt haben solltest, Amigo, bin ich unter anderem auch ein wohligen Schlaf verabreichender Sandmann. Ge-

sunder Schlaf ist nicht von der Hand zu weisen. Dort in der Kiste verwahre ich meine Mittelchen.»

Gerónimo rieb sich vergnügt die Hände.

«Mischen Sie ihnen einen schönen Traum, Don Tadeo, von dem sie nicht so leicht loskommen.» «Und so sei es», schmunzelte Haenke.

Sie luden die Wächter zum Abendessen ein, doch die schüttelten bedauernd ihre Köpfe. Befehl des Kommandanten, sich nicht von der Stelle zu rühren. Doch den Weinkrug ins Freie nahmen sie dankend an. Nach einer Stunde lag der eine Kinn auf Brust an der Wand, der andere stand aufrecht am Türpfosten und schnarchte. Sie betteten die beiden auf Strohsäcke.

Eilig und leise huschten sie durch den nächtlichen Ort. Mikay lief voran, um ihren beiden hünenhaften Begleitern Anweisungen zu geben. Matt schimmerte der Marmoré, als sie ans Ufer kamen, und bald darauf glitten die drei Kanus lautlos zur Strommitte. Über Exaltación stand ein den Türken abhanden gekommener Sichelmond. Mikay saß bei Haenke im ersten Boot und suchte das rechte Ufer ab. Sie schwenkte den Arm, und die Kanus folgten, legten an. Aus der Dunkelheit traten Mikays Hünen und hoben ihren Schützling aus dem Boot. Haenke und Gerónimo luden das Gepäck aus. Die Paddler blieben in den Booten, ihre Fahrt war zu Ende, ihr Kontrakt erfüllt. Die Abschiednehmenden drückten ihre Handflächen an die der Bleibenden, ein inniges Lebewohl der Gefährten. Noch im Schutz der Nacht mußten sie zurück, an Exaltación vorbei, fort aus Donosos Reichweite. Ein hartes Stück Arbeit gegen den Strom, ein weiter Weg ins Heimatdorf. Lohn und Dank ihnen, den Gefährten vieler Tage. Schon paddelten sie sich am rechten Ufer voran, gingen in die Nacht ein. Haenke und Gerónimo blickten ihnen lange nach. Mikays Begleiter, Gerónimos Schraubstöcke, hoben sich einen Großteil von Haenkes Gepäck auf die Schultern und liefen zielbewußt durch Nacht und Gestrüpp davon. Mikay verschwand mit ihnen. Haenke und Gerónimo mit dem Restgepäck hatten Mühe zu folgen.

«Mikay!» rief Gerónimo tonlos. «So warte doch!»

«Komm, komm!» flüsterte es aus der Nacht.

Endlich traten sie aus dem Gestrüpp, und vor ihnen lag die schimmernde Bucht. Kleine Feuer am Wasser und ein Boot, groß wie eine Galione. Kein Mast, kein Segel. Am Bug eine Fratze, auf dem Heck ein Verschlag. Die Mannschaft kauerte um die Feuer, ein Dutzend wilder Brüder mit Haarschopf und freiem Oberkörper wie Mikays Eskorte. Sie erhoben sich, als die Ankommenden in den Feuerschein traten, wortlos bestiegen sie das enorme Boot, ergriffen die Ruder, und aufrecht stehend tauchten sie die Stangen ein und zogen die Ruderblätter im Galeerengleichmaß durchs Wasser. Flott und geschmeidig trieb das Riesenkanu hinaus in den Strom.

Stunden der Nacht den Marmoré hinab zur Mündung des Iruyani, den Iruyani hinauf. Die Morgenfrische durchwehte den aus Schilf und Bambus geflochtenen Verschlag, in dem Mikay, Haenke und Gerónimo in Decken und Ponchos verpackt teils schlummerten, teils dösten. Die Ruderer vor ihnen, an jeder Seite fünf, senkten und hoben die Stangen, drückten das Boot gegen die schwache Strömung flußauf und sangen und brummten ein dumpfes Ruderlied. Der dösende Haenke stimmte in den eintönigen Choral ein. Hinter ihnen am Heck klopfte der Dirigent und Steuermann mit seiner Macana den Rudertakt an die Bordwand. Er blickte unentwegt nach vorne, und seine kurzen Befehle hielten das Boot auf Kurs und lenkten es behende an Hindernissen vorbei. Eins und eins wiegte sich das brummende, unermüdliche Ballett. Es war Tag geworden, die Morgenbrise wehte der Bugfratze, dem hölzernen Galeonsgötzen, um die Habichtsnase. In einem ehernen Gefäß, das über geschütztem Feuer hing, wärmte Mikay den dickflüssigen, lilafarbenen Apí auf, und Gerónimo verteilte Fladen. Die Sonne war aufgegangen. Der würzig süße Apí rüttelte an den Lebensgeistern, die Temperatur stieg merklich an, und die Vermummungen fielen. Sie schöpften Iruyaniwasser und rieben die Frische in Gesicht, Hals und Arme. Hungrig knabberten sie an den Maisfladen zum wunderwarmen Apí. Ein Papageienschwarm wechselte von einem Ufer zum anderen. Palme, von Lianen umschlungen, knorriger Stamm in grotesken Verrenkungen, blaukelchiges Blütenkleid eines im Tanz erstarrten Baumes, Baum-

farne aneinandergedrängt und grellfarbene Orchideen – im kleinen wie im großen ein sehr exquisites Ensemble, Land der Träume, ungebändigter Garten. Haenke war zufrieden. Ein am Ufer glotzender blasierter Kaiman riß das Maul derart auf, daß Gerónimo gähnen mußte. Mikay kicherte, und Haenke, als er es sah, lachte los, streckte sich und fühlte sich unbeschreiblich unbeschwert und geladen mit Ideen und Vorhaben. Ein gottvoller Tag, in den sie geflohen waren.
Unaufgefordert begann Mikay zu erzählen:
«Wir, mein Vater Sitschi und ich, leben mit diesem Stamm der Moxos. Aber wir sind nicht von hier, wir sind Ketschuas vom Hochland. Mein Vater kämpfte mit Tupak Amaru, dann stiegen wir von den Bergen hinab zum Tiefland. Hier waren wir sicher. So kamen wir an den Iruyani, ich war noch sehr klein, mein Vater trug mich. Das war so vor fünfzehn Jahren.»
Tupak Amaru, der wiedererstandene Inka, er führte den Aufstand im nördlichen Peru gegen die Spanier. Wie eine Sturzflut brandete die Erhebung über das Hochland, zerschellte nach sechs Monaten.
Nach Cuzco waren sie gezogen, der alten Stadt der alten Götter, um dort zu sterben. Ein Vulkan war ausgebrochen und verraucht, doch das Magma kochte weiter in seinem Inneren. 1780 war es gewesen, im November, also genau vor 14 Jahren. Es war nicht viel, was er darüber wußte, doch viel sprachen sie noch darüber in Lima, in Arequipa und überall. Das Ausmaß der entfesselten Wut hatte die Spanier überrascht, die bedrückende Erinnerung blieb ihnen erhalten. 1780, was war er damals mit seinen neunzehn Jahren? Singmeister bei den Kreuzherren an der Prager Karlsbrücke. Was wußte er damals von Amerika? Bei welcher ihrer Motetten wurde Tupak Amaru zu Tode geschunden?
«Kleine Mikay», Gerónimo nahm ihre Hand und behielt sie, «wie schwer war doch dein Leben.»
«Ich kenne die Heimat nicht», fuhr sie fort, «die Berge und das Meer. Hier bin ich groß geworden. Mama wurde von den Spaniern getötet, aber Vater spricht nicht davon. Ich spielte noch mit Suki, dem kleinen Llama. Vater fand mich, trug mich fort. Nur kleine Erinnerungen blieben: der leuchtende Schnee auf den Bergen, die Kälte, Vaters

Tränen. Die Moxos haben uns gut aufgenommen, sie ehren Vater, er hilft ihnen. Er weiß sehr viel. Er spricht immer von Tupak Amaru, und bald, sagt er, werden wir heimkehren, und es wird Sturm geben, sagt er, der das Unrecht von Peru wegfegen wird und das Leid unseres Volkes. Zu Mutters Todestag gehen wir in den Wald zu einem kleinen Hügel. Wir bringen Blumen und betten sie um das Kreuz und brennen Hölzer mit duftendem Rauch ab. Dort sitzen wir und schweigen. Wir schweigen viel.»

«Wie war es damals zu dem Aufstand gekommen, Señorita?» fragte Haenke.

«Er wird es ihnen gern erzählen, Doktor, wenn er wieder gesund ist. Er spricht kaum von etwas anderem. Sie werden ihn gesund machen, nicht wahr, Doktor?»

«Wir drei werden alles tun, um Ihrem Vater zu helfen.»

Haenke trat ins Haus. In der hinteren Stube, der Schlafkammer, lag Mikays Vater auf dem Bett. Er hielt die Augen geschlossen. Haenke betrachtete den Mann. Welch ein markantes Gesicht! Backenknochen, leicht gekrümmte Nase, Schrägfurchen von den Nasenflügeln zum dünnlippigen Mund, der Ansatz des festen, dichten Haars tief in der schweißglänzenden Stirn. Asiatische Augen. Wie sehr glichen sie doch ihren Göttern!

Der Vater schlug die Augen auf.

«Buenos días, Doktor», flüsterte er mit leiser Stimme und versuchte ein Lächeln, «ich danke Ihnen, daß Sie gekommen sind.»

«Schon gut, Señor Sitschi.»

Gerónimo half, sie stützten den Kranken hoch. Haenke kramte das Hörrohr aus der Tasche, setzte es dem Kranken an die Brust, an den Rücken, ließ ihn atmen. Das Herz schlug schnell, doch regelmäßig, der Puls galoppierte. Keine Alarmsignale aus der Brust. Nach Haenkes Anweisung durchweichte Gerónimo ein breites Laken im Wasserbecken, wand es aus. Sie wickelten das naßkalte Tuch um den heißen Oberkörper des Kranken. Der Mann seufzte auf. Behutsam legten sie ihn zurück und verpackten ihn mit Decken und Tüchern. Haenke mischte die bewährte Quina in einen Fruchtsaft, hob Sitschis Kopf und flößte ihm Schluck für Schluck den Trank ein. Das Fieber mußte bezwungen werden. Wie ein gebündeltes Paket lag der Mann auf dem Bett.

«Sie werden jetzt schlafen, Señor Sitschi», Haenkes Stimme klang ruhig und beruhigend. Er wandte sich an Mikay:

«Señorita, bleiben Sie bei ihm, bis er schläft. Er steckt in einem Schwitzkasten, der ihm das Fieber austreiben wird. Ich komme bald wieder.»

Das Dorf war mit dem Wald verwachsen, unter Bäumen kleine Häuser und Hütten, verstrickt und verborgen im Gewirr von Ästen und Zweigen. Die Dorferbauer hatten ihre Wohnungen in den Wald geschmiegt. Das unübersichtlich verstreute Dorf bestand aus größeren Laubgebilden, Hütten, geformt wie Bienenkörbe, langgestreckten, mit Palmenblättern abgedeckten Familienunterkünften. Am längsten war die Gemeinschaftshütte für Zusammenkünfte und Feste. Sitschis und Mikays Haus drängte sich an einen prächtigen Baum, dessen dichte Krone zusätzlichen Schutz bot. Die einzige gerodete Lichtung war der Dorfplatz. Als Haenke und Gerónimo über den Platz schlenderten, sahen sie eine Gruppe jüngerer und älterer Frauen, die im Kreis hockten und Schilfgras um dünne Gerten flochten. Die Frauen blickten nicht auf, als sich die beiden ihnen näherten, taten so, als ob es weit und breit keine Fremdlinge gäbe. Haenke grüßte, doch die Alten beugten ihre schwarzen Köpfe noch tiefer zum Flechtwerk. Ein Mädchen kicherte. Die Alten trugen bunte Wickeltücher, die Jungen steckten in Sackkleidern wie Mikay. Geflochtene Bänder im Haar, Ketten um den Hals, Ohrgehänge, Fußringe. Zwei Männer überquerten den Dorfplatz. Die gängige Männermode hier schien der kurze Lendenschurz zu sein und das lange zum Roßschweif gebundene Haar. Im Typ waren die Moxos anders als Sitschi und Mikay, stellte Haenke fest, ihre Gesichter eher rund, ihre Nasen eher dünn und klein, größere Augen, dickere Lippen.

Ein Alter vor seiner Hütte schnitzte Pfeile. Sie grüßten. Er neigte stumm den Kopf und blieb bei der Arbeit. Hoch oben in der Krone

eines der Baumriesen stand ein Mensch auf einer schmalen Plattform.
«Es scheint, Don Tadeo, daß wir für sie Luft sind.»
«Auf den Inseln war es ähnlich. Sie beobachten dich, aber sie lassen es dich nicht merken. Erst muß ein Empfang bereitet werden, eine Zeremonie der Gastfreundschaft, dann bist du ihnen voll und ganz willkommen. Ich fürchte nur, mit der Sprache werden wir Schwierigkeiten haben.»
«Wir haben ja unsere Mikay», grinste Gerónimo.
«Du meinst deine Mikay.»
«Ach, wenn es nur so wäre», seufzte der verliebte Krieger.
Sie drangen in den Wald ein, schlugen sich den Weg frei, bückten sich unter ausladenden Ästen, ruderten durch dornig haftendes Buschwerk, sprangen über Gräben und überkletterten Barrieren.
«Wir sollten vielleicht umkehren, Don Tadeo», schlug Gerónimo vor, dem weder das Dickicht noch die Ziellosigkeit ihrer Wanderung behagte.
«Nur keine Angst, wir gehen schon nicht verloren. Meine Nase läßt mich schon nicht im Stich. Sie braten Fisch im Dorf, und das ist ein Faden, der aus jedem Labyrinth führt.»
Sie ließen sich auf einem gefallenen Stamm nieder.
«Was mir ein Rätsel ist, Gerónimo: Wieso haben die hier in diesem Wald überhaupt von uns gewußt? Kannst du mir das erklären?»
«Ich kann es nicht, ich habe mich selbst darüber gewundert und Mikay gefragt, und sie sprach in Rätseln. Sie sagte nur, der Wald ist voll Stimmen, und der Wind der Savanne ist ein schneller Bote.»
«Sie haben sich ein rühriges Nachrichtensystem eingerichtet», nickte Haenke, «ein sehr wirksames.»
Eine Armee großer roter Ameisen eilte neben ihm geschäftig in nichtendenwollender Reihe über den Stamm und verlor sich unter Gräsern und Farnen. Unermüdlich, in ungebrochener Bewegung hinauf, hinunter. Was trieb sie nur an? Waren sie auch auf der Flucht, und wohin zog es sie in ihrem unergründlichen, unfehlbaren Instinkt? Scheinen sie sich doch auch ein sehr wirkungsvolles System eingerichtet zu haben. Haenke nahm sie unter die Lupe. Welch

aufgeregtes Gekrabbel Tausender, Abertausender energiegeladener Glieder. Geheimnis der Urkraft im winzigen Organismus. Nicht eine tanzte aus dem vorgekribbelten Weg, nicht eine zögerte. Das Leben selbst gibt ihnen Gewißheit zum Leben. Was wirkt in ihnen, was verursacht ihre Aktionen, Reaktionen? Physik, Mechanik, Chemie? Geheimnis des Lebens, tief und unergründbar wie der Kosmos.

«Schau sie dir nur an, Gerónimo!» rief er und ließ den Blick nicht vom Gekribbel und Gekrabbel. «Da kannst du Gehorsam lernen, blindwütigen Gehorsam, eins, zwei, eins, zwei, und keiner weiß warum.»

Der aus zarten Gedanken gerissene Gerónimo kam und beugte sich über die Ameisen.

«Ach, die Hormigas! Geben Sie nur acht, Don Tadeo, daß sie Ihnen nicht unter die Kleidung schlüpfen. Diese roten beißen recht unangenehm.»

«Ausgezeichnet, Gerónimo», lachte Haenke, «das Küken beginnt die Henne zu lehren.»

«Aber wozu hat Gott nur diese Biester geschaffen? Die lassen einem ja beinahe an dem Sinn der Schöpfung zweifeln.»

«Mit Zweifeln ist der Weg der Erkenntnis gepflastert. Wir müssen noch viel zweifeln, Amigo, um ein wenig ins Verborgene eindringen zu können.»

Haenke lehnte sich an den Baum im Rücken, nahm sein Heft zur Hand und zeichnete den Stamm neben ihm, um den sich wie ein Ordensband eine Liane schlang. Gerónimo aber dachte über Haenkes Antwort nach, die er wie so viele der Sprüche eher mit dem Gefühl als mit dem Verstand begriff.

Sie saßen unter lückenlosem Laubdach, im steten Dämmerlicht des dichten Waldes, malerisch von wirrem, groteskem, verrenktem Astwerk umgeben, von knorrigen Wurzeln und mannshohen Farnen, und erlebten mit einem Mal einen jener unbegreiflichen Augenblikke vollkommener Stille, wie wenn auf ein Kommando alles Leben anzuhalten schien.

Haenke merkte es nicht, er zeichnete. Doch Gerónimo hob den Kopf wie ein witternder Waldbewohner und hielt beunruhigt Ausschau. Das Schwirren eines Pfeils, ein Aufschlag über ihnen. Er riß den Kopf hoch und fiel sogleich mit einem Schrei nach hinten, kollerte zu Boden und starrte entsetzt empor. Auch Haenke war aufgesprungen und zurückgewichen. Die armstarke Liane riß ein grausiges Maul auf. Vom meterlangen Reptil baumelte die vordere Hälfte über ihren Köpfen, während sich die hintere in Spiralen über den Ast abrollte. Ein prächtiges Exemplar von einer Boa. Nun merkten sie auch den Pfeil, der im Stamm steckte. Da strampelte sich aus dem Busch ein Mann hervor und sprang keulenschwingend auf sie zu. Ein kräftiger Hieb, und leblos fiel das Tier zu Boden. Schweigend betrachtete der Indio die Beute, dann drehte er sich zu Haenke.

«Du Amigo von Sitschitata», nickte er, «du Amigo von Omasu.» Er tippte sich auf die Brust. Es war ein älterer, untersetzter Mann, das Haar kurz, Pfeile im Schurz, Bogen über der Schulter. Er ließ die Keule fallen und streckte Haenke die Handflächen hin. Haenke deckte sie mit seinen. Ihr erster Willkommensgruß in diesem Urwald. Auch Gerónimo wurde auf diese Weise begrüßt. Dann umstanden sie die tote Riesenschlange, und Haenke bewunderte die prächtige Zeichnung der Haut.

«Ich glaube fast, Amigo Omasu, du hast uns das Leben gerettet. Ich danke dir sehr.»

«Schlange nicht giftig, aber stark», Omasu umfing sich mit den Armen, «drücken und töten und fressen.»

«Ich weiß», nickte Haenke.

Omasu ging mit einem Messer an die Arbeit, er begann die Schlange zu enthäuten. Dann zerlegte er das Fleisch und häufte es auf der ausgebreiteten Haut.

«Gutes Fleisch braten und kochen.»

Mit wenigen Griffen war die Schlangenhaut zum vollen Fleischsack geworden. Omasu schulterte das Bündel.

«Komm», er winkte sie mit, «du Amigo komm zu Omasu Haus.» Damit schritt er los.

«Um Gottes willen, Don Tadeo», flüsterte Gerónimo, «er wird uns Schlangenfleisch anbieten. Mir ist jetzt schon übel.»

«Wir dürfen ihn nicht beleidigen», flüsterte Haenke zurück, «er ist der erste hier, der uns wahrnimmt.»
Omasu wandte sich um.
«Komm, komm», winkte er, «nicht weit Omasu Haus.»
Sie stapften hinter dem Jäger einher, und obwohl sie seit Stunden nichts im Magen hatten, waren sie überhaupt nicht mehr hungrig. Vor Omasus Hütte brannten zwei Feuer. Über einem hing ein Kessel, in dem eine sehr alte Frau mit einem Stock herumrührte. Drei nackte Kinder umstanden das andere Feuer und hielten und drehten gespießte Fische in der Glut. Omasu rief ihnen zu, und sie lachten mit strahlenden Zähnen.
Haenke und Gerónimo folgten ihm ins strohbedeckte, aus Schilf und Bambus geflochtene Haus. Kein Mobiliar drinnen, buntfarbene Decken an den Wänden, auch auf dem mit Stroh bedeckten Boden. Eine geräumige Stube. In einer Ecke saßen drei Frauen und schälten Früchte. Omasu ging hin und warf den Schlangensack ab, der schwer auf den Boden klatschte. Die Frauen erhoben sich geschäftig, plapperten, besahen zufrieden den Inhalt und schleppten den Sack fort.
«Nun geht's los, Don Tadeo, nun gibt's Schlangenbraten», Gerónimo drehte die Augen zum Himmel.
Omasu brachte Matten und dann eine Holzschüssel mit Orangen und Bananen. Er stellte sie auf die Matte.
«Setzen, Amigo», er deutete auf den Boden, «setzen.»
Haenke und Gerónimo ließen sich nieder, kreuzten die Beine und lehnten sich an die Wand.
«Señor Omasu», befragte ein zager Gerónimo das Schicksal, «brätst du Schlange jetzt?»
«Schlange? Oh, nein, nein», Omasu schüttelte bedauernd den Kopf, «erst viele Tage warten, Fleisch trocken machen, dann Schlange essen. Du kommen, und wir werden gut Schlange essen.»
Gerónimo blies die Luft von sich.
«Gracias», rief er begeistert.
«Ist Sitschi euer Häuptling?» fragte Haenke.
Omasu schüttelte den Kopf. «Bei uns kein Häuptling hier. Sitschitata ist guter Rat und gute Hilfe.»

«Erzähle, Amigo Omasu!»
In gebrochenem Spanisch, mit vielen Gesten und Grimassen erzählte der Hausherr von vergangenen Zeiten. Er sprach langsam, stockend, zuweilen versank er in Schweigen, bis er den Faden wieder aufnahm. Es war die Art, wie sie an den Lagerfeuern erzählten von ihren Jagden und Kämpfen, von den Zeiten, als sie Herren der Wälder und Savannen waren. Omasu holte weit aus, durch ein Vierteljahrhundert ihres Leidensweges führte er die Aufmerksamkeit seiner Gäste. Die Frauen brachten Fisch, Fladen und Wasser, und die Männer aßen und tranken und merkten es kaum.
Omasu war ein Knabe, als viele seines Volkes nach Exaltación zu den Monjes negros zogen, den schwarzen Padres. Die Stämme kamen und machten Frieden, und die Götter wurden milde, als die Indios die Erde wühlten und das Brot wuchs und die Frucht und sie den Hunger besiegten und die Mütter voll Nahrung waren. Sie sangen und tanzten vor dem Kreuz des neuen Gottes, und sie feierten Feste mit Kränzen und Blumen und Kerzen, und die Monjes waren gut, weil ihre Medizin gut war, und sie lernten, starke Häuser zu bauen mit Holz und Stein und Gerät anzufertigen und die Herde in die Savanne zu treiben. Nicht gut war es, wenn die Monjes wie Häuptlinge taten und Fremdes sprachen, doch ruhig war das Leben und in Frieden, und die Kinder lachten und die Frauen sangen.
Omasu schwieg und senkte den Kopf. Dann erzählte er weiter.
«Es war die Nacht, als die Monjes vertrieben wurden. Soldaten trieben sie fort, und sie kamen nicht wieder. Indios sagten, es ist gut so, wir sind uns selbst. Aber es war nicht gut. Die Soldaten kamen, und die Soldaten blieben und raubten und töteten Indios, und der Befehlsmann ließ die Männer zu schwerem Dienst fesseln, und die Soldaten nahmen Mütter und Mädchen. Das Kreuz war kein Festplatz mehr, nur Tod und Angst und Jammer, und die Soldaten hatten scharfe Waffen und Donnerkeulen. Der neue Gott war nicht mehr, er hatte sie verlassen, war mit den Monjes fortgegangen. Die Indios aber flohen in die Wälder, starben, hungerten.
Sie zogen zum Ufer des großen Flusses, sie fingen Fische, aßen Pflanzen. Da hörten sie von Soldaten. Wieder liefen sie fort und immer

weiter und weiter. Jahre, viele Jahre in Not und Flucht, und so kamen sie an den Iruyani. Und eines Tages ein Kanu auf dem Fluß, und sie glaubten wieder Soldaten, und sie warteten und spannten die Bogen. Doch keine Soldaten, nur ein Mensch, ein Indio, doch anders, Mann mit kleinem Kind in Kleidung wie Spanier. Das war Sitschitata und kleine Mikay. Sie blieben. Sitschitata kannte vieles, half und lehrte wie Monjes. Aber er kein Monje, sondern Indio. Er sagte, fort vom Fluß, Soldaten nur gefährlich am Fluß. So gingen wir in den Wald und bauten Hütten. Und dann kamen Soldaten in Booten, und wollten Indios jagen als Sklaven für König. Und sie stiegen aus den Booten, und Sitschitata ließ sie kommen. Aber wir waren Soldaten im Rücken und vor Brust und von Seiten, aber sie nichts sahen. Unsere Pfeile töteten sie, und wir warfen sie zu den Fischen, und wir nahmen die Boote und bauten Haus.»
Er richtete sich auf und gestikulierte, und seine Augen leuchteten.
«Hoch oben im Baum steht der Indio und schaut nach Booten und Soldaten. Aber sie kommen nicht, niemals mehr, denn sie werden sterben und fliehen wie Indios. Das sagte Sitschitata, und Sitschitata ist klug, er ist ein großer Befehlsmann. Indio will nur leben.»
Wieder Schweigen, langes Schweigen. Omasu blickte mit glasigen Augen vor sich hin und pendelte den Körper. Haenke winkte Gerónimo zum Aufbruch, und sie verließen den in seinen Erinnerungen Versunkenen und traten aus der Hütte in den Abend. Vor den Hütten flackerten Feuer. Haenke blickte hoch, zum Baum hinauf, doch er konnte nichts ausnehmen. Ob sie auch nachts Ausschau hielten? Scharf sind die Augen der Waldbewohner.
Das Dorf lag in Finsternis und Stille, nur der durch das Dickicht flackernde Schein vereinzelter Feuer verriet, daß der Wald bewohnt war. Sie beeilten sich, zum Kranken zu kommen.

Sitschi kam sichtbar zu Kräften, und Mikay war glücklich und dankbar. Der Patient sollte aber laut Verordnung des strengen Doktors bei leichter Kost noch im Bett bleiben und in Ruhe und mit viel Schlaf seine Gesundung abwarten.
Bei einer seiner Visiten bemerkte Haenke das Säckchen mit den

Blättern, den kleinen, leichten, blaugrünen, modrigsüß duftenden Blättern. Er kannte die Pflanze, die diese Blätter hervorbrachte, den Strauch von den Hängen des Yungas und sein von den Hochlandindios begehrtes Laub. Koka. Eine Handvoll Kokablätter in den Mund geschoben, dazu die Llukta, ein Gemisch aus Kartoffeln und Holzasche oder zerriebenem Kalkstein. Die Zähne mahlen das Akulli zu Brei, so daß der schwarzgrüne Saft vom Mund träufelt, das Alkaloid die Lippen verfärbt, die Zähne schwärzt und verstümmelt. Stundenlang kauen sie, mahlen die Blätter zu Stroh und stopfen in den Mahlpausen den Klumpen in die Backen, wie gelernte Hamster. Es stillt den Hunger, sagen sie, es gibt Kraft und Zuversicht. Doch auch die Spanier kauen das Zeug. Es macht fröhlich und übermütig, sagen sie. Er hatte es probiert und ausgespuckt, den tranigen Geschmack aus dem Mund gespült. Zweifellos, aus dem Kokaextrakt konnte ein berauschendes Gift gezogen werden. Griff es die Nerven an? Was war es, das den Menschen in Hochstimmung brachte und seinen Körper zersetzte? Derartiges müßte mit Stoll besprochen werden, dem vorsichtigen, klugen Stoll mit seinen tastenden Versuchen. Rauschgifte? Heimtückische Seligmacher, beglückende Zerstörer. Doch gehemmt und dressiert könnten sie sich nützlich machen, wie viele Gifte. Oft nur eine Prise breit ist der Weg vom Arzt zum Giftmischer.
Er nahm Mikay beiseite.
«Kaut Ihr Vater die Blätter?»
Sie schüttelte den Kopf.
«Nein, nicht mehr, nur wenn er sehr unruhig ist.»
«Das ist gut. Bereiten Sie ihm einen Tee daraus, ein paar Blätter, nicht viele, in die Schale und darüber kochendes Wasser. Sobald sich das Wasser leicht grün färbt, seihen Sie es ab. Das soll er trinken, es wird ihn stärken.»
«Wir haben uns also verstofflicht», stellte Haenke zufrieden fest, «wir sind ihnen Körper geworden.»
Den Dorfbewohnern waren sie nicht mehr Luft, Kinder liefen ihnen nach, Männer nickten stumme Grüße, nur die Frauen blickten noch an ihnen vorbei. Wie auch immer, sie waren willkommen. Dafür gab es einen ausgezeichneten Beweis.

Schon am Tag, als sie sich lange bei Omasu aufgehalten hatten, war ihnen ein Haus gebaut worden, eine geräumige wetterdichte Laubhütte. Wohl verdankten sie diese Geste vor allem Sitschis großem Ansehen im Dorf, aber es war nicht zu übersehen, daß man sie, die Fremden aus Feindesland, bereits freundlich zur Kenntnis nahm.

Gerónimo machte sich rar. Wo er sich herumtrieb, war nicht schwer zu erraten. Haenke arbeitete auf, wanderte die Gegend ab und kehrte oft erst nach stundenlanger Abwesenheit mit Beutestücken beladen in die heimelige Hütte zurück. Dort hatte er sich eine Hexenküche eingerichtet, ließ Substanzen in Gefäßen brodeln, zerteilte Pflanzen und sortierte und notierte. Wenn sie mich so sehen, dachte er, werden sie mich noch zum obersten Medizinmann krönen.

In Flußnähe hatten die Dorfbewohner Pflanzungen angelegt, fein säuberlich, nach der Kunst des Ackerbaus. Weißflockige Baumwollsträucher, niederes Kartoffelkraut, Maiskerzen, schlanke Kakaobäume mit baumelnden gelben Fruchtbirnen, doch auch die Arachis Hypogaea, der Schmetterlingsblütler mit den runden, gelbgrünen Blättern und den feinschaligen Erdnüssen. Im Hochland versetzten sie den zermahlenen Kern mit Süßstoff und Wasser, vergärten die Nuß zur Chicha, dem Indiobier. Doch auch aus Maiskörnern brauten sie Chicha, ein etwas herberes Getränk. Der Papayabaum fand sich hier mit den melonengroßen, saftigen, wohlschmeckenden Früchten. Offenbar waren es die jesuitischen Lehrgänge gewesen, die in diesem Urwaldwinkel derart sichtbare und erfreuliche Nachwirkungen zeitigten. Oder war es Sitschi, der ihnen das beibrachte?

Gebückte Frauenrücken. Mit spitzen Pfählen schürften die Frauen den fettigen Boden. Frauen für Nahrung, Männer für Krieg. Arbeitsteilung der Geschlechter für Leben und Tod. Solange Krieg und Vernichtung derart hoch im Rang stehen, bleibt den Männern das Sagen und den Ernährerinnen der gebeugte Rücken. Etwas ist grundverkehrt in unserem ganzen Schema. Woher nahm nur Immanuel, der große Kant, die Zuversicht? «Die Menschheit wird mündig, sie kommt zu sich selbst», schrieb er mit Seherblick. Er sah sich wohl wenig um. Doch ebenso die Freunde, diese hoffnungsmutigen Geister. Mein Gott, die Menschheit! Ein buntscheckiger Haufen mit Befehlsmännern, wie Omasu sagt, und Befehlsnehmern, mit leibeigenen Müttern, geschundenen Vätern und lebensmüden Kindern. Eine Menschheit, die sich nicht sucht, wie sollte sie sich finden, wie sollte sie je mündig werden! In den Salons läßt es sich seicht klatschen. Die Philosophen, nun, die wollen die Welt erklären, ohne sie zu kennen. Und wir von der anderen Fakultät, wir kennen die Welt besser. Aber wie wollen wir sie erklären? Was nützt es, Lichter in übermächtiger Dunkelheit zu entzünden?

Er führte seine unfrohen Gedanken spazieren und landete am Fluß. Braunnackte Kinder hüpften im Wasser, spritzten, tauchten, kreischten. Weiter oben badeten Mädchen. Als sie ihn erblickten, verbargen sie sich quietschend im Ufergebüsch. An allen Flüssen flüchten badende Mädchen mit ebensolchem koketten Gequietsche ins Gebüsch. Diese Menschen, allüberall zwischen den Polen und den Ozeanen, wie gleichen sie einander in ihrem Sinnen und Handeln! Blutsverwandtschaft, unverkennbar, wie das Lachen und die Tränen auf ungleich getönter Haut.

Ein Kanu legte an. Zwei Männer hoben einen enormen Fisch aus dem Boot.

«Was für ein prächtiges Exemplar!» rief er, ging näher, beklopfte den Fang, tastete das Maul ab. «Wunderbar!»

Der Mann hielt ihm den Fisch hin.

«Du!»

«Was, für mich?»

Die Fischer nickten.

«Gracias, Amigos, danke, danke, den werde ich auf Herz und Nieren untersuchen und dann in die Pfanne mit ihm!»

«Si, si», nickten die Männer, griffen das Kanu, hoben es aus dem Wasser und verschnürten den restlichen Fang in einem Netz.

Ein gutes Geschenk. Er schulterte den schweren Brocken, winkte den Fischern zu und schritt trällernd davon. Die Menschheit war noch zu retten.

«Unruhen gab es schon vorher, auch die Kreolen waren unzufrieden.»
Haenke, Gerónimo und Mikay saßen in Sitschis Hütte bei Tisch, und der gesund werdende Sitschi erzählte von jenen Tagen und Monaten des Aufruhrs im Hochland und in den Bergen.
«Über vierzehn Jahre ist es nun her. Die Kreolen rebellierten in den Städten gegen die Spanier, gegen die Regierung in Lima. Dem König versprachen sie die Treue, aber im eigenen Land wollten sie zu ihrem Recht kommen. Die feinen Herren aus Madrid luden ihnen Steuern und Abgaben auf. ‹Es lebe der König›, schrien sie, ‹nieder mit der schlechten Regierung!› Uns Ketschuas kümmerte das im Grunde wenig, die einen sind wie die anderen. Haben die Kreolen die Macht, dem Indio geht es nicht besser, die Habgier der Weißen wird nicht geringer. Aber Aufruhr ist ansteckend, da kann der Funken zum Brand werden. Brennt erst ein dürrer Strauch, lodert bald die trokkene Steppe. Und trocken vor Auszehrung waren wir, trocken vor Haß und Elend.»
«Wer war nun dieser Tupak Amaru?» fragte Haenke.
«Das war ein guter Mann. Sein eigentlicher Name war José Gabriel Kondorkanki, später nannte er sich Tupak Amaru. Er sagte: ‹Ich bin der Inka›, und er wollte das alte Reich wiederherstellen, doch nicht wie früher, sondern nach spanischer Art mit König und vier Vizekönigen. Zusammen mit den Kreolen wollte er ein neues gerechtes Land für den Indio schaffen. Er war auch nicht gegen die Kirche, war er doch selbst Christ, und viele Curas aus den Dörfern kamen und zogen mit uns. Tupak Amaru war kein Bauer, sondern ein studierter Mann von der Priesterschule, wo er Latein gelernt hatte und auch andere Sprachen. Er trug Hut und Mantel wie die Spanier und war sehr fein gekleidet. Klein war er und schmal, aber er hatte einen guten Kopf. Vielleicht zu gut für den harten Kampf.»
«Und wie fing es an mit der Erhebung?»
«Nun, das war am 4. November 1780, ein Sonnenmorgen, das vergesse ich nicht, da zogen wir los. Wir waren vorbereitet, die Leute kamen mit Lanzen, Hacken, Stöcken und mit viel Zorn. Und es ging uns gar nicht so ums alte Reich, wer dachte schon daran außer ihm!»

«Wie alt war er denn?» unterbrach Haenke abermals.
«Tupak? Nun, ich denke 40 oder 41 Jahre, wer weiß, vielleicht gar schon zu alt. Ja, Médico, so alt war er. Aber ich wollte sagen, es ging nicht um das Sonnenreich, uns ging es um die Mita, die verfluchte Mita, dieses schlechte Gesetz, das den Indio in den Berg zwang, bis er zugrunde ging. Der Ketschua war nicht nur ihr Sklave, er mußte dafür auch noch zahlen, teuer zahlen für alles, was er kaufte. Und die Verkäufer waren sie. Dem Indio blieb nur die Verzweiflung. So kamen sie aus den Dörfern mit ihren Stangen und Hacken, und wir nahmen den spanischen Corregidor, den Halsabschneider, gefangen und henkten ihn auf der Plaza von Tungasuca, das ist der Geburtsort von Tupak Amaru. Die Soldaten kamen, und wir machten sie alle nieder. Das war in Sangarara, und so begann es.»
Mikay brachte Fladen und einen Topf mit Apí.
«Ja, Sangarara», seufzte Sitschi, «es war ein guter und ein schlechter Beginn. Wir töteten nicht nur Spanier, sondern auch Kreolen, und der Bischof sprach den Fluch gegen Tupak Amaru. Doch was kümmerte es uns, wir fühlten unsere Kraft, und der Indio sah, daß er siegen konnte. Es kamen immer mehr, und bald waren wir zehntausend. Wir schrien: ‹Niemals mehr wird sich der Patrón mit unserer Not den Bauch vollschlagen!› Doch die Kreolen blieben aus, und das war unsere Schuld, und auch viele der unseren hatten Angst und kamen nicht, das war unsere Schwäche, die wir nicht sehen wollten. Wohl, viele waren wir, doch bei weitem nicht alle, und deshalb waren wir zu wenig, auch wenn wir uns in unserem Zorn siegessicher meinten. Und Tupak? Er dachte zu viel, meine ich jetzt.»
Gespannt lauschten sie Sitschis Erzählung, knabberten an Fladen, schlürften Apí, und Haenke fragte:
«Was heißt, er dachte zu viel?»
«Er hatte sich den großen Plan ausgedacht», fuhr Sitschi fort, «in den Provinzen des Reichs sollte die Flamme zünden, und dann wollte er den Brand gegen Lima und Cuzco vorantreiben. So marschierten wir wochenlang über die Berge, über die kalte Puna zu den warmen Küsten und säten Aufruhr. Das war gut und doch falsch, wie ich es nun sehe. Nach Cuzco hätten wir müssen, gleich nach Cuzco, um sie

dort zu treffen und zu besiegen. Damals hatten wir noch die Kraft und die Wut. Doch während wir Aufruhr säten, zogen sie ihre Truppen zusammen. Als wir nach vielen Monaten vor Cuzco standen, war es zu spät. Die Festung strotzte vor Soldaten und Waffen. Wir zogen uns nach Tinta zurück zu Tupaks Hauptquartier, und er sandte Boten, um den Aufruhr voranzutreiben, um Indios für die Schlacht zu sammeln. Auch zu spät. Die Spanier waren bereits hinter uns her. Mit 17.000 Mann griffen sie an. Es war entsetzlich. Sie nahmen Tupak Amaru gefangen und seine Frau, die wunderbare Micaela, und drei seiner Söhne. Am 18. März, also schon 1781, wurden er, seine Familie, seine Getreuen auf der Plaza Mayor von Cuzco bestialisch zerhackt. Ich erfuhr es, und wir flohen über die Berge mit Mikay. Meine Frau starb unter der spanischen Bestie. So kamen wir hierher, krank, zu Tode krank. Die Moxos fanden uns und pflegten uns. Das ist nun lange her, doch die Erinnerung ist wach und überdauert die Jahre.»

Sitschi schwieg, und auch die anderen sagten nichts. Dann sprach Haenke mehr zu sich selbst:

«Ströme von Blut, Tausende hingeschlachtet, die ganze Geschichte der Menschen ist eine Geschichte der Unmenschen.»

«Wie hätte es auch anders sein sollen, Médico?» wandte sich Sitschi an ihn.

«Glauben Sie mir, Amigo Sitschi, es gibt nur einen Weg aus der Misere, doch der kann nur zusammen und nicht gegeneinander begangen werden. Es lohnt sich, diesen Pfad ausfindig zu machen.»

«Ja, ja», nickte Sitschi, «die Priester sprechen auch so in dieser Art, sie sprechen auch von Liebe. Aber wer kann schon lieben, der gejagt und getreten und vernichtet wird? Ihr Weg, Médico, braucht Zeit und Frieden, und beides haben wir nicht.»

«Ich verstehe, daß Sie bitter sind, und ich denke, daß in diesen Zeiten nur Heilige und Narren ihre Feinde lieben können. Aber Tod und Vernichtung und Haß, Amigo, das ist der Weg in den eigenen Abgrund. Bedenken Sie das, Amigo Sitschi, wenn Sie einst in der Lage sein sollten, Entscheidungen zu treffen.»

«Sagen Sie das doch den Spaniern.»

«Ich sage es jedem, der zuhören kann, und deshalb sage ich es Ihnen. Taub sind die Ohren der Mächtigen, so daß der Teufelskreis von Macht und Gewalt nur von denen durchbrochen werden kann, die Vernunft und Menschenwürde zu paaren wissen. Wir sagen es, unsereins sagt es, und wir werden es weiter sagen, bis wir Gehör finden, bis zu jenem Tag, wo der letzte Sieger den letzten Verlierer mit dem Lorbeer kränzt. Darin besteht unser aller Hoffnung.»
«Es sind schöne Worte, Médico, und sie fliegen hoch und edel wie der Kondor, den man nicht fassen kann. Es ist wohl auch so wie mit dem Fisch, den Sie zerschneiden, um ihn zu beschauen, während wir ihn braten und essen, weil wir Hunger haben. Aber ich will über Ihre Worte nachdenken.»

Haenke schrieb. Das Heft war kaum größer als seine Handfläche. Hurtig malte die Feder feingliedrige Zeichen über die Seite. Deutsche Buchstaben mengten sich zu lateinischen, deutsche Worte zu spanischen, italienischen, lateinischen, so wie sie der schnelle Kopf hergab. Worte formten sich zu Gedanken, Bemerkungen, Anmerkungen. Seiten über Seiten voll Zierschnüren, dekorativer Schriftweberei, anderen kaum enträtselbar. Im Gepäck stapelten sich die Heftchen. Gerónimo trat ein.
«Gerónimo», Haenke blickte nicht auf, schrieb weiter, «wir müssen fort, die Zeit drängt. Wir können hier nicht länger bleiben.»
Pause.
«Don Tadeo», stammelte es, «ich bleibe.»
Haenke, gebeugt über seinen Notizen, schrieb weiter.
«Don Tadeo, haben Sie es nicht gehört?» Er schrie es beinahe. «Ich bleibe.»
Die Hand ruhte, der Kopf blieb gebeugt. Wußte er es doch, ahnte es längst, wollte es nicht wahrhaben. Das war der Abschied, früh, zu früh. Chirurgie des Schicksals, er verlor den Kameraden, den Gefährten langer, oft mühevoller Wege, und aus der Gemeinsamkeit blieb ihm nur die Einsamkeit. Abschiede sind die Wegmarken des Solitario.
Er erhob sich und blickte traurig in Gerónimos bleiches Gesicht.

«Verzeihung, Don Tadeo», sagte der und wandte sich ab, «ich kann nicht anders.»
Er ließ sich auf den Stuhl fallen, preßte die Lippen zusammen.
«Auf», kommandierte Haenke, «aufrecht bekennt der Soldat.»
Er versuchte zu scherzen, doch es gelang ihm nicht, zu sehr schmerzte es ihn. Er zog Gerónimo hoch, hielt dessen Hand, blickte ihn an.
«Doch warte, ein wenig Wein, es hilft über manches.»
Er holte Krug und Becher, Gerónimo schneuzte sich. Dann hockten sich beide zum Tisch.
«Nun, mein freundlicher Erzengel, was ist los?»
Gerónimo sprach von Mikay, sie wollten heiraten, hier im Wald, doch eines Tages würden sie zurück über die Berge in Sitschis Heimat, und mutig und wunderbar sei Mikay, Liebe und Glück habe er in ihr gefunden, und er würde mit ihnen gegen das Unrecht kämpfen, denn nun sehe er mit offenen Augen, und das danke er ihm, und er werde ihn nie vergessen.
«Genug, Gerónimo, genug», unterbrach Haenke lächelnd, «ich merke schon, was es geschlagen hat. Aber eines macht mir Sorge: Du bist ein Deserteur, Amigo. Wenn sie dich fassen, du weißt, was dir blüht.»
«Ach, das ist mir gleich», er wischte es mit der Hand weg, meinte aber dann: «Natürlich ist es mir nicht gleich, aber sie werden mich nicht zu fassen bekommen. Sagten Sie nicht selbst, daß sämtliche Teufel samt der heiligen Inquisition niemals einen aufrechten Menschen fassen können?»
«Ha, mein Gott», rief Haenke, «was habe ich da angerichtet!»
«Ja, und sagten Sie nicht, wer sich beugen läßt, der stirbt sein Leben bis in den Tod?»
«Nun, Amigo, du sollst nicht alles, was du tust und läßt, einfach auf meine Sprüche abschieben.»
«Nein, nein, Don Tadeo, verstehen Sie mich richtig. Es sind Ihre Sprüche, aber es ist mein Wille. Ich bin nicht mehr blind und taub. Was ich tue und was ich lasse, kommt einzig und allein aus meinem eigenen Befehl.»
Haenke blickte ihn ernst an. «Du hast dich wirklich verändert, Amigo Gerónimo, und ich freue mich darüber. Ich hoffe aus ganzem

Herzen und ich wünsche es euch, daß ihr beide das Richtige tut und viel Freude haben werdet. Komm, Amigo, laß dich umarmen.»
Sie erhoben sich, beklopften einander die Rücken.
«Nun, adiós, Gerónimo, wer weiß schon, ob sich unsere Kreise nochmals berühren werden. Ich hoffe es. Du kennst meinen Fahrplan, hinauf den Rio Grande nach Santa Cruz. Dann werde ich über die Berge nach La Plata, wohl auch nach Potosí wandern. In den ersten Monaten des nächsten Jahres könnte ich in Cochabamba auftauchen. Wenn du mich suchst, so wirst du mich finden; wenn du mich brauchst, so bin ich für dich da. Ihr werdet euch wohl in Tinta niederlassen?»
«Sitschis kleiner Landbesitz ist in Tinta. Doch es hängt von den Umständen ab, es ist noch alles sehr unbestimmt.»
«Du sagst es, es ist alles sehr unbestimmt. Wir leben in einer Zeit des Umbruchs. Wer eine gute Nase hat, riecht sich durch den Gestank der Politik zum Neuen hin. Doch genug der Sprüche. Gib auf dich acht, Amigo. Eine letzte Bitte noch: Beschaffe mir ein Boot zum Marmoré.»

Nachmittag, einer seiner letzten im Urwalddorf. Er stapfte durch den Wald, überließ sich den Gedanken. Sitschi, ein prächtiger Mensch, ein kluger Mann. Klugheit – Synthese aus Güte und Erfahrung, wonach so mancher Indio klüger ist als so mancher Statthalter. Wie meinte es doch Sitschi mit dem Fisch, den sie braten, um ihn zu essen? Ein wichtiger Punkt: Wissenschaft und die Forderung des Lebens. Zuweilen klafft das wahrlich und erschreckend auseinander. Wir sagen, unser Tun ist Dienst am Menschen, ich denke, wir meinen es auch. Doch auf dem Weg zur Erkenntnis reitet uns der Satan, da spielen wir mitunter den Menschen aus, fegen ihn vom Brett. Wohl seit dem Schwarzpulver, doch schon früher. Es stimmt, wir machen nicht die Kriege, aber wir machen sie perfekter. Wo bleibt der menschliche Entscheid, den ich Sitschi predigte? Im Spiel der Wissenschaft sollte es nur Gewinner geben und keine Opfer. Tun wir nicht manchmal so, als ob wir selbsternannte Engel wären, Wohnanschrift: Wolkenkuckucksheim? Es wäre doch …

Er wankte, glitt aus, griff ins Leere, fiel der Länge nach hin. Da lag er, ein gefallener Engel. Ein Fuß hakte in einer losen Wurzel, das Knie schmerzte, doch die Lage war lachhaft. Ein philosophierender Professor gehört nicht in den Wald. Er setzte sich auf, zog das Hosenbein hoch, betrachtete die geschundene Kniescheibe, verband sie mit einem Tuch, rieb an seiner Nase, nahm den Hut ab und sah sich um. Nahe vor ihm im Abendrosa ein Teich. Gründunkles, glattspiegelndes Wasser, eine anmutige Märchenbühne. Schwirrende Kolibris, Stille, Unberührtheit. Und das! Er reckte sich, stemmte sich auf, rappelte sich hoch, vergaß das schmerzende Knie, und mit dem Blick zum Wasser humpelte er, schlafwandelte er hin und traute seinen Augen nicht, griff einen Ast, um sich festzuhalten und versank im Anblick der wunderbaren Unbekannten.

Der Teich war ein Blumengarten. Weiße, rosafarbene Blüten, groß wie Kokosnüsse, und riesige runde Blätter, flache Teller mit aufgestülptem Rand bedeckten um die Blüten die Oberfläche des Tümpels. Er berührte ein Blatt, betastete es, schätzte dessen Durchmesser auf zwei Armlängen, strich über die gerillte Fläche, rollte den Ärmel auf und griff ins Wasser nach dem astdicken Strunk. Kurzatmig vor Aufregung lehnte er sich an den nahen Baum, zeichnete, beschrieb. Eine wahre Blumenkönigin, welch wundersame Entdeckung! Regina Haenkeliana, lächelte er, ob sie je so heißen würde? Ein gottvolles Geschenk am Ausklang eines schwermütigen Tages.

Im dunkelnden Licht senkten sich violette Nebel auf den Teich, und die Konturen des Märchengartens zerflossen in der Dämmerung. Andächtig saß er am Wasser, erfüllt von der Ruhe und Schönheit des zauberhaften Ortes.

# Cochabamba

Tal der milden Lüfte, grünes Tal im Schutz der roten Berge, Frühlingstal, segensreiche Mitte zwischen den Extremzonen der dünnluftigen, kalten Puna des Altiplano und den brütenden, dampfenden Wäldern und Savannen des Tieflandes. Maßvolles Cochabamba der lauen Winter und freundlichen Sommer.
Oropesa, auch schon Cochabamba genannt, nach dem Tal, in dem sich die Stadt wohlig weitete, in das sie sich schmiegte, um mit ihm eins zu werden, Oropesa, Stadt der Prachtkirchen, der stolzen spanischen Gebäude, der weißgetünchten Lehmhütten, der Erdziegelhäuser, der Loggias und Kaufläden, der bauchigen Balkone, der Weiden, der Palmen, der sonnigen Plazas, der üppigen Patiogärten, des holprigen Rundsteinpflasters der Straßen, der engen, gewundenen, dunklen Gäßchen. Auf den Straßen Cholas in bunten runden Röcken mit farbigen Tüchern über Kopf und Schultern; Wagen und Karren über die Unebenheiten der Straße; Damen mit Federhut und wiegenden knielangen Reifröcken; trabende, unter schweren Lasten gebeugte Träger; schwarz gekleidete Herren mit hohen Perücken; hüpfende, laufende, kurz geschorene Jungen im Fetzengewand; zopfige Mädchen, kleine Cholitas, zuweilen das Brüderchen oder Schwesterchen an den Rücken gebunden; auf der Plaza hockende Frauen, umgeben von Körben mit Früchten und Säcken mit Kokablättern. Markt auf der Plaza, Mütter mit Kleinkindern, stillende Mütter, offene Tuchläden, Läden mit Getreide in Säcken, mit Geräten und Geschirr, schreiende Händler, Lärm und Gestank und im Schatten der Bäume und Fassaden schweigende, Koka kauende Indios.
Oropesa, 230 Jahre alt, an die 25.000 Einwohner, 1500 Brazas über dem Meeresspiegel, Residenz des Gouverneurs der Provinz Cochabamba und seit nicht allzu langer Zeit auch Wohnsitz des Doktors

der Naturwissenschaften, der Medizin, der Mathematik, des einstigen Prager Seminaristen und Sängerknaben, des nun der Vollendung seines vierunddreißigsten Lebensjahres entgegensehenden Thaddäus Haenke. Dezember anno 1795.

Er saß im Patio seines ebenerdigen, weiß getünchten Hauses, das nach südspanischer Art außer der Eingangstür nur ein Guckfenster zur Straße zeigte. Er saß in der umrankten Laube, von Sträuchern, Blumen und Gräsern umgeben, und dachte, daß es dieser Patio und nicht so sehr das Haus gewesen war, der ihn zugreifen ließ, ihm die Entscheidung leicht machte, hier nach den Strapazen der großen Fahrten seine Zelte aufzuschlagen. Es verlangte ihn nach Annehmlichkeiten, nicht nur um in Muße die Ausbeute zu sichten und zu ordnen, sondern auch, um sich selbst zu sammeln. Müde der langen, aufreibenden Wanderungen wollte der Nomade ein wenig seßhaft werden. Bis auf weiteres. Und hier in diesem begnadeten Cochabamba sank sein akutes Reisefieber auf die Normaltemperatur eines Eingesessenen. Dazu allerdings trug auch der Empfang bei, der ihm bereitet worden war, vor allem von Viedma, diesem vorzüglichen Provinzgouverneur Francisco de Viedma, diesem liebenswerten, der Wissenschaft und neuen Ideen aufgeschlossenen Mann, der ihn mit offenen Armen willkommen geheißen hatte.

Haenke fühlte sich wohl wie seit Jahren nicht, vielleicht wie noch niemals in seinem wilden, unsteten Leben. Den Haushalt besorgte ihm Marcela, eine Chola in fraulichen Jahren, die ihn umhegte und ihm die scharfe, pikante Küche des Landstrichs vorsetzte, bei der er sich anfangs wie ein versagender Feuerschlucker vorkam. Doch mit der Zeit lernte er die Gerichte zu dosieren und der scharfen Zugabe aus feuerrotem Ají Geschmack abzugewinnen.

Botengänge und etliche Kleinarbeiten besorgte ihm Juan, ein junger Indio, der sich oft und gern zu einer störungsfreien Siesta verkroch oder eigenen Geschäften widmete. Schier unerschöpflich waren seine Ausreden für Nichtgetanes und Abwesenheit.

Nur wenig belasteten die beiden das Haushaltsbudget, obgleich er sie weitaus besser entlohnte als standesgemäß üblich. Er schärfte ihnen auch ein, mit dem Lohn nicht zu prahlen, denn man sah es nicht gern in Gesellschaft, wenn die stillschweigende Übereinkunft zur Unterbezahlung und Ausbeutung von Untergebenen durchbrochen wurde. So sehr die Besitzer und Macher auch einander hintergingen und gegeneinander wetteiferten, einig waren sie sich in der Belastung der Ärmsten, der Abhängigen, und wer diesen Kodex mißachtete, mußte mit Schwierigkeiten rechnen. Er aber brauchte nichts nötiger als Ruhe und Frieden.

An so manchem frühen Abend saß er in der Laube, seiner Spinnecke, versunken und oft weit zurück Vergangenes spinnend zu den Wäldern der Heimat, den zahmen böhmischen Bergen, wo er dereinst von Baude zu Baude graste, ja graste, in tagelangen Wanderungen Gräser, Farne, Blumen für sein erstes Herbarium sammelte, wo er seine Bestimmung fand. Welch harmloses Bilderbuch im Vergleich zur unbändigen Kordillere! Und das stille Kreibitz. Waren sie wohlauf, die Seinen, die Freunde? Stoll war gestorben, der gute, emsige Mann, ebenso Born, schon vier Jahre tot. Er hatte es erst kürzlich erfahren. Und wie ging's Jacquin, dem Lehrer und Freund? Der Kaiser, der ihm die Rückkehr befohlen hatte, war auch nicht mehr. Was wußten sie schon von ihm, was wissen sie schon! In jenem wirren Europa bleibt ihnen kaum Muße, sich seiner, des Fernen, des Einsamen zu erinnern. Aufbruch dort, Krieg und Zerstörung und Napoleon allerorten. Zurück dorthin? Nein, nicht jetzt. Er hatte sich diesem Land hingegeben, diesem ungewöhnlichen, anziehenden und abweisenden, vielfältigen und verschlossenen, das es zu entdecken und zu öffnen galt. Manchmal, nach gut getaner Arbeit, dachte er in der sorglosen Sicherheit seiner nunmehrigen Heimstatt, daß der ruhelose Wanderer hier zu ergiebiger und solider Erde gefunden hatte, um Wurzeln zu schlagen. Fort von hier? Nein, und wenn, dann wohl noch lange nicht.

Vor ihm lag sein Brief, der leidige, längst fällige Bericht nach Hause. Vor Monaten, noch in Potosí, hatte er damit begonnen, nun wollte er ihn beenden, die bleierne Schwere überwinden, die ihm diese Schreiben verursachten. Wie sagt man es den guten Alten, die aus ihrem Kreibitz kaum herauskamen, für die die Exotik bereits in Prag begann? Sie sollten bekommen, was sie lesen wollten: Der Sohn auf wilder, abenteuerlicher Fahrt in fremden Landen. Erfolge des Sohnes, den sie nur als Kind kannten, Ausschmückungen der Erfolge, die sich herzeigen ließen.

Potosí, Monate in Potosí, keine Ruhe in Potosí, Paula Sanz, der Intendant ließ ihn nicht zu Atem kommen. Lorbeeren dem Intendanten auf Kosten des Wissenschaftlers. Doch ihm war es nur recht, er wurde gebraucht. Ergiebig die Ausbeute dort, sehr ergiebig die Erze aus dem Inneren. Vor allem Silber, doch auch Quecksilber. Welcher Reichtum im Berg, diesem berüchtigten Berg. Nicht umsonst stand Potosí für Unermeßliches. Der Berg, ein durchwühlter, durchfurchter, roter, abscheulich geschlachteter Kegel, höher als die höchsten Alpen. Wühlende Menschen, Indios, Sklaven, sie sterben schon, ehe sie noch zu leben beginnen. Jammerelend und prunkender, prassender Pomp, Baracken und Paläste, kunstvolle Kirchen, eine Unzahl von Kirchen. Sie türmten sich auf dem schlechten Gewissen für vieltausendfachen Mord. Ach, Potosí, kalter, verfluchter, staubwindiger, luftarmer Flecken. Davon aber steht nichts im Brief. Wozu auch! Und davor? Die Fahrten mit Gerónimo, der nun weiß Gott wohin verschollen ist. Die Wasserstraßen, die Wälder, die Ebenen. Dann Santa Cruz und der mühselige Anstieg zurück in die Berge, hinauf, hinauf zur Kältesteppe, die dünne Luft über der Baumgrenze, das jagende Herz … Müde, zerschlagen, krank, mehr hängend als aufrecht war er auf seinem Maultier in Potosí eingeritten. Die Arbeit gab ihm die Kraft wieder, er liebte es, Aufgaben zu bewältigen, und ebenso brauchte er die Anerkennung, die ihm zuteil wurde. Wer ist schon gefeit dagegen!

*«… erst Ende des Jahres 1794 gelangte ich nach Santa Cruz de la Sierra. Hier verweilte ich wenige Wochen und eilte, um mich von der gefahrvollen Reise gänzlich zu erholen, durch Chuquisaca nach Potosí, wo ich Anfang März halb gesund anlangte. Ich hatte den Intendanten von meiner Ankunft schon im voraus unterrichtet und mich ihm zur Beratung empfohlen. Aus dieser Ursache vervielfältigten sich meine Geschäfte, und ich mußte in diesen Gegenden länger verweilen, weil ich, in die Bezirke berufen, mit Anfragen, Bitten, Aufträgen und Untersuchungen*

*über verschiedene Landesgegenstände überhäuft wurde. So ehrenvoll nur immer diese Aufträge für mich sind, so wünsche ich doch sehnlichst, sie von mir zu beseitigen, weil ich hierdurch noch länger in Amerika zurückgehalten werde und aufs neue meine Rückreise nach Europa verzögert wird. Bei meinem schon ziemlich abgehärteten Körper war ich dennoch nach obiger Reise wegen dem plötzlichen Wechsel des Klimas an Körper und Seele gleichsam geschwächt, ziemlich krank und ebenso sehr für jede Geistesbeschäftigung als für die geringste körperliche Anstrengung völlig unfähig; Gott sei Dank, ich habe mich wieder gestärkt … damit Sie wissen, daß ich noch lebe …»*

Das stimmt auch, ich lebe noch. Und nicht schlecht. Soweit bis Potosí, und nun über Cochabamba? Noch nicht, es genügt so. Sie wissen, ich lebe, alles andere ist Nebenlektüre. Her mit dem Wachs!

«Juan, das Wachs, es liegt auf meinem Tisch!»

Er versiegelte den Umschlag.

«Zur Post, Juan, schleunigst zur Post!»

Don Francisco de Viedma, Gouverneur der Intendencia von Cochabamba, für Tun und Lassen einzig dem Vizekönig im fernen Buenos Aires verantwortlich, demnach faktisch unumschränkter Herrscher über ein Gebiet groß wie sein heimatliches Kastilien, hielt gepflegten Hof zu Oropesa. Sein Palast stand nicht nur den spanischen Landsleuten, sondern auch Kreolen und Mestizen offen. Dieser Gouverneur war einer jener tatkräftigen, ideenreichen und neugeistigen Regenten, die in der Abenddämmerung die Sonne des Imperiums nicht untergehen lassen wollten. Er umgab sich mit Beratern und Berichterstattern, deren hervorstechende Eigenschaften weder Hautfarbe noch Abstammung und höfische Geziertheit, sondern lediglich Fachkenntnisse und reger Verstand waren. Haenke, diesen ruhigen, trockenhumorigen, weitgereisten, vielbelesenen, ideenreichen, gebildeten Mann hatte er nicht nur an sich gebunden, sondern auch in sein Herz geschlossen. Und nicht nur wegen seines vielseitigen Könnens und Wissens, seines dynamischen Vermögens, zum Kern von Problemen vorzustoßen, stand der Angereiste bei ihm hoch im Kurs, sondern auch und vielleicht noch mehr wegen seiner außerordentlichen menschlichen und künstlerischen Güte. Der feinfühlige, kultivierte Viedma war der Musik aus Veranlagung und nicht, weil es die Etikette erforderte, tief ergeben. Als Haenke das erste Mal in seinem Salon am Cembalo saß, begriff er es nicht nur, sondern empfand es auch, welche Bereicherung ihm mit diesem Austriaco ins Haus gekommen war.

Haenke willigte gerne ein, die Leitung und Gestaltung von Konzerten zu übernehmen, und von da ab wurden die vielfach vor geladenem Publikum im großen Salon veranstalteten Abende zu musikalischen Ereignissen, die Oropesas Kulturleben bewegten, begeisterten und teils auch verwirrten. Denn Haenke gab ihnen die erfrischende, ungewohnte, zumeist noch ungehörte Moderne, Mozarts Musik, Haydns, Pleyels, Musik der Bachsöhne und wie sie alle hießen, die mit ungestümen Tonreihen so manches Ohr empörten, so manches Auge aus dem Schlummer rissen und bei vielen staunende Freude auslösten. Er befreite die Musik aus ihrem Dienstbotendasein, holte sie aus dem Hintergrund tafelnder Runden, setzte sie dem Publikum als Achtung und Andacht gebietenden Altar vor.

Sein eigenes Cembalo, jenes aus der Kantine der «Descubierta», das ihm die Freunde zum Abschied geschenkt hatten, war inzwischen aus Lima eingetroffen, ebenso ein Packen mit Noten, den er noch in Buenos Aires geschnürt und dann zur Freude der Kollegen bereits in den ersten «Descubierta»-Tagen geöffnet hatte. Weitere Notenwünsche waren bereits nach Europa unterwegs.

Oft saß er zu Hause am Instrument oder kopierte aus Auszügen Stimmen für Quartette und Quintette, die er mit den von ihm ausgesuchten Musikern aufführen wollte. Der tolerante Haenke kannte in der Musik keine Konzessionen, und Viedma, der sich zuweilen zu den Proben hinschlich, fand es äußerst vergnüglich, wenn Maestro Haenke den geigenden General Alejandro Gonzales so manche Stelle wiederholen ließ und auch die anderen ehrwürdigen Musikanten auf Schulmeisterart in die Zange nahm. Doch wenn er ihnen sein zufriedenes Lächeln gab, wenn er gar das Zauberwort «macanudo» sprach, so beglückte er damit die Kollegen weitaus mehr als der anhaltende Applaus einer dankbaren Zuhörerschaft.

Zumeist saß Haenke bei den Konzerten am Cembalo, doch hin und wieder übernahm er auch die Oboe oder die Klarinette. Er gab die Einsätze, dämpfte mit den Händen, hob an, flüsterte diesem oder jenem «più forte» oder «pianissimo» zu, und wenn die Musik gelang, wenn es klang, wenn sie ihm sein «macanudo» entlockten, dankte er ihnen überschwenglich, schüttelte Hände, lobte sie über die Maßen. So führte er in dieser Etappe ein erfülltes Leben, wie er es sich in den Stunden der Erschöpfung und Niedergeschlagenheit erträumt hatte, ging in Arbeit und Musik auf, unbelastet vom Alltag und gefestigt durch Auftrag und Anerkennung. War er ans Ziel gelangt?
Dennoch, er blieb der Einzelgänger. Außer bei Viedma verkehrte er fast nirgendwo, mied die Ränge und klingenden Namen, war für gesellschaftliches Getue, für seichtes Geplauder nicht zu haben und blieb, wenn er nicht gerade durch die Gegend streifte, in seinen vier ihm lieb gewordenen Wänden. Mit den Wochen hatte er sich ein Laboratorium eingerichtet, und Arbeit gab es in Fülle: Kisten mußten wieder einmal verpackt, der Inhalt katalogisiert und über Buenos Aires nach Spanien verfrachtet werden. Dazu kamen der Garten und etliche Erledigungen, die eilig die Tage zu Abenden machten. Doch den größten Tagesteil widmete er der Aufarbeitung von Moxos, schrieb er an «Die Nebenflüsse des Marañon», jenem Projekt zur Öffnung der mittleren Provinzen Spanischamerikas zum Atlantik.

Er stand vor dem Spiegel und richtete sich die Perücke. Wieder Perückenzeit. Im Haus lief er im bequemen Gewand umher, und für die Stadt stülpte er den Sombrero aufs unperückte Haupt. Doch Viedma hatte ihn zu sich gebeten. Etikette, Etikette, wie lange noch? In Paris rollten Zöpfe und Perücken mit eingepaßtem Kopf. Radikale Modeumkehr. Diese Mode! Triumph der Dinge über Gottes Ebenbild, Zopf zu Zopf, Fetzen zu Fetzen. Fetzen und Perücke? Kaum denkbar. Das Ebenbild wird zum Nebending. Die Nackten im Urwald wissen nicht, was sie uns voraus haben, die Mode komme über sie. Sie wird. Seit dem Feigenblatt kommt sie beständig, unabwendbar, brandmarkt, entzweit, vermaßt, entpersönlicht, verblödet. Stupid, diese Perücken, dieses Haar auf Haar. Nun sitzt sie endlich.

Frack sauber, Hose geplättet, Schnallen glänzen. Marcela ist ein Schatz. Nun denn. Was könnte Viedma wollen?
Viedma wollte ihm zum Geburtstag Glück wünschen. Er hatte es aus den Akten. Wie alt? Vierunddreißig? Männliches Alter. Zeit, eine Familie zu gründen.
«Mein Geburtstag, Exzellenz», lachte Haenke, «ich feiere keine Geburtstage, ich begehe meine guten Tage nicht nach dem Kalender.»
«Nicht mehr ‹Exzellenz›, mein guter Freund, wenn wir zusammen plaudern. Nicht hier. Es gibt so viele Ebenen des Verständnisses zwischen uns, daß wir uns nicht hinter Titeln zu verschanzen brauchen.»
«Ich danke Ihnen, Exz-, ich meine, Don Francisco, für Ihr Vertrauen und die Zurechtweisung. Ich wünschte, alle Intendantes der Kolonien wären aus Ihrem Holz. Wenn ich da an Zamora denke!»
«Ach, dieser Zamora. Unter uns, es steht nicht gut um ihn. Er hat sich zu sehr aufgeblasen. Ein Abgesandter der Audiencia von Charcas, ein gewisser José Bernís, der in Moxos nach dem Rechten sehen sollte, wurde von Zamora kurzweg abgeschoben. Der Mann wäre beinahe in den Sümpfen umgekommen, endlich tauchte er in Santa Cruz auf. Ich sage Ihnen, Don Tadeo, dieser Tyrann in Kleinformat, der sich zum Caesar aufspielt, sitzt nicht mehr lange im Sattel. Bei uns dauert eben alles seine Zeit, und das sind oft Jahre. Madrid muß das ‹Placet› geben. So wird die Verwaltung unserer Länder zweifach beeinträchtigt: erstens durch die langen Instanzen, zweitens durch die enormen Entfernungen. Neuerungen hier einführen? Caramba, die sind veraltet, bevor die Bewilligung ihr letztes Siegel hat. Wir schleppen uns allzu langsam in die Neuzeit.»
«Ich trage eine Idee in mir, wie man die Verbindung zum Mutterland sagen wir um etliche Wochen verkürzen könnte.»
«Eine Idee nennen Sie das!» Viedma riß die Augen auf. «Heraus mit dieser Idee, mein geschätzter Anke!»
Haenke erklärte dem aufmerksam lauschenden Viedma das Projekt der Wasserstraßen zum Marañon, schilderte kurz Lage und Möglichkeiten.
«Grandios», rief Viedma aufgeregt, «nur, was machen wir mit den Portugiesen?»

«Ja, ich gebe zu, das ist allerdings ein Problem. Aber es ist Ihr Problem, Don Francisco, ich meine, das ist Sache der Politik.»
«Ja, ja, doch das Projekt ist so attraktiv, daß hier einfach eine politische Lösung gefunden werden muß. Ein großer Plan, verehrter Don Tadeo, ein ganz großer Plan. Diese Ersparnis an Zeit, diese Verkürzung! Das Memorandum muß sofort nach Madrid.»
«Ich arbeite daran, Don Francisco.»
«Arbeiten Sie, arbeiten Sie, und wir werden sehen, wie wir es durchbringen.»
«Sie sind sehr zuversichtlich, Don Francisco, das freut mich. Ich hoffe, ich werde bald die Arbeit vorlegen können.»
«Ausgezeichnet, und ich hoffe, sie bald weiterleiten zu können. Doch jetzt», er erhob sich, «wollen wir zu Ihrem Geburtstag ein wenig Musik machen. Haben Sie etwas Neues?»
Haenke nickte.
«Von wem?»
«Vom Geburtstagskind.»
«Das ist ja interessant. Also los, gehen wir.»
Im Salon hatte sich ein kleiner Kreis von Bekannten eingefunden. Sie umringten Haenke und beglückwünschten ihn, doch Viedma ließ kein längeres Geplauder zu, er drängte Haenke zum Instrument.
«Etwas Besonderes für heute, meine Freunde», verkündete Viedma. «Das Geburtstagskind führt sich selbst auf.»
Gebeugten Hauptes saß er am Instrument, hob die Hände zu den Tasten. Schwermütiges Moll, eine traurige Weise, Lamento Ketschua aus fernen Inka-Tagen. Ollantay. Die Akkorde lösten sich zum verschränkten Kanon, drängten zum Wechsel der Tonart, zu Hellerem, Zuversichtlicherem, schließlich zum Stakkato des Tanzes, aufschwirrend, trillernd und sich wieder verfeinernd zu tropfenden Kristallen. Zuckend, flatternd floß das Melodienband durch die Verwandlungen und kehrte zur Trauerweise des dunklen Flötenthemas zurück.
Vorerst Stille im Raum, doch schon applaudierte Viedma, und die anderen schlossen sich ihm begeistert an.
«Bravo, bravo. Woher dieses Thema, Maestro?»
«Ein Flötenspieler im Hochland. Er glaubte sich allein, saß über

seinen grasenden Llamas. Ein wehmütiges Lied in der Abenddämmerung, sehr einprägsam.» Leise sprach er die Erinnerung vor sich, lächelte. «Ja, und dann habe ich sie mir notiert, die Melodie.»
«Eine wunderschöne Geschichte, Don Tadeo, wir wollen mehr davon hören. Kommen Sie zur Tafel, sie ist für Sie gedeckt, ein gutes Glas andalusischen Weins auf Ihre Gesundheit.»

Marcela war besorgt.
«Was meinst du, Juan, der Caballero ist heute eigenartig, er sitzt und starrt und spricht nicht. Geh und frag, ob er nicht essen will.»
Haenke stand im Garten, die Hände in den Taschen. Juan näherte sich vorsichtig.
«Señor, Marcela fragt, ob Sie essen wollen?»
Haenke rührte sich nicht, schien ihn nicht zu bemerken.
«Was willst du, Juan?» fragte er leise.
Juan wiederholte die Frage.
«Nein, nein, später. Laß mich allein.»
Ein harter Schlag, ein Blitz aus wolkenlosem Himmel. Der Mensch soll sich nicht zu wohl fühlen, er verliert sonst an Bereitschaft. Das Schicksal schlägt den Unbedachten am härtesten. Warum, oh Gott, warum nur? Warum die Prüfungen, immer von neuem, warum sind Glück und Zufriedenheit nur Intervalle in Hiobs schwerer Erblast? Doch was soll das Herumdoktern, das stete Lamentieren, Fakt bleibt Fakt, und Tatsachen ist mit Jammerfragen nicht beizukommen.
Viedma hatte ihm die Nachricht zukommen lassen. Mitteilung aus Madrid. Malaspina, der herrliche Mann, war verhaftet worden. Und das nach Cádiz, wo sie ihm und den Freunden einen jubelnden Empfang bereitet hatten. Doch dann Madrid und Godoy. Godoy, das mußte ein ausgekochter Spitzbube sein, dieser Minister, dieser kleinformatige Richelieu. Ins Kastell San Antonio hatte er Malaspina bringen lassen. Malaspina im Kerker. Und warum? Lachhaft dieses Gemunkel, daß er sich der Königin, dieser Luise, zu sehr genähert hätte. Ein Sumpf von Intrigen. Die Hölle möge sie verschlingen, diese süßmäuligen Hofschranzen, ein Pfuhl, diese Kamarilla. Und Carlos! Auch so ein König, der zusieht, wie einer der hervorragend-

sten Geister abgesondert, aus der Welt gebracht wird. Malaspina hat für Spanien wahrlich mehr geleistet als die gesamte königliche Sippe samt Anhang. Und nicht nur für Spanien. Ein gutes Stück Welt hat er nach Europa gebracht. Wo soll das hinführen! Und was wäre aus mir geworden, wenn ich mich nicht in Callao abgesetzt hätte? Was geschah mit den anderen? Auch sie hinter Gittern und in Ungnade? Davon stand in der Mitteilung nichts. Malaspina war ein offener Geist, er sprach freimütig von seinen Ideen, hielt mit seiner Meinung nicht zurück. Und Godoy schlug zu. Damit räumte er nicht nur Malaspina aus seinem ehrgeizigen Weg, er vernichtete fünf Jahre härtester, ertragreicher Arbeit, unermeßliche, unwiederbringliche Werte. Die Aufzeichnungen der Expedition, so stand es in der Mitteilung, die mühsam gesammelten Proben, Mosaiksteine zu einem neuen Weltbild, sie wurden beschlagnahmt. Beschlagnahmt! Die lassen sie verrotten oder verfeuern sie zur Volksbelustigung. Mit dabei seine eigenen Arbeiten, seine Sammlungen und Aufzeichnungen, all die mühsam zusammengestellten Exponate, die ihm, wie er hoffte, zu wissenschaftlicher Anerkennung verhelfen sollten. Wo waren sie gelandet, seine Kisten, in welchem Keller machten sich die Ratten darüber?
Europa schien ihm nun ferner denn je. Die böse Nachricht tilgte das Heimweh. Was sollte er dort in der Verkommenheit? Sich freiwillig einer schändlichen, unberechenbaren Justiz ausliefern? Oder etwa zu kriechen beginnen, wie sie es an den Höfen, und nicht nur an den Höfen, in Vollendung praktizierten?
Er seufzte tief unter den trüben Gedanken, versuchte sie abzuschütteln, bückte sich zu einer der keimenden Pflanzen. Sein Garten, sein Trost, sein Botanikum, das er in dem ans Haus anschließenden Areal angelegt hatte. Grünende, blühende Beete, Medizinalpflanzen. Das alte, senile Spanien ist nicht die Welt, das junge Amerika ist sie auch nicht, aber ein beachtlicher und prächtiger Teil davon.
Umsichtig schritt er die Beete ab, betastete, beroch Blüten und Blätter, musterte seine Sprößlinge, kappte Schößlinge, begutachtete seine Zöglinge, bedachte sie mit Belobigungen. Chuchimayo – Essenz für innen und außen, Calacata – heilsamer Absud, die Tanitani

gegen das Fieber, Arnika, Agave, die fleischige Agave – schmerzstillend, reinigend, die Quina, das junge Bäumchen mit der bitteren Rinde, es gedeiht zum Gedeih. Angewandte Botanik. Balsam. Sprießende Pharmazie, Heilung, frisch aus dem Garten. Der gute Salbei. Médico und Farmacéutico in einer Person, hierzulande sehr benötigt. Koka, lindernde, zerstörende Koka. Toxica. Gut und Böse – nur eine Frage der Dosierung. Wohl eine Nelkenwurz, diese Caryophylata, gut dem schwachen Magen. Ihre Heimat ist hier. Auch der Mensch ist dort zu Hause, wo er gebraucht wird. Kein Kraut gegen Heimweh?
Er schulterte den Spaten, nahm den Sack mit Setzlingen und einen Eimer voll Wasser. Ein neues Beet. Er lockerte die Erde, setzte Pflanzen in symmetrischen Reihen, stützte sie mit Erdhäufchen, schöpfte Wasser, goß es behutsam um die Stiele, beträufelte die Blätter, trug ins Heft Datum und Art ein, skizzierte das Beet, reckte sich hoch, hob eine Grube aus, reinigte die Wurzeln eines jungen Baums, hielt das Gewächs in die Grube, klemmte den Spaten unter den Arm, schob Erdbrocken auf die Wurzel, klopfte die Brocken, schaufelte, stampfte die Erde, goß den Eimer leer, holte Wasser vom Brunnen, nahm von neuem den Spaten auf und stach ihn kräftig für einen weiteren Gartenneuling in den saftigen, rotbräunlichen Boden. Ein Gebet der Ketschuas kam ihm in den Sinn:
«O unsre Väter Huacas und Ulikas, / ihr Ahnen, Großväter und Väter / Atun-Apa huallpi huanatayna, Apo aya atun, / nähret eure Söhne und Enkel Viraqocha, / euren Blumen, euren Söhnen gebt das Sein, / damit sie glücklich sind mit Viraqocha, / wie ihr es seid!»
Bis in den späten Nachmittag arbeitete er sich die Schwermut vom Herzen.

In seinem Garten reiften nicht nur die Früchte, sondern auch die Ideen. Er wälzte einen neuen Plan. Hier in Cochabamba wollte er ein Gesundheitswesen aufziehen, ein Spital unter seiner Anleitung einrichten lassen, Heilmittelstellen an verschiedenen Punkten errichten, die er mit den Medizinalpflanzen aus seinem Garten versorgen wollte. Van Swietens, Stolls Schule sollten hier zu Ruhm kommen, ein für das ganze Land nachahmenswertes Modell könnte mit Viedmas Hilfe entstehen und sich entfalten. Die Kosten mußten noch genau errechnet werden, um ihrem Rahmen verschiedene Möglichkeiten einzupassen. Doch vor allem wollten die für das Vorhaben sprechenden Argumente gut überdacht sein. Humanen Anliegen blieb die Kasse verschlossen, deshalb mußte überzeugend dargelegt werden, daß die Volksgesundheit wesentlich zur Gesundung der Wirtschaft beitrüge, etcetera. Wie sagt man's den Kanzleiköpfen? Renditen, Erträge, ja. Aber die wollten alles auf den Peso. Was ist ein Mensch wert? Die Berechnungen schwanken zwischen einem Schuß Pulver und einem Potosí. Jedenfalls, Viedma muß gewonnen werden, er wird gewonnen werden, er liebt Projekte. Dazu der Stachel des Prestiges zwischen Cochabamba und Charcas, zwischen Viedma und Paula Sanz, dem Potosiner, beides Männer, die sich ins Land prägen wollen. Doch Viedma hat Größe, kein Vergleich zu den pompigen Nichtstuern, zu den aufgeblasenen Tunichtguten. Viedma ist ein Glück, mein Glück, er bleibe mir erhalten. Muß mich an die Aufstellung machen, er liebt genaue Angaben.

Laue, sternklare Sommernacht über Cochabamba, Balsam dem Rastlosen, einladend zu erholsamem Ausgang, zu aufbauenden Überlegungen. Er warf sich den Umhang über.
«Marcela, ich gehe aus, komme bald wieder.»
«Es ist gut, Señor.»
Mondhelle Straße, hin und wieder ein eiliger Mensch. Man zog den Hut, wenn man einander begegnete. Kauernde Indios an dunklen Fassaden. Blinde Fenster, gewichtige Bögen aus den Schatten gewölbter Mauern, zu Gittermustern geflochtenes Eisen an fahlen Wänden, hin und wieder fackelnde Laternen an weißem Mauerwerk, holpernde Karren auf erhabenem Steinmuster, Hufschlag im kleinen Trab, ansonsten Stille, blaulichtige, reglose Stille. Die verträumte Plaza mit Baumbestand, dessen unruhiges Laub im Mondlicht silberte.
Er ließ sich am Rand des kleinen Wasserbeckens nieder. Ein faunischer Neptun grinste blöde aus dunklem, opalisierendem Rund, sei-

nem Dreizack fehlten zwei Zinken. Das üppige Barock bekommt den alten Göttern nicht, sie verkommen. Er tauchte die Hand ins schwarze Wasser, wollte einen Stern greifen, als sich die Spitze in seinen Rücken bohrte.
«La Platita», keuchte eine stinkende Stimme an seiner Wange, «gib das Geld her!»
Haenke sprang vom Rand, wollte davon, doch eine Hand hielt ihn fest, preßte seinen Arm. Er wandte sich um, und da stand der Mann vor ihm und hielt ihm ein langes Messer vor die Brust.
«Her mit dem Silber, verflucht noch mal, oder du bist eine Leiche!»
«Uaah!» brüllte Haenke wie ein Tiger im Fangsprung, warf die Arme hoch, verzerrte das Gesicht zur gräßlichen Grimasse. Der Mann wich zurück, da schubste ihn auch schon Haenkes Bein über den Bekkenrand ins Wasser. Prustend tauchte der Räuber auf, doch Haenke drückte ihm den Kopf ins schwarze Naß.
«Das Messer!» befahl er. Der unwillige Taucher warf die Waffe von sich.
«Was ist hier los? Ist etwas geschehen? Was war das für ein entsetzliches Gebrüll?»
Ein Abendspazierer war herbeigeeilt und besah sich die Lage.
«Hat der so geschrien?»
«Ach wo, der Tiger war ich. Was Sie hier sehen, Caballero, ist ein Spitzbube, der ein Bad nimmt. Du bleibst drinnen, baden ist gesund!» Haenke hob das Messer auf. «Ein ganz schönes Ding, was? Wie oft er wohl damit schon herumgestochen hat?»
Staunend und belustigt vernahm der Hinzugekommene, was sich hier abgespielt hatte.
«Sie können leicht lachen, Caballero, aber beinahe wäre es für uns beide schiefgegangen. Hätte er mich erstochen, hätten sie ihn gevierteilt, und da hört alle Fröhlichkeit auf.»
«Sie sind mir ein richtiger Spaßvogel», kicherte der abendliche Zuhörer und Zuseher, «aber was werden Sie nun mit ihm tun?»
«Halt!» rief Haenke. «Du bleibst noch hier!»
Der Räuber wollte durch das von Unrat und Algen schwere Wasser davonrudern.

«Na ja», überlegte Haenke laut, «am besten, ich übergebe ihn der Hermandad. Er gehört in ihr Ressort.»
«Nein, nicht zu denen, ich bitte Sie, Caballero», jammerte es aus dem Tümpel.
«Und inzwischen hänge ich ihn an den einzackigen Neptun. Wer weiß schon, ob er nicht wieder in Stechlaune kommt. Wie denken Sie darüber?»
«Ganz meine Meinung», grinste das Publikum.
«Nein, nicht zur Hermandad», flehte der nasse Räuber.
«Es stimmt schon, diese Santa Hermandad ist im Grunde eine sehr unheilige Brüderschaft, sie verfährt mit Verbrechern nicht gerade auf die sanfte Art. Also komm schon her! Ich sehe dich jetzt genau, und ich habe ein ausgezeichnetes Visagengedächtnis, besonders für spitzbübische Antlitze. Wenn ich dir noch einmal begegne, bist du geliefert. Verstanden? Und nun verschwinde für immer!»
Der triefende Bandit kroch an Land und lief davon.
«Kommen Sie», forderte Haenke den anderen auf, «wir wollen uns bekannt machen.»
«Mit dem größten Vergnügen.»

Sie setzten sich an einen groben Holztisch, und Haenke legte das lange Räubermesser, die Trophäe einer Sommernacht, auf die Platte. Es war keine standesgemäße Kneipe, in die sie getreten waren, dieser in einem Hintergäßchen versteckte Boliche. Männer lärmten und würfelten in der rauchigen Stube. Dazwischen einige Cholas, stumm und ergeben im angeberischen Gehabe der Machos. Er kannte das Lokal, er hatte es für sich entdeckt, vor allem jedoch die Spezialität des Hauses, die Empanadas, diese köstlichen mit würzigem Ragout gefüllten Teigtaschen. Sie hatten es ihm angetan. Er war dem Wirt und den Stammgästen kein Unbekannter mehr, keiner, vor dem man sich in acht nehmen mußte, der einem die Laune verdarb. Der Caballero Doctor störte nicht, man nahm ihn freundlich zur Kenntnis. Haenke bestellte Wein und einen Berg von Empanadas.
«Ich habe Sie erkannt, Professor Anke», grinste das Gegenüber, ein rotgesichtiger, schon etwas feister älterer Herr, «oft sah ich Sie bei

seiner Exzellenz dem Gouverneur, der Ihnen sehr gewogen ist, das spricht sich herum. Ich habe dort mit der Beschaffung zu tun. Fernando Alvarez, zu Ihren Diensten. Bin Kaufmann.»
Der Wirt schob den Empanadaberg auf den Tisch und den Weinkrug dazu.
«Wenn Sie an diesen Köstlichkeiten ebenso Gefallen finden wie ich, dann, Caballero, werden wir uns gut verstehen. Auf Ihr Wohl, Don Fernando!» «Auf das Ihre, Caballero.»
Die warmen, saftigen Empanadas mundeten.
«Wirklich vorzüglich», schmatzte Alvarez und griff zu, «Ihren Vornamen, Professor, habe ich nicht mitbekommen.»
«Tadeo. Sie sind also Kaufmann und damit einer jener Macher im Hintergrund, die mir die Wäsche und die Kleidung derart verteuern, daß ich schmerzliche Einsparungen anstellen muß, um nicht als reformierter Adamit durch die Straßen der Stadt zu spazieren.»
«So arg wird es wohl nicht sein, Doktor», lachte Alvarez.
«Nicht so arg! Sie wissen sehr gut, daß brauchbare Kleidung hier ein Vielfaches von dem kostet, was ich damals in Europa dafür bezahlte. Ihr seid mir, glaube ich beinahe, die größeren Räuber als jener im Neptunteich.»
«Also, ich bitte Sie, Don Tadeo», der gutmütige, rotbäckige Alvarez langte sich eine Empanada von der Schüssel, «ich mache zwar wenig in Tuchwaren, aber ich muß doch meinen Stand in Schutz nehmen. Wissen Sie, was es bedeutet, Waren aus Spanien herzubringen? Das ist ein Glücksspiel mit höchstem Einsatz. Schiffe sinken oder werden von Piraten ausgeräumt. Und wenn eines glücklich in Callao oder Buenos Aires vor Anker geht, dann beginnt der mühselige, lange, gefahrvolle Weg – von Weg ist zuweilen gar keine Rede – über die Kordillere, durch Gebiete unfreundlicher Stämme, durch Schluchten, wo Banditen nur darauf warten, schnelle und reiche Beute zu machen. Glauben Sie mir, die Verluste sind beachtlich. Und dazu, von Cádiz bis Cochabamba, überall die Ämter, und wo Ämter sind, da heißt es zahlen. Amtlich und nicht amtlich. Da werden nicht nur Hände, da werden Taschen aufgehalten. Und wer soll das aufbringen, frage ich Sie?»

«Ich nehme an, unsereins», schmunzelte Haenke, «doch so angst und bang mir bei Ihrer Schilderung wird, so muß ich doch vermerken, wenn ich Sie so blühend vor mir sehe, daß die ehrwürdige Kaufmannschaft nicht gerade am Hungertuch nagt. Ja, ich wage sogar zu behaupten, daß sie das Glücksspiel, wie Sie es nennen, wohl zu drechseln weiß. Was ist Ihr Geschäft, Don Fernando?»
«Ich bringe so ziemlich alles, was der Boden hier hergibt, nach Spanien. Und dort verladen wir Geräte und Fertigprodukte, alles, was das alte Europa für die Vizekönigtümer zu bieten hat. Sie sehen, geschätzter Don Tadeo, ohne uns Kaufleute könnte der ganze Laden hier zusperren.»
«Und dann, wenn ich richtig verstehe, bliebe vom Sonnenreich nur die Sonne übrig, und selbst dieser Dolch hier, der mich abstechen sollte, wäre nicht vorhanden.»
«Ach Sie mit Ihren Witzen! Was wollen Sie überhaupt mit dem Messer, Don Tadeo?»
«Was will man schon mit Messern? Man schneidet einander die Seele aus dem Leib, und die Spitze eignet sich auch zur Säuberung der Fingernägel.»
«Sie sind der richtige», lachte Alvarez, «Sie sind ein wirklicher Spaßvogel. Die gelehrten Herren, die ich kenne, die tun immer so wichtig. Sie scheinen eine heitere Ausnahme zu sein.»
«Dabei, das verrate ich Ihnen im Vertrauen, sind gerade wir Wissenschaftler die größten Narren. Wir tun nur so ernst, damit man unsere Tollheiten nicht merkt. Auf das Lachen wollen wir trinken, Don Fernando, auf daß es uns nie vergehen möge.»
Sie hoben die Becher.
«Ich habe bemerkt, verehrter Don Tadeo, daß Sie keine Waffe tragen. Das ist hier sehr unvorsichtig. Sie haben es ja selbst heute erlebt.»
«Und was wäre gewesen, wenn ich einen Degen gezogen hätte? Einer von uns hätte zugestoßen. Hätte er mich durchbohrt, wären Sie ohne diese exquisiten Empanadas geblieben. Nein, Don Fernando, die beste Waffe ist noch immer der Verstand. Ein schneller Einfall, das Unerwartete, das Verblüffende ist noch immer die bessere Finte. Und

nicht nur bei Menschen. Ich habe schon so manchen geifernden Hund verbellt.»

«Und der Pfeil aus dem Hinterhalt?»

«Ja, der Pfeil aus dem Hinterhalt! Dagegen hilft wahrlich kein Bellen, aber auch kein Degen und nicht einmal die beste Eskorte. Wir leben eben mit Hinterhältigem. Begleiten Sie übrigens Ihre Karawanen zu den Häfen?»

«Nein, schon lange nicht mehr, ich bin Gefangener meines Körpers. Unten in den Wäldern halte ich es vor Hitze und Feuchtigkeit nicht aus. Dort holte ich mir auch das Fieber. Und oben fehlt mir die Luft. Nein, wie ich es nur verhindern kann, ich rühre mich nicht aus diesem Cochabamba.»

«Kommen Sie einmal her, rücken Sie das Gesicht näher!»

Haenke zog ihm die Lider hoch.

«Was ist?» fragte Alvarez besorgt. «Ist was?»

«Es ist was», nickte Haenke, «aber ruhig, das kann man reparieren. Sie essen zu viel, Amigo, und zu viel Fleisch. Früher glaubte man, je dicker der Mensch, desto gesünder ist er. Falsch. Je schwerer der Körper, desto mehr drückt er auf die Organe. Weniger essen, versuchen Sie es, und Sie werden sich wohler fühlen.»

«Ich fühle mich wohl, Doktor, ich fühle mich wirklich wohl.»

«Das hört man gern. Doch es ist ein gängiger Irrtum anzunehmen, daß wir Ärzte nur da sind, um Kranke zu heilen. Vor allem wollen wir vorbeugen, die Krankheit verhindern. Damals, als ich aus Wien wegfuhr, war es im Institut das Thema, wir sprachen über Mittel und Wege ...»

Da polterte ein Stuhl zu Boden. Zwei Männer standen sich gegenüber, trunken und wütend, Messer in der Faust, den freien Arm einladend vorgestreckt. Es war still geworden. Die anderen aus der Umgebung der Kampfhähne erhoben sich, wichen zurück. Tanz der Duellanten. Mit wiegenden Körpern, prüfenden Scheinattacken, glühenden, bohrenden, suchenden Augen tasteten sie die Stellungen und Bewegungen ab, um die Lücke für den Blitzstoß zu nutzen.

Haenke schnellte auf.

«Die bringen sich um!»

«Halt, Doktor!» zischte Alvarez und hielt ihn am Ärmel fest. «Mischen Sie sich um Gottes willen nicht ein. Das sind wilde Tiere!»
Da sprang einer vor, das Messer zuckte, der andere wich aus, sein Hemdärmel hing in Fetzen, Blut rann vom Arm, färbte den zerschlissenen Stoff. Der Tanz ging weiter.
«Schluß jetzt!» brüllte Haenke.
Niemand achtete auf ihn. Gegenattacke und Gegenstoß, die Messer klirrten aneinander, eins fiel zu Boden. Großmütig wies der Gegner den Waffenlosen zur Waffe. Der bückte sich, wollte das Messer aufheben, da stürzte sich der andere auf ihn. Im selben Moment traf ihn ein Stuhl, so daß er zurücktaumelte. Haenke hatte ihn geschleudert. Alvarez war aufgesprungen, entsetzt starrte das Publikum Haenke an. Fluchend erhob sich der Getroffene. Ein gellender Schrei, ein furchtbarer, durchdringender, nicht enden wollender Schrei zerriß die Szene, verwandelte sie. Am Tisch der blutrünstigen Würfler saß eine jüngere Frau, preßte die Hände an die Wangen, riß die Augen weit auf und schrie und schrie.
«Ein Anfall!» Haenke drängte sich zu ihr. «Weg, weg da!»
Er nahm ihre Hände, strich ihr über den Kopf, dann drückte er ihre Nackenmuskeln.
«Sie braucht unbedingt Ruhe», wandte er sich an die Umstehenden. Das Gesicht der Frau entspannte sich ein wenig, der weit aufgerissene Mund zuckte, aus dem Schrei wurde ein Gelächter, ein glucksendes, freudloses Lachen. Einige kicherten, glaubten, einem Scherz aufgesessen zu sein, doch die entsetzten Augen der Frau belehrten sie bald eines anderen. Ernüchtert richteten sich die Duellanten auf, ließen die Messer sinken.
«El diablo», flüsterte es durch die Reihe, «der Teufel hat sie.»
«Ruhig, ruhig.» Haenke sprach auf sie ein, streichelte ihre Wangen. Alvarez stand neben ihm.
«Don Fernando, ich bitte Sie. Sie kennen mein Haus, es ist um die Ecke. Auf meinem Schreibtisch steht eine grüne Flasche, Marcela wird sie Ihnen geben.»
Alvarez machte sich auf den Weg.
Der lachenden Frau ging es nicht gut, ihre Brust arbeitete, pumpte

kurz und hastig, ihr Körper zuckte, in ihrem fahlen Gesicht flehten und tränten die Augen, vom verzerrten Mund, aus den krampfhaft gefletschten Zähnen, wo das glucksende, peinigende Gekicher hervorgurgelte, tropfte der Speichel. Haenke trocknete ihr Mund und Kinn und das schweißnasse Gesicht. Vier Männer faßten den sich werfenden, zuckenden Körper und trugen die Frau in eine vom Wirt geöffnete Kammer, legten sie auf das Bett und zogen sich eilig zurück. Dem Teufel sollte man nicht zu nahe kommen. Nur einer blieb an der Tür stehen und starrte besorgt und ängstlich zur Kranken hin. Einer der Messerstecher war es, jener, dem das Blut am Arm trocknete. Haenke achtete darauf, daß sich die Zuckende, sich Aufbäumende nicht an den Kanten stieß, bettete sie, sprach ihr zu, streichelte sie, hielt ihren Kopf, trocknete ihr Gesicht und wartete voll Ungeduld auf Alvarez. Die Kräfte der Frau schwanden, ein Mensch lachte sich zu Tode, kicherte sein Leben aus.
Endlich Alvarez. Er drängte sich am Mann bei der Tür vorbei und streckte Haenke wie ein Staffelläufer die Flasche hin.
«Gut, Amigo Alvarez», nickte Haenke und zog den Korken. Ein starker, atembeklemmender, dicker Geruch verbreitete sich im Raum. Kampfer. Haenke beträufelte ein Tuch und strich ihr mit dem getränkten Lappen über Stirn und Wangen, über Hals und Brust, und auch in die Beine der Frau rieb er die Flüssigkeit. Bald ebbte das Zucken ab, die Beine streckten sich, die Arme fielen schlaff zur Seite, der Körper kam zur Ruhe, und die lachende Grimasse verwandelte sich in das leidvolle Gesicht einer jungen Frau. Ihr Mund, das klaffende, glucksende Loch, schloß sich und verformte sich nicht mehr. Mit traurigen Augen blickte die Frau zu ihm hoch.
«Médico», hauchte sie.
Haenke legte den Finger auf ihre Lippen.
«Nicht sprechen. Nur ruhig, bald sind Sie wieder gesund.»
Der Mann von der Tür näherte sich dem Bett.
«Pilar, wie geht es dir, Pilar, wie fühlst du dich?»
Die Frau öffnete die Augen, schloß sie wieder.
«Sie muß schlafen», erklärte Haenke, «kommen Sie!»

In der Stube bedrängten sie Haenke, beglückwünschten ihn, beklopften ihn, griffen nach seiner Hand.
«Der Satan hat Angst vor unserem Médico», rief einer fröhlich, «der Médico hat ihn hinausgestunken.»
Haenke und Alvarez kehrten zum Tisch zurück. Ein voller Krug Wein stand dort.
«Das ist für Sie», nickte der Wirt.
«Ihr wollt mich wohl betrunken machen», lachte Haenke, der seinen Übermut wiedergefunden hatte. «Ihr wollt wohl die Wahrheit über meine Beziehung zum Teufel erfahren. Nun, den Teufel mag der Teufel holen, und die Wahrheit ist, daß ich weiß, daß ich nichts weiß, aber das sagte vor mir schon ein anderer, und das war ein kluger Mann. Ich kann mich mit ihm nicht messen, er liebte den Wein noch mehr als ich. Salud euch allen!»
Er hob den Becher der Spenderrunde entgegen. Die Leute lachten, klatschten, tranken ihm zu, rückten sich an ihren Tischen zurecht, blickten hin und wieder zum Médico hin, und im Gesumme und Geplauder glätteten sich die Gemüter.
«Kommen Sie, Don Fernando, Sie müssen mir mit dem Wein helfen.»
«Sie sind nicht nur ein Spaßmacher, Don Tadeo, sondern einer der besten Teufelsaustreiber, die mir untergekommen sind», prustete Alvarez.
«Ach, lassen Sie den Teufel beim Teufel, er war noch immer billige Ausrede für Unverstand und Unvermögen. Ein wahrer Sündenbock ist er. Wissen Sie, wer diese Frau in den Zustand brachte? Das war nicht der Teufel, sondern ihr Mann. Ich nehme an, jener Messerstecher ist ihr Mann.»
«Er hat sie doch überhaupt nicht angerührt», wandte Alvarez ein.
«Stimmt, er hat sie nicht angerührt, mit keinem Teil seines Körpers hat er sie berührt, und doch hat er sie so verletzt, daß sie beinahe zu Tode kam. Die Angst um ihn, der Schrecken des Augenblicks, als sich der andere auf ihn stürzte, das riß ihr die Seele auf. Zugegeben, wir wissen nicht, was es ist, diese Seele, diese Essenz des Lebens. Das überlassen wir der anderen Fakultät, den Theologen. Aber wir wis-

sen, eine wunde Seele ist eine gefährliche Krankheit. Aber eine seelische Wunde kann man nicht verbinden, da muß man anders herangehen. Wie? Wenn wir das nur schon wüßten!»
«Sie scherzen, Don Tadeo!»
«Die Sache ist zu ernst, um zu scherzen. Wir Ärzte behandeln den Körper, die Schale. Das geht schon ganz gut, es geht solange gut, solange das Gemüt intakt ist. Ich habe Patienten gesehen, die sich kaum bewegen konnten. Wir untersuchten sie, untersuchten ihr Blut, ihre Ausscheidungen. Nichts, kein Gift in ihnen, alles normal. Woher also? Und diese Frau, Sie sahen es selbst, wie ihr Körper bebte, wie sie das furchtbare Lachen nicht meistern konnte. Woher also? Mit dem Teufelsglauben machten sie es sich wahrlich zu einfach, da hatten sie immer ihre Scheiterhaufen in Reserve. Der Mensch aber ist voller Geheimnisse, und die lassen sich weder mit Vaterunser noch mit hochnotpeinlichen Instrumenten lüften.»
«Sie sind, wie mir scheint, nicht gut auf die Geistlichkeit zu sprechen?»
«Ach, wollen auch Sie in mir den Ketzer sehen, Amigo Fernando?» grinste Haenke. «Doch ich sage Ihnen, wir Ärzte fühlen uns im besten Einvernehmen mit unserem Herrgott, wir trachten, das Leben zu bewahren, das er gegeben hat.»
«Ich meine es nicht so, Don Tadeo», beteuerte Alvarez, «auch ich könnte Ihnen so manches Histörchen von gewissen geistlichen Herren erzählen, da würden Ihnen die Augen überlaufen.»
«Priester und Mönche, Don Fernando, sind auch nur Menschen und einige von ihnen sehr verständig und hingebungsvoll. Auch ich könnte Ihnen Histörchen erzählen, Amigo, aber das würde zu lange dauern. Wir wollen diesen Abend der Messer beenden. Begleiten Sie mich, Don Fernando?»
«Sehr gern, Caballero.»
Haenke trat noch zum Tisch, wo ein stiller Mann mit wundem Arm saß.
«Herr Messerstecher, wie heißen Sie eigentlich? Zeigen Sie den Arm her!»
«Julián Gómez, Señor.»

«Die Wunde ist nicht tief. Kommen Sie morgen in mein Haus, Gómez, und bringen Sie Ihre Frau mit. Pilar ist Ihre Frau?»
«Sí, wir werden kommen. Und gracias, Señor.»
Haenke blickte auch noch in die Kammer, wo Pilar lag. Sie schlief mit leisem Atem, trockene Spuren der Tränen zeichneten ihre Wangen.

Ehe er die Treppe zu Viedmas Arbeitszimmer hochstieg, legte er sich nochmals den in seiner Mappe aufbewahrten Köder zurecht. Viedma mußte anbeißen. Zwei Spitäler, davon könnte eines, wenn die Mittel nicht reichten, später errichtet werden. Heilmittelstellen nicht nur im Stadtinneren, sondern auch draußen und später überall im Territorium. Personal, gut geschultes Personal. Schulungskurse. Wenn nur irgend möglich noch einen Arzt aus Lima oder Buenos Aires. Vor allem einheimisches Personal. Vertrauen ist die halbe Heilung. Mestizen und Indios, auch Indios, soweit sie sich schulen ließen. Nur keinen Zwang. Freiwilligkeit und Hingabe, ein Stab von Mitarbeitern, der sich seiner wichtigen Aufgabe bewußt wird. Kein leichtes Unterfangen, könnte Monate dauern, aber die Sache ist es wert. Schwierigkeit auch die vielen Dialekte. Wer kennt sie besser als Einheimische. Vorerst aber muß die Sache in Gang kommen; wenn die einmal rollt, kann vieles möglich werden. Heilmittel aus dem Garten, mehr Gärten. Geräte aus den Hauptstädten, aus Spanien. Liste anbei. Müßten sofort bestellt werden. Vielleicht können wir Alvarez einschalten, scheint ein tüchtiger Mann zu sein. Viedma muß anbeißen. Sein Cochabamba, eine Insel der medizinischen Wohlfahrt, ein Vorbild. So was spricht sich herum, so was läßt aufhorchen, so was weht weit über die Grenzen. Er wird anbeißen.
Ein Diener verschwand im Arbeitszimmer.
«Herein, herein!» hallte es von drinnen. Viedma eilte ihm freudig, ungeduldig entgegen.
«Da sind Sie endlich, Don Tadeo. Kommen Sie, setzen Sie sich, es gibt viel zu bereden.»
Haenke staunte über den Empfang. Er hatte einen fragenden Viedma erwartet, aber keinen derart eifrigen. Sicher, es gab viel zu bere-

den. Er legte die Mappe vor sich auf den Tisch und klopfte darauf. «Hier drinnen, Don Francisco, verwahre ich einen Plan, der, wie ich hoffe, Ihre Zustimmung finden wird. Es ist ein Projekt, das die Provinz betrifft.»
«Vorzüglich, Don Tadeo, ich höre. Legen Sie los, dann komme ich.»
Haenke öffnete die Mappe und legte los. Eindringlich schilderte er den Zusammenhang zwischen Wirtschaft und Volksgesundheit, nannte es eine Schande, ja sogar ein Verbrechen im menschlichen, doch auch im ökonomischen Sinn, wie bisher mit Arbeitskräften umgegangen werde, und daß er das nun mit Viedmas Unterstützung ändern wolle. Galt es doch, durch ärztliche Betreuung und Vorsorge die Menschen in ihrem Lebenswillen zu stärken, in ihnen die Hoffnung zu nähren, daß Krankheit nicht das Ende des Daseins bedeute. «Ein neuer Geist soll im Volk erweckt werden und nicht zuletzt zum Wohle des ganzen Landes», rief er, von seinen Ausführungen mitgerissen, so daß der aufmerksam zuhörende Viedma ein Lächeln nicht unterdrücken konnte. Haenke kam auf die Einzelheiten zu sprechen, auf den Anfangsbedarf, auf die allmähliche Aufstockung des Personals, auf die Errichtung der Spitäler, auf die Standorte der Stationen. Langsam schloß er die Mappe und blickte erwartungsvoll Viedma an. Dieser erhob sich und ging zum Fenster, das den Blick zur Plaza und über die Stadt hinweg zu den Bergen freigab.
«Das Projekt ist gut, Don Tadeo, es ist sehr gut, und es fügt sich in meinen Gesamtplan. Ich selbst habe mir oft schon Gedanken über die hygienischen Einrichtungen in der Stadt gemacht. Zu den Einzelheiten kommen wir noch.»
Er wandte sich vom Fenster ab und ging auf Haenke zu.
«Doch vorerst, mein geschätzter Freund, brauche ich Sie für etwas anderes.»
Haenkes Hände krampften sich zusammen. Also eine Absage.
«Die Gesundheit ist wirklich vorrangig, Don Francisco, in jedem Land», er versuchte, seine große Enttäuschung im Zaum zu halten.
«Hören Sie mir doch erst einmal zu, Don Tadeo.» Viedma nahm eine Landkarte und legte sie auf den Tisch, strich mit der Hand darüber. «Das ist Cochabamba, das ist mein Reich.» Er postierte sich vor

Haenke und blickte ihn ernst an. «Und Sie, Don Tadeo, und ich, wir beide werden aus diesem Territorium ein Land machen, in dem es sich für alle zu leben lohnt, wo Wohlstand, Wissenschaft und Menschlichkeit auf eine Ebene gehoben werden sollen, die alles überragen wird, was diesbezüglich in unseren Ländern angestrebt wurde.»
Der Gouverneur, der sich bei der Verkündigung zu Haenke gebeugt hatte, richtete sich auf und begann, den Raum abzugehen.
«Was ich Ihnen jetzt sage, ist streng vertraulich. Ich will los von der Audiencia, los von den verdammten Bürokraten, die sich wie Mahlsteine an mich hängen, die mit ihrer Amtstuerei jeden Vorstoß zermürben. Ich will meine Eigenständigkeit, weder Charcas noch Buenos Aires sollen mir dabei in die Quere kommen. Allein dem König will ich mich verantworten. Um das zu erzielen, muß ich etwas vorweisen, muß ich Madrid klar machen, was dieses Land der Krone zu bieten hätte, wenn wir unmittelbar und ohne Hemmnisse die Bewirtschaftung in Angriff nehmen könnten. Ausbeutung, doch nicht der Menschen, sondern des Bodens und seiner Schätze. Intensive und extensive Bearbeitung, den Gegebenheiten angemessen.»
Viedma hielt in seiner regen Darstellung inne und setzte sich wieder Haenke gegenüber an den Tisch.
«Hervorragend, Don Francisco», fiel Haenke sofort ein, «mein Gesundheitsprojekt wäre der beste Teil dieses Plans.»
«Gewiß», nickte Viedma, «aber wir müssen uns an die Strategie halten, und die hat ihre Gesetze. Sie, mein wissender Mitwisser, sollen Fundament und Seele bei der Ausarbeitung meines Vorhabens sein. Ich baue auf Sie.»
«Ich höre, Don Francisco.»
Viedma verschränkte die Hände auf dem Tisch.
«Ich bitte Sie, Don Tadeo, um nichts weniger als die wissenschaftliche Aufarbeitung der Provinz. Alles, was das Land an Bodenschätzen, Produkten, Mineralien zu bieten hat, die geographische, die topographische Beschaffenheit des Territoriums. Das sollen Sie erfassen, zusammenstellen, das wäre Ihre große Aufgabe. Ihr bedeutendes Wissen, Ihre Erfahrenheit sind uns hier von unschätzbarem Wert, und ich danke Gott, daß er Sie uns gesandt hat. Machen Sie sich an

die Arbeit, und mit diesem Werk, mein Freund, wollen wir beide ein wenig die Geschichte manipulieren.»

Viedma schwieg, und Haenke sagte nichts, zu beachtlich war der Ansturm, zu sehr wirbelten die Gedanken. Eine Aufgabe, wie sie einem Menschen gewiß nicht oft gestellt wird. Doch die Arbeit hier, die Geruhsamkeit, das Gesundheitsprojekt? Wieder in die Wälder, auf die Berge, zur Tiefebene für viele Monate in langen, aufreibenden, gefahrvollen Wanderungen? Konnte er sich dem Auftrag widersetzen? Wollte er es überhaupt?

Viedma unterbrach die Überlegungen.

«Wie weit sind Sie eigentlich mit Ihrer Schrift über das Flußsystem in Moxos?»

«Moxos?» Haenke schreckte auf. «Ja, ich arbeite daran, werde es bald vorlegen können.»

«Das brauchen wir, Don Tadeo, es ist von großer Wichtigkeit. Nun, was sagen Sie? Sind Sie bereit?»

«Eine große Versuchung, Don Francisco, bringt mich und mein Anliegen recht durcheinander. Mein Kopf steckt noch im Gesundheitsprojekt. Ich muß das noch verdauen, hin- und herwälzen.»

«Wälzen Sie, wälzen Sie, lieber Freund. Sie müssen mir auch nicht hier und gleich zusagen, aber doch möglichst bald. Und eines will ich Ihnen fest versprechen: Sobald Sie unser Cochabamba in Ihren Heften haben, stürzen wir uns beide mit Schwung in die Hygiene. Ist das ein Angebot?»

Im Grunde hatte sich Haenke schon entschieden, der Pionier machte sich stark, der Neulandsucher. Viedmas Versprechen, das Placet zum Gesundheitsprojekt, drückte alles andere an den Rand.

Er trat an den Tisch und blickte auf die Karte. Mit dem Finger beschrieb er auf ihr einen Kreis.

«Ich denke, Don Francisco, ich werde hier im Norden beginnen, das Gebiet um den Chaparé.»

Er sah einen strahlenden Viedma.

«Vortrefflich, vortrefflich. Machen Sie sich an die Vorbereitungen, Sie können mit jeder Unterstützung rechnen.»

In der Neige des Sommers, im ersten Drittel des Jahres 1796, stieg

Haenke in die Berge ein. Sein Ziel war der Ostrand der Kordillere, wo sich die aus Schluchten hervorbrechenden Flüsse zum Chaparé, einer der Adern des Marmoré, vereinigten. Der Wall zwischen den subtropischen Yungas und der tropischen Tiefebene mußte überwunden werden. Der Weg führte durch das Tal von Sacaba nach Colomi, dann im steilen Anstieg hinauf zu den Höhen der Schneeregion, schlängelte sich über den Paß am Fuß der Eisgipfel an Abgründen, durch Schluchten zum Tiefland hinab.

Haenke notierte:

*« ... in allen Teilen bietet der Eintritt in die Andenberge seine Schwierigkeiten, seine gefahrvollen Wege; dieser Pfad aber ist zweifach, und besonders gefahrvoll. Der ganze Übergang ist nichts als eine Ansammlung von Abgründen und senkrechten Schluchten. Die Spur, die jener Indio zog, der erstmals diese Reise antrat, wurde seinen Nachfolgern zur einzigen Route über diese Berge, und niemals wurde ein bequemerer Einstieg geprüft, um diesen langen und gefährlichen Übergang zu vermeiden. So ging es zum Paß von Yurac-Kasa, den Hang des hohen Murmuntani entlang. Nun wendete sich der Pfad nach Norden und weiter furchtbare Abgründe hinauf und Schluchten hinab, durch völlig menschenleere Gegenden, weit und breit keine Unterkunft für den Paßgänger als hin und wieder eine Grotte in den Höhen der Berge und in Abständen von sechs Leguas, das Jahr hindurch ausgesetzt den ständigen Unwettern und Schneestürmen, in denen schon Tausende Menschen und Tiere zugrunde gingen.»*

Mit Treibern und Maultieren war er aufgebrochen und dachte sich gut gerüstet. Doch wie rüstet sich der Mensch gegen den Schneeorkan, der oben, unterhalb des Passes, mit ungeheurer Wucht über sie herfiel? Viel hätte nicht gefehlt, und sie wären für immer dort oben geblieben. Die Männer hielten sich an den Tieren fest, um nicht weggeweht zu werden. Sie sahen nichts mehr; gegen die jagenden, spitzen Eisgeschosse konnten sie die Augen kaum öffnen. Eines der losen Maultiere tauchte aus dem Orkan nicht mehr auf. Sie stapften durch hohen Schnee, blind, richtungslos durch steiles Gelände, wo jeder Tritt das Verderben sein konnte. Dennoch, einer der Treiber glaubte an den Weg, glaubte an eine Höhle in guter Nähe. So

folgten sie ihm, so kämpfte sich die vom weißen Tod gezeichnete, vermummte, mit Eis gespickte Gruppe durch den rasenden, vernichtenden Sturm. War es doch gleich, ob sie am Ort zusammenbrachen oder weiter oben erfroren oder im nächsten Abgrund zerschellten. Ihre schmerzenden Hände krallten sich in Zügel und Riemen, der Pfadfinder vorne hing am Hals seines Tieres, fiel hin, raffte sich hoch, stapfte weiter. Sie folgten dicht dahinter, im qualvollen Gang ins Ungewisse. Minuten, Stunden, die Zeit galt nicht mehr, nur der Rhythmus galt noch, der Schritt, dem ein anderer folgen mußte und dann ein weiterer. Völlig entkräftet traten sie den Takt, der nicht aussetzen durfte wie das Pumpen ihrer Lungen und das Pochen ihrer Herzen. Und dann doch die Höhle. Sie waren mit ihren Kräften so am Ende, daß sie nicht jubelten, nicht einmal ihren Retter umarmten. Sie drängten sich aneinander, Männer und Tiere, eng, eng, nur Wärme, Körperwärme. Sie zogen die Decken von den Sätteln, mummelten sich ein und sackten in tiefen, heilenden Schlaf.
Und dann der Morgen, der Morgen, der sie neu gebar wie Todgeweihte nach wundersamer Wendung. Sie krochen hervor und reckten sich der Sonne entgegen, die am weiten Horizont den tiefen Nebeln entstieg. Welch ein vollendeter erster Tag! Welch ein Anblick, welch ein Ausblick! Lautlose Weltferne der höchsten Berge unter gläsernem Himmel. In frostig klarer Luft, in frührötlicher Sonne die schillernden, glühenden, in Eis und Schnee gehüllten bizarren Zacken, Zinken, die Türme des andinen Alpengartens aus Schluchten und Klüften zum gigantischen Wall über dem Tiefland aufragend, das unten, weit unten grünte und sich im blendenden Sonnenlicht verlor. Winter und Sommer, Starre und Leben, Erdgeschichte auf einen Blick. Wo noch bot die Natur ein Schauspiel solcher Art? Paß von Yurac-Kasa. Betroffen von der Mächtigkeit und Schönheit verharrte Haenke im stillen Gebet.

Sie stiegen ab, von Fels zu Fels, durchquerten Schneefelder, bekamen wieder festen Boden, stützten sich auf Stangen den steilen gewundenen Pfad hinab, den ihnen die Tiere mit sicheren Fesseln vortraten, und schon bald fühlten sie die fülligere, mildere Luft, und schon auch ragten Sträucher aus dem Geröll, breiteten sich kurzgrasige Matten über die Hänge.

Er notierte:

*«... in kurzer Entfernung, im Abstieg auf der anderen Seite der Kordillere, weht einen schon bald eine temperierte, zarte und wohlige Brise an. Sodann geht die Atmosphäre über in die kondensierte, schwere, feuchte und warme Luft der tiefen tropischen Gebiete, die von der Höhe gesehen einer anderen, unterirdischen Welt anzugehören scheinen. Nirgends zeigt sich besser die Güte der Temperatur als hier in der üppigen Vegetation von Bäumen und Pflanzen. Es ist hierbei ein bemerkenswerter Umstand, daß die ersten Sträucher, denen wir begegneten, von den in Europa sehr üblichen Arten sind. Danach führen abschüssige Wege ins bewaldete Gelände ein, wo bereits Bäume von ansehnlichem Durchmesser und Höhe wachsen; die Wärme nimmt von Schritt zu Schritt zu, und eine Unzahl von singenden Vögeln von besonderer Schönheit zeigen sich dem Wanderer. Vom Fuß der Berge an bedeckt, so weit der Blick reicht, dichter, zuweilen undurchdringlicher Wald die Ausläufer bis hin zu den immensen Ebenen. Der Abfall der Kordillere ist so plötzlich und profund, daß in einer Tageswanderung von etwa vier Leguas von der Berghöhe bis zum San Mateo Fluß nicht weniger als 3.184 kastilische Varas an Höhenunterschied bewältigt werden. Die Erschütterungen eines derart wilden Abstiegs bleiben noch viele Tage danach fühlbar ...»*

Abermals im tropischen Treibhaus. Der jähe Abstieg, die schnelle Hitze nach der eisigen Kälte, die volle, feuchte Atmosphäre nach nur wenigen Stunden aus schneidend dünnluftiger Höhe, machten ihm mehr zu schaffen, als er zugeben wollte. Er lag in einer Waldhütte, unfähig, etwas zu unternehmen. Ein Schwindelgefühl hatte ihn niedergeworfen, er mußte das Lager hüten, jeder Versuch hochzukriechen blieb erfolglos. Hatte er sich diesmal zu viel zugemutet, waren es die ersten Anzeichen eines alternden Körpers? Endlich, nach Tagen, konnte er sich aufsetzen, um wenigstens seine Eintragungen zu vervollständigen. Auch für sich selbst war er Arzt genug, um zu wissen, daß sich der Körper erst der neuen Umgebung anpassen mußte, bevor er ihm weitere Strapazen zumuten konnte.

Die Hütte, in der er sich erholte, gehörte zur Urwaldmission am Coni, sie war das Zuhause von Pater Tomás, dem Missionsleiter, einem leutseligen, doch etwas fahrigen Gottesmann, der, wie Haenke bald herausfand, zu schwach war, um seine Aufgabe in diesem dunklen Abteil der grünen Hölle zu bewältigen. Pater Tomás trank und betete und hoffte auf Gottes Gnade und Hilfe. Möge der Herrgott dem Manne helfen, dachte Haenke, denn der Pater selbst, wie es den Anschein hatte, konnte es nicht mehr.

Am Tag, als ihn wieder seine Beine hielten, besah er sich die Gemeinde. Ein Dutzend armseliger Hütten. Hier also sollten die Yurakarés, der stolze Stamm, zum Kreuz, zu Betriebsamkeit und Ergebenheit gezähmt werden! Um in diesen Gebieten fruchtbare Arbeit zu leisten, bedurfte es Stärke, Geist, Tatkraft und Ausdauer. Doch der Pater kam mit sich selbst nicht zurande. Kein Wunder, daß die Mission geschrumpft war, daß viele sie verlassen hatten, die tückischen Wälder der drückenden Abgeschiedenheit dieser Mission vorzogen, die ihnen nichts als den Sakramente spendenden, tränenden Padre zu bieten hatte.

Hier mußte ein ernstes Gespräch geführt werden, doch vorerst wollte er sich das Gebiet am Coni sowie den Nordosten der Provinz vornehmen, um damit die Bestandsaufnahme dieser Terra incognita anzutreten, dieses Gebiet, das von den schnellen, in der Ebene den Chaparé speisenden Flüssen San Mateo, Paracati, Chiliguar, Millumayo, Miguilla, Coni durchfurcht wurde. Dieses Gelände zwischen den reißenden Gewässern wollte er erkunden, den dichten, urwüchsigen, jahrtausendealten, unberührten Wald durchwandern.

Viele Wochen verbrachte er in der Unwegsamkeit, durchwatete Flüsse, erkletterte Steilhänge, hieb sich ins Innere vor, biwakte an Ufern, botanisierte, schnitt in Rinden, berechnete Längen und Breiten, sammelte, zeichnete, notierte:

*«... unter die Entdeckungen zählt ein Baum, den die Eingeborenen Llausamora nennen, mittlere Größe, eine Krotonart vermutlich, doch nicht genau zu bestimmen. Schwammige, dicke Rinde, eigentlich ein zusammengesetztes Gewebe aus sehr vielen Rinden, Schichten überein-*

*ander liegend und aneinander gebunden mit einer schleimigen, transparenten, zähen Gummiart. Die Rinde ließe sich zu festen Gurten flechten, mit Maschinen könnte sie zu Seilen gezogen werden. Geflochten und geteert könnte sie zu äußerst widerstandsfähigen Schiffstauen gearbeitet werden …»*

Und die Itira? Auch die Itira ließe sich bestens verwerten.

*«… ein Strauch, etwa in Mannshöhe, blaß-grünliche Blätter. Wenn man das Blatt mit Fingern preßt, tropft der Saft in schönem Braun auf die Baumwolle. Sogar in trockenem Zustand geben sie noch Farbe ab … Von den Medizinalgewächsen sei vor allem der Huipin erwähnt, ein bekanntes Mittel gegen Schlangenbiß … Marienöl in den Waldungen am Coni, auch Ipachiharz … zweifellos wächst die Vanilla hier, feinstes Gewürz, bei uns daheim mengen sie es zur Schokolade … und diese Hölzer! Alle Arten von Bau- und Tischlerarbeiten, am häufigsten die Zedern, die einheimischen Eichen, Nußbäume, Lorbeerbäume. Außerdem für Hausbau und Einrichtungen die Huina, die Königspalme, dann der Motakú, die Urupá, die vielen anderen …»*

Unermüdlich, besessen, arbeitete er sich vor, beschrieb, kommentierte, erfaßte, katalogisierte das reiche Angebot. Die Arbeit ging voran, das Material wuchs. Monate der Entbehrungen lagen noch vor ihm und danach Monate der Aufarbeitung und der Niederschrift. Doch er, der erfahrene Bergwanderer, blickte nicht zum Gipfel, sondern achtete nur auf den nächsten Tritt, auf den nächsten Abschnitt, um den darauffolgenden abzusichern.

Er nahm sich vor, nach seiner Rückkehr in die Mission über diesen ersten Abschnitt bereits ein Memorandum zu verfassen und es an Viedma abzusenden. Sie sollten es wissen in Cochabamba, er hielt sich an das Vorhaben, und vielleicht benötigte Viedma den Anfang seiner Bestandsaufnahme, um den Vorstoß in Buenos Aires und Madrid einzuleiten. Dem Gebiet am Coni würde der Osten folgen, dann der Süden und schließlich das Hochland, Abschnitt für Abschnitt, bis sie sich zum Mosaik zusammenfügten.

Viel Geduld und Aufmerksamkeit widmete er der Fauna.

*«… all die unzähligen Vögel! Dieser kleine Kerl, den sie hier Organito nennen, ein bewundernswertes Naturprodukt. Seine Stimme steigt zu*

*den Wolken, er orgelt so verschiedenartig und harmonisch, als stimme er sämtliche Akkorde an. Im dichtesten Wald lebt er, am Rande der Abgründe, bei den Kaskaden, deshalb ist es so schwierig, ihn zu Gesicht zu bekommen, diesen unvergleichlichen Sänger.*

*Der Tunqui, ein anderer sehr seltener Vogel, groß wie eine Taube. Auf dem Kopf ein Federschopf, wie lebendes Feuer schillert er, wie sollte ein Maler diese Farben treffen? Schwarze Flecken hinten am Flügel, das Auge gelblich, bläulich die Pupille. Sie nennen ihn Chapatón an anderen Orten. Auch er ist ein Bewohner des Waldinneren, ein ziemlich tölpelhaftes Geschöpf mit eigenartigen Rufen, die sich wie ‹que? que? Tiburcio› anhören …»*

Auf Notenlinien markierte er die Tonfolge.

*«… und welch prächtige Exemplare in den Gewässern, Alsen, Goldbrassen, der welsartige Zurubi, prachtvolle Fische …»*

Weiter, weiter, und er traf auf Eingeborene vom Stamm der Yurakarés, deren Schwestern und Brüder in der Mission versauerten. Er notierte:

*«… Tage unter Eingeborenen, Tage mit diesem eigenartigen, vornehmen Stamm, mit diesen großen, wohlgestalteten, hellhäutigen Indios, anders als die Eingeborenen in den Niederungen, die eher klein und dunkelhäutig sind. Woher kamen sie? Vielleicht wissen sie es selbst nicht mehr. Sie sind nicht sehr zahlreich, leben in Familiengruppen verstreut in den weiten Wäldern zwischen den Missionen von Asunción und San Carlos, von den Ausläufern der Berge bis in die Nähe von Santa Cruz. Nach Angaben der Padres zählen sie nicht mehr als 1.500 Männer von hoher, gut proportionierter Statur, kräftige, wahrhaft athletische Gestalten; stattlich und unverzagt begegnen sie dem Fremden; hellhäutig sind sie, braunäugig, schwarzhaarig. Ausgezeichnete Schwimmer. Sie halten viel auf Reinlichkeit, baden oftmals täglich im benachbarten Fluß. Sie tragen ärmellose, knielange Hemden, Stoffmaterial aus Baumrinden. Pfeil und Bogen sind ihre Waffen, die sie mit viel Geschick handhaben. Den ungewöhnlichen Bogen schnitzen sie aus dem Holz der Chontapalme. Von Kind auf werden sie in der Handhabung der Waffen geschult. Nahrung: wenig Gemüse, sie jagen und fischen, Hauptquelle ihres Lebensunterhalts. Ihren Pfeilen entgeht nichts, selbst der kleinste Vogel, der schnellste*

*Fisch im Wasser wird zur Beute. Mit Pfeil und Bogen fürchten sie weder Tiger noch Jaguar, die oft hier anzutreffen sind. Gerne behängen sie sich mit Firlefanz, mit Nadeln, Metallknöpfen, Spiegeln, sie tragen Messer und Macheten und handhaben eisernes Gerät, um das Feld zu bearbeiten, Holz zu schneiden. Frauen wie Männer bemalen sich das Gesicht mit roten und schwarzen Querstreifen. Ihre körperliche Gewandtheit ist groß, bewundernswert, wie sie Palmen zu einer Höhe von 50 kastilischen Varas erklettern. Die eigene Stärke ist ihnen alles, anderes wird nicht anerkannt. Der Mann heiratet so viele Frauen, wie er erhalten kann. Die Feinde der Yurakarés sind die Solostos und die Sironós in den Gebieten am Rio Grande. Wenn sie in den Kampf ziehen, so behängen sie sich mit fratzenartigen Figuren, um die Feinde das Fürchten zu lehren. In ihrer Geisterwelt stellen sie sich ein höheres, gütiges Wesen vor, das sie Tantoco nennen, er befreite sie aus dem großen Feuer, das von Simpelete, einem bösen Wesen, entfacht worden war. Wenn ein Gewitter droht, kauern sich Frauen und Kinder in den Hütten zusammen, während die Männer bewaffnet an den Türen wachen und mit lauter, ausdrucksvoller Stimme dem bösen Geist des Feuers fluchen, der ihre Hütten und Anpflanzungen zu vernichten droht. Nach ihrem Tod, so sagen sie, treten sie zu einer langen Reise in glücklichere Gegenden an, weshalb sie ihre Toten mit all deren Habe, den Äxten, Geräten, Pfeilen und Bögen begraben …»*

Nach vielen Wochen kehrte er, abgezehrt, doch wohlbehalten, zur Mission am Coni zurück. Er sah aus wie ein heruntergekommener Wegelagerer, Flicken auf den Hosen, das Hemd zerrissen, beschmutzt, vom Hut stach das Stroh nach allen Seiten. Ein schütterer Bart umfranste das hagere, lederbraune Gesicht, wirr und struppig hing das Haar aus dem Hutrand über den Ohren. Eine Machete baumelte an seiner Wade, mit einem langen Stock in der Hand schritt er aus, voran den Tragtieren und den Treibern.
Müde war er, doch guter Stimmung, hatte er doch den Norden und Nordosten der Provinz nicht nur in seinen Muskeln und Knochen, sondern auch wohlverpackt in Säcken, Bündeln, Kisten und Notizheften. Nun kehrte der erfolgreiche Eroberer für Rasttage in die

Mission zurück, um mit neuen Kräften den nächsten Sprung zu wagen.
Pater Tomás erteilte eben den Abendsegen über die knieende Gemeinde, als Haenke und sein Trupp einmarschierten. Als die Knieenden sie erblickten, schrien sie auf und drängten sich ängstlich aneinander. Pater Tomás bekreuzigte sich dreimal, neigte sich mit gefalteten Händen zum Kreuz hin und erwartete den Todesstoß aus der Hand der Desperados.
Haenke hielt an und staunte nicht schlecht. Er rieb sich die Nase. Was war los? Sah Tomás mit seinem Weinhirn bereits Ungeheuer? Er schritt hin und tippte dem Mönch auf den Rücken, worauf dieser wimmernd zusammenzuckte.
«Oiga, Padre Tomás, was ist los? Ist der allgemeine Wahnsinn ausgebrochen?»
Vorsichtig wandte sich der Padre um, seufzte tief, erhob sich zitternd und drückte sich an Haenke.
«Doktor Anke, Sie sind es, Gott sei es gedankt. Sie sind es wahrhaftig! Doch wie sehen Sie aus! Zum Fürchten, ja zum Fürchten sehen Sie aus!»
Inzwischen war Haenke auch von den anderen längst erkannt worden. Sie schlichen näher, und als sie das verblüffte Gesicht ihres Padre sahen, brach ein allgemeines, unbändiges Gelächter los. Frauen kicherten in vorgehaltene Hände, Männer hopsten umher, hieben sich in die Seiten, wälzten sich am Boden und lachten, lachten. Eine derartige Belustigung war ihnen schon lange nicht vor Augen gekommen. Nachher erfuhr er, daß die entfesselte Heiterkeit einer steten Angst entsprang, die sie seit Tagen bedrückte. Gerüchten zufolge trieben sich marodierende Deserteure brandschatzend und mordend in der Gegend umher. Als Haenke in seiner verwegenen Aufmachung auftauchte, glaubten sie sich schon ans Messer geliefert.
«Wir sind hier schutzlos, Doctor. Ich habe Soldaten angefordert, aber wer weiß schon, wann die auftauchen werden, ob sie überhaupt kommen werden.»
«Ich glaube, Padre, Sie müssen sich hier ein wenig selbst helfen. Die Yurakarés sind gute Krieger.»

«Wir brauchen Frieden, Caballero, und nicht Krieg.»
«Der Frieden, werter Padre, ist zu kostbar, um ihn schutzlos preiszugeben.»
Er ging ins Haus, wusch sich, warf sich auf das knarrende Bett und schlief bis in den späten Morgen.

Haenke und Padre Tomás saßen beisammen. Das Gespräch war fällig, das er mit diesem verlorenen Mann führen wollte.
«Sie müssen fort von hier, Padre, Sie und Ihre Gemeinde. Das ist kein Lebensort hier, das ist eine Falle, ein Gefängnis, in dem es sich nicht atmen läßt.»
«Wie kann ich fort von hier, Doktor Anke. Hier ist meine Mission, mein Auftrag.»
«Nein, Sie verstehen mich falsch, Padre, ich will Ihnen Ihre Mission nicht nehmen. Doch hier fehlt es an der Grundlage. Die Moskitos sind eine unerträgliche Plage, die Sonne im Mittag ist kaum zu sehen, der Wald frißt euch auf, Anbau ist fast unmöglich, der reißende Fluß gibt keine Fische. Sie lieben doch Ihre Gemeinde, Padre, wollen Sie sie vernichten?»
«Wohin, Doktor? Asunción ist vier Leguas entfernt. Sollen wir noch weiter von jenem Ort, der unsere einzige Stütze ist? Allein in der Wildnis den feindlichen Stämmen hilflos ausgesetzt? Sie werden sich verlaufen, ich werde sie nicht halten können.»
«Und hier geht Ihr alle zugrunde. Sie, Padre, kommen mit Gott zurecht. Verzeihen Sie, wenn ich es so hart sage, aber die Menschen hier, die Ihnen anvertrauten Lämmer, diese getauften Wilden, sie haben keinen Raum zum Leben. Eine holzköpfige Verfügung trieb sie hierher in diese drückende, stickige Schwüle. Hier wollen Sie sie festhalten? Glauben Sie, daß sie unserem Herrgott für diesen unwirtlichen Ort sehr dankbar sind?»
«Es geht nicht anders, Doktor. Gott wird uns beschützen, er wird uns den Weg weisen.»
Heftig stieß es der zerfahrene Mann hervor, zitternd goß er sich den Becher voll, kippte ihn eilig in sich, verschüttete Wein, als er nachfüllte, um von neuem hastig den Becher zu leeren. Er beruhigte sich.

«Sie verstehen nicht, Doktor Anke, Sie können es nicht verstehen. Diese Verantwortung! Ich weine, ja, ich weine, ich bete zu Gott, daß er mir ein Zeichen gibt. Ich spreche frei zu Ihnen, ich vertraue Ihnen, weil Sie ein guter Mensch sind. Ja, da kenne ich mich aus. Ich trage es kaum noch und will doch nur unserem Herrn dienen. Ich habe Angst, große Angst, ein schlechter Hirte zu sein, und will doch nur das beste für die Menschen hier. Frieden, Frieden, ein Leben für Gott, in ihm, zu ihm.»

Er zog ein Schweißtuch aus der Kutte, schneuzte sich, wischte sich die Augen.

«Voll Eifer war ich, als ich herkam, als man mir diese Mission gab. Ich brachte ihnen, diesen der Verdammnis preisgegebenen Heiden, die Heilsbotschaft. Ich taufte sie. Doch meine Kraft reichte nicht, sie zu halten. Sie verliefen sich abermals zu ihren Satansgötzen. Ich habe versagt. Nun will ich nichts, als diese meine kleine Gemeinde halten, unserem Herrn Jesu zuführen, und Gott möge mir vergeben.»

Der Mann tat ihm leid. Wie sollte er ihm neuen Mut und Selbstvertrauen einflößen? Ging es doch nicht nur um ihn, sondern um die hier zur Misere verdammten Menschen.

«Ich sehe, wie sehr das alles auf Ihnen lastet, Padre, ich verstehe Sie. Aber glauben Sie mir, Sie haben noch nicht versagt, noch sind Sie imstande, eine blühende, sich mehrende Gemeinde aufzubauen, Menschen zur Freude am Leben und zum Glauben zu führen. Ihr Auftrag lautet doch dahin, die Eingeborenen nicht nur für das Jenseits vorzubereiten, sondern sie auch zu einem christlichen Diesseits zu leiten?»

Der Mönch nickte.

«Nun liegt es nur an Ihnen, auch diesem zweiten Teil Ihrer Aufgabe gerecht zu werden. Und ich biete Ihnen dafür die Grundlage. Sehen Sie einmal her!»

Er zog eine Skizze hervor und schob sie dem Pater unter die Nase.

«Hier finden Sie beste Bedingungen für Ihre Mission. Dieses Gebiet liegt etwa 25 Leguas im Osten; hier an den Ufern des Chimoré könnten Sie sich mit Ihrer Gemeinde entfalten. Ein ideales Gelände. Bester Boden für ergiebigen Anbau, der Fluß kann befahren werden, kein Mangel an prachtvollen Fischen. Dort hausen schon viele der Yurakarés, dort braucht es nicht Soldaten, um sie festzuhalten, dort ist ihr Zuhause. Und sie schützen sich selbst. Dort werden Sie weniger verlassen sein als hier, denn mit Kanus sind die nächsten Stationen schneller erreichbar als hier durch den dichten Wald. Zusammen mit San Carlos könnte es Ihnen gelingen, Ihre heilsame Tätigkeit über ein weites Gebiet, sogar bis zum Marmoré auszudehnen, es könnte Ihnen gelingen, die scheinbar unzähmbaren Sirionós dem Glauben zuzuführen. Was sagen Sie dazu?»

Padre Tomás schwieg, blickte auf die Karte, starrte vor sich hin. Gewiß, dieser Mann, so dachte Haenke, würde auch dort nicht imstande sein, eine tätige und wohltätig ausstrahlende Mission aufzubauen. Doch genügte es schon, ihn dazu zu bringen, die Umsiedlung zur Chimoré-Ebene vorzunehmen. Alles andere mußte sich finden. Der Standort am Chimoré war ein wichtiger Punkt, um den Nordosten Cochabambas zu kultivieren und wirtschaftlich nutzbar zu machen. Die Bedeutung einer solchen Station als Bindeglied zwischen Moxos und Santa Cruz war nicht zu übersehen.

«Es klingt schön, was Sie über jenes Gebiet dort unten sagen, Doktor Anke», zaghafte Worte des Paters, «ich werde Gott um Kraft und Erleuchtung bitten.»

Haenke sprach weiter auf ihn ein, umriß die Einzelheiten einer Umsiedlung, versprach die Hilfe des Gouverneurs.

Der Padre äußerte sich nicht mehr, nickte müde, erhob sich. Zeit für die Andacht.

Haenke saß in der Laube und schrieb. Nach Monaten wieder in Oropesa, im heimeligen Heim, im wohligen Garten. Er hatte die Fahrten gut überstanden. Von den Yurakarés war er nicht gleich nach Santa Cruz aufgebrochen, sondern war nochmals ins benachbarte Moxos, das Zukunftsland, das es ihm angetan hatte, eingedrungen. Über Chimoré, Chaparé war er zum Marmoré, dem großen Strom, gefahren. Danach durchstreifte er die Gegenden um Loreto und Trinidad, um dann weiter aufwärts den Rio Grande und östlich von Santa Cruz das Territorium von Chiquito zu erkunden. Viedmas

Papiere waren gut gegen behördliche Schikane, und Zamora, so hieß es, war samt Gräfin und großem Hof von Concepción nach San Ignacio unterwegs.
Wohlbehalten war auch das Material in Cochabamba angelangt, Kisten mit Proben und Arten und ein Packen vollbeschriebener Hefte. Von Viedma war er wie ein ersehnter Bruder empfangen worden, die Wiedersehensfreude leuchtete dem Gouverneur aus den Augen. Marcela hatte allein das Haus gehütet, Juan war verschwunden.
Nun steckte er in der Schreibarbeit. Das Gerüst stand: Drei Zonen, die kalte, die gemäßigte, die tropische. Mineralien, Fauna, Flora, die wirtschaftliche Verwertung. Einwohner. Nun mußte das Gerüst mit den Ergebnissen der Fahrten, der Untersuchungen, mit Kommentaren und Schlüssen aufgefüllt werden. Mit der ihm eigenen Genauigkeit setzte er Zeile um Zeile, Absatz um Absatz, Mosaikstein zu Mosaikstein. Den Arbeitstitel hatte er sich bereits zurechtgelegt. «Einführung in die Naturgeschichte der Provinz Cochabamba und deren anliegenden Gebiete mit ihren Erzeugnissen, erforscht und beschrieben von D. Tadeo Haenke, Mitglied der Akademien der Wissenschaften zu Wien und Prag.» Lang, aber deutlich.
Kaum fand er nun Zeit, den Garten zu bestellen, Krankenvisiten abzustatten, und selten nur mehr besuchte er Viedmas Abendgesellschaften. Wenn, dann saß er schweigsam dort, abwesend im Plauderkreis. Nur am Cembalo ging er aus sich heraus.

An einem dieser Tage erhielt er von Viedma ein paar flüchtige Zeilen: «Mein geschätzter Don Tadeo, reißen Sie sich los, mir zuliebe, brauche Ihre Musik. Außerdem gibt es einen geistlichen Herrn aus Lima. Nicht uninteressant, zugänglich. Erwarte Sie.»
«Nicht schon wieder!» seufzte er. Er liebte es in keiner Weise, aus der Arbeit gerissen zu werden.

Am späten Nachmittag fand sich die Herrengesellschaft in Viedmas kleinem Rokokosalon ein. Vier Perückenköpfe, eine Tonsur. Die Tonsur, Padre Anselmo, ein weißkuttiger Dominikaner, wurde vom Hausherrn mit «der Abt ist ihm sicher» in die Runde eingeführt. Die beiden anderen waren Haenke bekannt: Emiliano Rodríguez, Mestize, Lehrer und Poet, und General González, Haenkes erster Geiger. Dieser González war ihm ein Rätsel: ein begabter Musiker mit einem ausgeprägten Mangel an menschlicher Anteilnahme und Vernunft. Gonzáles hatte es in sich, mit einem gefühlvollen Adagio die Seele zu wärmen, doch sobald er seinen Poltermund aufmachte, fror die Seele zu einem Klumpen. Wie konnte einer ein bewegender Musiker sein und zugleich ein dumpfer, gefühlsarmer Zeitgenosse? Wahrlich zwei Personen in einer Hülle. Haenke sehnte sich heim zu seiner «Historia natural», wo im Abschnitt zur Glaserzeugung eine Einfügung fehlte. Er kam neben dem weißen Mönch zu sitzen.

«Spricht man eigentlich einen zukünftigen Abt auch mit Padre an?» wandte er sich an den Tischnachbarn.

«Ach, wissen Sie, Doktor Anke», schmunzelte dieser, «wenn man ihm wohlgesinnt ist, sagt man ihm ‹guten Tag›, sonst guckt man am besten weg.»

«Don Tadeo», lachte Viedma, «ich glaube, Sie haben einen Partner gefunden.»

«Es scheint so, Don Francisco. Geistliche Würdenträger mit Humor sind allerdings eine Seltenheit. Nichts für ungut, Padre.»

«Das gebe ich Ihnen zurück», grinste der Padre, «ich kenne nicht wenige Angehörige Ihrer Fakultät, die sind so trocken wie der Sand der Atacama. Also, wir von der Theologischen erheben keineswegs den Alleinanspruch auf Humorlosigkeit.»

«Nicht schlecht getroffen», bekannte Haenke, «wo Sie recht haben, haben Sie unbedingt recht, wobei ich aber vermerken möchte, daß die staatstragende Geistlichkeit sich weder immer noch in allem im Recht findet.»

«Dem schließe ich mich sofort an», kam es von Rodríguez, «die Fehler der Kirche sind unübersehbar. Man predigt das Evangelium und handelt nicht danach. Wie sollen die armen Heiden zum Glauben finden, wenn er ihnen derart unglaubwürdig verabreicht wird! Die Kirche, Padre Anselmo, hat versagt, nur ein schlechter Lehrer prügelt seine Schüler zu den Lektionen. Unbehagen herrscht im Land und Unruhe.»

«Na, na, Herr Lehrer», brummte González, «da übertreiben Sie aber. Unseres Königs Regierung ist die denkbar beste, und es ist verdammte Aufgabe der Geistlichkeit, dieses gottgewollte Regime zu stützen und sich nicht dagegen zu stellen. Unruhe gibt es, weil es Unruhestifter gibt, und dagegen gilt es, hart durchzugreifen.»
«Ich spreche doch nicht gegen den König, General», verteidigte sich Rodríguez, «ich spreche gegen das Unrecht, das von gewissenlosen Beamten verbrochen wird. Niemand kann leugnen, daß es bei uns nicht immer nach dem Gesetz zugeht. Daß von Regierungen auch andere, gute Wege beschritten werden können, hierfür ist Exzellenz selbst ein leuchtendes Beispiel. ‹Gobernador der Armen› nennt ihn das Volk.»
Viedma räusperte sich, griff nach seiner geschwungenen Pfeife, stopfte sie und zündete sie an. Auch González zog eine Pfeife aus seinem Rock. Man schwieg zum aufsteigenden Rauch.
«Ich meine, Caballeros», sagte Viedma, «wir sollten unsere Runde nicht mit politischen Dingen trüben. Es ist ein schwieriges Geschäft und, zugegeben, mitunter kein sehr durchsichtiges. Es allen recht zu tun, mein Gott, das gelang noch keinem. Menschen sind eben keine Götter. Und diese Erkenntnis wollen wir uns einmal hinabspülen. Salud, Caballeros!»
Er hob den Pokal, man prostete einander zu. Der dunkelrote Andalusier wiegte ölig in den Bechern.
«Ein süffiger Tropfen», nickte Haenke. Der Wein löste ihn, launig blickte er Viedma an. Der General hob die schwere Korbflasche und füllte nach.
«Menschen sind keine Götter, Don Francisco», grinste Haenke, «aber wer möchte nicht gern zu jenem Verein gehören! Im Grunde sind sie uns ja gar nicht so unähnlich in ihren Eifersüchteleien und Streitereien.» Sie ähneln uns, die göttlichen Herrschaften, als hätten wir sie geschaffen. Das einzige, worum wir sie wirklich beneiden, ist ihre Schwerelosigkeit.»
«Auch darin sind wir ihnen gleich», gröhlte der General, «caramba, noch ein paar Becher von diesem Roten, und ich bin leicht wie eine Feder.»

«Illusionen, General, nichts als Einbildung», schmunzelte der Padre, «Rausch weniger Stunden und danach tonnenschweres Erwachen. Unsere Erdgebundenheit läßt sich nicht wegtrinken.»
«Aber sie läßt sich wegdenken», fiel Haenke ein, «es steigen bereits Ballone Hunderte Meter aus der Schwere empor. Sie fliegen mit heißer Luft. Ein Gas, leichter als Luft, könnte sie viel höher treiben. Und ich denke an Segel, ich denke an mächtige Schwingen, die die Luft greifen und sich an ihr emporstemmen, und ich denke an eine Maschine, so eine wie die vom Engländer James Watt, die stark genug ist, die mächtigen Flügel zu schwingen. Wir werden fliegen, Caballeros, und die Götter werden staunen.»
«Spinnereien, mein lieber Don Tadeo, Fantastereien», lachte Viedma, «ich glaube fast, der Wein macht Ihnen zu schaffen.»
«Nein, nein, Don Francisco», ereiferte sich Haenke, «das ist kein Weingespinst. Das dicke Gesetzbuch der Natur, von dem wir erst wenige Seiten durchgeackert haben, verbirgt Möglichkeiten, von denen wir heute nur träumen können, die aber morgen Wirklichkeit werden. Die Kraft der Maschine ersetzt nicht nur die Kraft des Menschen, sie übersteigert sie ins Unermeßliche. Und daß Wasserstoff leichter als Luft ist, wissen wir seit Jahrzehnten. Es fehlt nur, ihn in die Hüllen zu blasen.»
Padre Anselmo schüttelte sein Haupt:
«Ich halte mich an die Schrift, und diese sagt, nur unseren Seelen, sofern sie rein und leicht sind, ist es gegeben, zu himmlischen Höhen emporzusteigen. Unser Körper ist irdisches Material, gebunden an diese Erde, um ihr wiedergegeben zu werden. Der Mensch mag seine Spielereien haben, doch niemals wird er diese Bindung abschütteln können. Oder sind Sie, verehrter Doktor Anke, vielleicht auch einer jener, die dem Mann im Mond einen Besuch abstatten möchten?»
Die Fröhlichkeit war ausgebrochen, man ließ den Mann im Mond hochleben.
«Es stimmt, mein weiser Kollege von der heiligen Fakultät», wandte sich Haenke an den Padre, «unser Körper klebt an dem Planeten, aber unser Geist, der, wie Sie mir sicher zustimmen werden, uns auch von Gott gegeben ist, der hat es in sich, diese Gebundenheit zu

ergründen und sie vielleicht dereinst zu überwinden. Die Kirche hat sich schon gegen vieles gestemmt, was sich später als Wahrheit erwies. Auch Sie, Padre, können nicht wissen, wo die Grenzen liegen, die uns Gott gesetzt hat.»

«Nun, ich denke, dieser Punkt geht an Sie, Don Tadeo», entschied Viedma.

«Ich trinke auf die Fantasie», trällerte Rodríguez und hob den Becher, «wir von der poetischen Fakultät kennen keine Grenzen, wir haben schon längst Himmel und Hölle erkundet, zu den Sternen ist es für uns nur ein Sprung. Wir brauchen keine heiße Luft und keinen Wasserstoff, um aus der Gravitation auszubrechen, Zeit und Distanzen, Höhen und Tiefen – die Fantasie bewältigt sie in Gedankenschnelle. Ich lobe sie und preise sie!»

«Man preise sie», stimmte Viedma zu.

Der General verzog das Gesicht, war damit nicht einverstanden:

«Fantasie gut und schön, aber letztlich nichts als eine Krankheit des Gehirns. Was soll ich damit anfangen! Soll ich mir den Feind einfach wegdenken, wenn er mich aufspießt? Sollen meine Soldaten die feindlichen Kugeln als Schmetterlinge ansehen? Nein, ich danke für Ihre Fantasie, aber ein Kriegsmann kann das nicht brauchen.»

«Da will ich Ihnen aber was erzählen von einem Kriegsmann», grinste Haenke zum General hin, «also von einem richtigen Haudegen drüben bei uns in der alten Welt, der ließ mit seinen Kriegsabenteuern die Freunde erschauern, denn er berichtete so ernst und eindringlich, daß nicht wenige die tollen Geschichten für bare Münze nahmen. Einmal, so erzählte er, sprang er auf eine Kanonenkugel, um das feindliche Lager zu erkunden. Und zum Mond ist er natürlich auch aufgestiegen. Der hatte so viel Fantasie intus, daß ihn unser Poet darum beneiden könnte.»

«Ich glaube, der hatte mehr Schnaps als Fantasie intus», brüllte der General lauthals los und schlug auf den Tisch, daß die Becher klirrten.

Viedma hustete, dämpfte den General, klopfte die Pfeife aus und peilte den Mönch an:

«Und wie steht's bei Ihnen, Padre Anselmo, mit der Fantasie?»

«Unsereins hält sich an die unumstößliche Wahrheit des Glaubens, und dazu bedarf es keiner Fantasie, sondern nur Gewißheit. Aber ich gebe gerne zu, daß der Mensch veranlagt ist, sich Unbegreifliches auszumalen. Auch bei uns haben wir unsere Künstler und Fantasten.»
«Und auch ich gebe gerne zu», nickte Viedma, «daß auch wir in der Politik eine Menge an Fantasie brauchen, um uns aus den Vertracktheiten hinauszudenken. Ich meine, wir alle, und der General nicht ausgenommen, die wir in Gott vertrauen und ebenso in die Fähigkeit des Menschen, sich Gottes Liebe und Weisheit würdig zu erweisen, brauchen Fantasie, um den Weg zu finden. Sonst müßten wir an der Zukunft verzweifeln.»
«Bravo!» Rodríguez klopfte seine Zustimmung auf die Tischplatte.
«Nun gut, ich strecke die Waffen», brummte der General, «unter der Bedingung, daß wir bei unseren Fantastereien die Tatsachen nicht verlieren. Denn wahrhaftig, keiner von uns kann über seinen Schatten springen, und dieses Kunststück wird uns auch unser Poet nie vorführen können. Da geh ich jede Wette ein.»
«Außer ich werfe keinen Schatten», kicherte Rodríguez, «dann hüpf ich nach Herzenslust, und keiner kann beweisen, daß mein Schatten nicht drunter war.»
«Und eine Bedingung habe auch ich», meldete sich der Padre, «nämlich, daß wir bei all unserem Zukunftsdenken niemals die heiligen Gebote zu hintergehen trachten.»
«Da sehe ich aber schwarz für die Zukunft», ereiferte sich Rodríguez von neuem, «da müßten wir uns erst einmal dran halten, Padre, aber so wie es aussieht, sieht es in unseren Zeiten damit sehr schlecht aus. Jeder schneidert sich die Gebote zurecht, wie es ihm gerade in den Kram paßt, die Kirche nicht ausgenommen.»
«Oho», Anselmo tat empört, «das sind schwere Geschütze, die Sie gegen uns in Anschlag bringen. Wir haben unsere schwarzen Schafe, wer hat sie nicht! Aber es ist doch nicht die Kirche, die die Verderbtheit in die Welt bringt. Bevor man blindwütig drauflosschießt, sollte man vor der eigenen Tür kehren.»
«Unser Volk ist zu arm, um etwas zum Kehren zu haben», konterte

der aufgebrachte Rodríguez, «und Sie müssen doch zugeben, Padre …» «Halt, halt, Caballeros», unterbrach Viedma, «das blindwütige Schießen sollten wir unserem General überlassen. Ich wollte eigentlich nur ein wenig in die Zukunft spekulieren. Was meint unser Wissenschaftler dazu?»

«Nun, Don Francisco, wenn ich davon ausgehe, daß wir uns, wie Señor González, an das Machbare halten müssen, wenn ich weiters dem zustimme, was Padre Anselmo mit dem moralischen Fundament meinte, und dabei auch die Meinung von Señor Rodríguez über die mangelnde Moral unserer Gegenwart miteinbeziehe, sehe ich die Zukunft nur dann mit Hoffnung, wenn es uns gelingt, ihr eine solide Basis zu geben. Das heißt, wir müssen mit unserer Gegenwart ins reine kommen.»

«Nun, ich fürchte, so bald wird das nicht geschehen, Don Tadeo», Viedma stopfte frischen Tabak in den Pfeifenkopf, «und dennoch, ein wissenschaftlicher Blick in die Nachwelt würde mich schon interessieren. Lassen Sie Ihre Fantasie spielen. Eine Vision möchte ich hören von dem Wissenschaftler, der mehr von den Möglichkeiten, die in unserer Welt stecken, weiß als irgendeiner von uns.»

«Eine Vision also», Haenke rieb sich die Nase, «nun, ich sehe zwei Bilder: ein menschliches und ein schreckliches. Ich beginne mit dem schrecklichen. Es wird eine Welt sein, in der unvorstellbar ausgeklügelte Maschinen eine Hauptrolle spielen werden. Viele Menschen werden darunter leiden, weil die Besitzer der Maschinen diese nur zu eigenem Nutzen einsetzen. Das, was wir aus England hören, wo aufgebrachtes Volk Maschinen zertrümmert und etliche dafür mit dem Tode bestraft werden, ist alarmierend. Nun, es wird eine Welt sein, in der Menschen mittels der Maschinen mit großen Geschwindigkeiten durch die Länder und vielleicht auch über die Länder jagen werden. Sie werden dem Rausch der Schnelligkeit erlegen sein, und sie werden ihre Zeit verlieren, ich meine die Besinnung auf sich und alles, was sie umgibt. Und es werden der Natur starke Gifte entnommen werden, die großen Schaden anrichten, und es werden Waffen gebaut werden, neben denen sich unsere Kanonen und Mörser wie Schaubudenspielzeuge ausnehmen werden.»

«Ho, ho», gröhlte der General, «und vielleicht sehen Sie sogar fliegende Bastionen, die über den Köpfen der Feinde ihre Ladungen abfeuern!»

«Sie können leicht lachen, General», erwiderte Haenke mit ernstem Gesicht, «aber unseren Nachkommen wird das Lachen gründlich vergehen, wenn die Entwicklung so weitergeht. So ist das eben.»

Die Herren schwiegen sich aus.

«Und die andere Vision, Señor Anke?» fragte Rodríguez.

«Die menschliche also? Nun, sie geht von der gleichen Voraussetzung aus. In der Maschinentechnik, in der Untersuchung und Auswertung der natürlichen Stoffe werden in verhältnismäßig kurzer Zeit Erkenntnisse erworben werden, vor deren Ausmaß auch meine Fantasie versagt. Doch all diese neuen Erfindungen und Erforschungen werden ausschließlich eingesetzt, um den Menschen das Leben zu verschönern und zu erleichtern und damit das Wohlergehen jedes Volkes beträchtlich anzuheben. Es werden Heilmittel gefunden werden, die abscheuliche Krankheiten zunichte machen, es werden Ernten reifen, die in ihrer Überfülle keinen Hunger aufkommen lassen. Und, so leid es mir für Sie tut, General, Kriege wird es dann auch nicht geben. In der Wissenschaft, Caballeros, stecken Himmel und Hölle der Zukunft.»

«Und woran liegt es, ob Himmel oder Hölle?» fragte ungestüm Rodríguez.

«Welche Frage!» rief der Padre. «Es liegt, so wie alles, was uns bewegt und tätig werden läßt, in Gottes weisem Ratschluß.»

«Das schließt aber nicht aus, Padre Anselmo», nahm Haenke den Faden auf, «daß es an unserem Bemühen liegt, dem weisen Ratschluß unseres Herrn Folge zu leisten. Es liegt an uns Menschen, die göttlichen Gaben der Liebe und Vernunft erfolgreich gegen die Laster der Habgier, des Hasses und der Dummheit einzusetzen.»

«Nun gut», nickte der Padre, «damit könnte ich mich einverstanden erklären.»

«Bravo», rief der zappelige Rodriguez, «ich muß sagen, eindrucksvolle Bilder, ein infernalisches und ein paradiesisches. Sie sollten ein Buch darüber schreiben, Don Tadeo, so einen Roman, in dem Sie das

alles schildern. Der würde sich verkaufen wie eine heiße Empanada.»
«Ich und ein Roman!» lachte Haenke auf. «Aber, Amigo, Sie vergessen, die Wissenschaft hält mich gefangen, und das ist eine sehr launische Dame, die stets umhegt sein will. Und zur Literatur hat sie ein etwas gestörtes Verhältnis.»
«Also, ich bin der Meinung», polterte der General hinein, «es wird sich auch künftig nicht allzu viel ändern. Ich kann da den Schilderungen von Señor Anke nicht folgen. Für mich bleibt der Reiter mit seinem Pferd der Schnellste von allen. Ein gutes Roß ist unbesiegbar, und so wird es auch bleiben. Ich glaube nicht an das Maschinenzeug. Und was den Krieg betrifft, den wird es immer geben. Die Menschen sind zu ungleich.»
«Hört, hört!» Rodríguez sprang auf und beugte sich zum General hin. «Nicht die Menschen sind ungleich, Señor González, nicht die Menschen, die Verhältnisse sind es, die Zustände, in denen sie leben.»
«Ruhig, ruhig,» Viedma winkte den erregten Poeten auf den Platz, «wir wollen hier keine Dramatik, die überlassen wir dem Theater.»
«Gott liebt die Menschen», psalmodierte der Padre, «und er beurteilt sie nach ihren Taten und nicht nach ihren Verhältnissen. Und insofern gehe ich diesmal mit unserem Poeten konform. Warum, so frage ich, und ich frage mich vor allem selbst, warum sollten wir uns nicht bemühen, uns der Liebe Gottes würdig zu erweisen?»
«Eine Frage noch», Viedma wandte sich an Haenke, «woraus schließen Sie, Don Tadeo, diese schnelle Entwicklung in Technik und Wissenschaften? Sie sind nicht der Mann, der sich die Dinge aus der Luft greift.»
«Die Luft ist auch nur ein Gas, Don Francisco», lächelte Haenke, «und daraus läßt sich schon manches greifen. Gase haben es in sich. Aber im Ernst zu Ihrer Frage. Was seit, sagen wir, etwa dreihundert Jahren bei uns in Europa, und besonders in diesem Jahrhundert, erfunden, gefunden und erforscht wurde – nun, im Vergleich dazu kann man die vorangegangenen Jahrhunderte, wahrscheinlich bis zurück zu den Griechen, als wissenschaftlichen Leerlauf bezeichnen. Da ist nur Logik in der Voraussage. Auf Grund dieser Beschleuni-

gung in der Erforschung der Natur, in der Kosmologie, in der Stoffkunde, in der Medizin, in der Pflanzenkunde und eben auch in den technischen Erfindungen und Verbesserungen, läßt es sich beinahe errechnen, daß, na sagen wir, etwa die Kinder unserer Urenkel schon völlig veränderte Zustände vorfinden werden. Die Wissenschaft ist zur Lawine geworden, sie rollt immer schneller und mächtiger.»
«Und demnach müssen unsere Enkel auf der Hut sein, daß sie nicht von dieser Lawine überrollt werden», stellte Rodríguez fest.
«So ist es», nickte Haenke.
«Nun, wenn es so ist», sagte Viedma und klopfte die Pfeife aus, «dann, denke ich, sollten wir uns ernsthaft dranmachen, um der menschlichen Vision unseres Wissenschaftlers ein solides Fundament zu mauern.»
General González füllte geschäftig nach, hob seinen Becher in Stirnhöhe:
«Auf den König, Caballeros!»
Die Herren erhoben sich und tranken auf den fernen Monarchen.
Plaudernd verließen die Gäste den kleinen Salon. Viedma begleitete Haenke hinaus, legte den Arm um Haenkes Schulter.
«Diesmal ist die Musik zu kurz gekommen, Don Tadeo, was gibt es Neues in der Tonkunst?»
«Letzte Sonaten von Pleyel. Vor kurzem mit der Post eingetroffen.»
«Pleyel? Noch nie gehört.»
«Aber sehr hörenswert, Don Francisco.»
«Nächstes Mal, Amigo Anke, werden die Worte schweigen, damit die Musik zur Sprache kommt.»

Haenke schrieb seinen Namen «Tadeo Haenke», darüber noch «Cochabamba» und das Datum: 15. März 1798. Der Punkt, den er bedächtig setzte, war der Schlußpunkt der «Historia Natural». Vollbracht. Er verschränkte die Hände auf dem hohen Papierstapel. Ein Tag zum Feiern, doch er fühlte kaum Freude, nur Erschöpfung und Leere. Seine Hände ruhten auf Jahren und Monaten unsäglicher Mühen und Überwindungen, Körper und Geist waren übermäßig gefordert worden. Wann wohl hatte er damit begonnen?

Bei den Yurakarés, doch schon vorher. Ein Stück vollen Lebens lag unter seinen Händen, nun fehlte es ihm, darum die Leere.
Vor Wochen war er vom Altiplano zurückgekehrt, vom kalten Land. Der Schlußpunkt war nicht zu setzen gewesen, bevor er nicht die obere Zone, diese Tierra fría, in Kisten und Heften hatte. Hinauf also zum Chucuito, dem Titicaca, wie die Aimarás dieses Andenmeer über den Wolken nannten. Immenses unüberschaubares Binnengewässer, 4800 kastilische Varas oberhalb der Nullhöhe des Ozeans. Die noch nahen Eindrücke schoben Bilder in die innere Camera obscura. Sonntag am See, dem blauen, uferlosen. Kalt brennende Sonne. Schilfgras, der breite Gürtel aus Schilfgras, darin die gerodete Gasse zur weiten flimmernden Fläche. Schilfboot. Der dunkle Indio im rotschwarzen Poncho, kantig knochiges Aimarágesicht, aufrecht der Mann in der leichten Balsa. Die Wülste des Bootes zur anmutigen Form gerundet, strohfarbene Schale auf dem Wasser. Ruhig und leicht stakte er mit dem langen Paddel hinaus. Immens auch die den See einschließenden Ebenen, vielfarbige Öde, unberechenbar wie der See. Und im Osten die Cordillera Real mit den kristallenen, funkelnden, weißhäubigen Giganten, Sorata, Illampú.
Er war auf den Kalvarienberg gestiegen wie tags zuvor die Prozession singender, betender, Kerzen und Amulette tragender Indios. Oben hatten sie Räucherwerk gezündet, hoch stiegen die schwarzen Kräuselfahnen ebenso wie dereinst, als sie sich Virakocha, dem dem See Entstiegenen, beugten. Aber nun hatte die von Indiohand geschnitzte dunkelfarbene Madonna jenem Gott den Rang abgelaufen. Im Heiligtum der Halbinsel, im massiven Gotteshaus blickte sie gütig und verstehend auf den stillen Jammer gebeugter Rücken, auf dumpfes Leid. Aufgehäuft die Gaben um sie, heilersehnende Gaben, feingeschnitzte Glieder, Häuschen und Geräte und Llamas und Früchte, liebevoll gefertigter Schmuck, tränenbenetzte Gaben. Von weither, von fernen Küsten, aus der trostlosen, unwirtlichen Ebene wallfahrten sie zur Mutter Gottes von Copacabana. In undenklichen Zeiten waren sie aus der Tiefe zu dieser kargen, feindlichen Höhe aufgestiegen, hatten das Land genommen, waren mit ihm eins geworden. Woher sie kamen, warum sie blieben? Was hielt sie auf den harten

Steinäckern, in den eisigen Staubwinden, in dieser Luft, die zu dünn ist, um die Wärmestrahlen der Sonne zu stauen? Fragen und keine Antwort.

Dann Tihuanaco, Traumstadt in der Wüste, drei, vier Leguas vom See entfernt, unvermittelt, bezugslos. Reste eines andinen Roms. Pracht von Palästen und Tempeln ein Jahrtausend vor den Inkas. Hartes Gestein zu exakten Quadern gemeißelt, zu massiven Mauern gefügt. Breite, ausladende Treppe zum Kalasasaya, dem Tempelpalast. Abseits vom roten Tempel der massive graugrüne Block des Sonnentors, nur Ausgangstor, kein Hinein. Die rechtwinkelige durch den Granitblock gehauene Tür, wohin? Der rechte Winkel im Kontrast zum vollendeten Bogen des Portals, auf dem in Quadraten geordnete Flügelwesen hin zum zentralen, mähnig strahlenden Gott der Mitte streben. Tor ins All, ins Trümmerfeld. Verstreut auf dem Gelände der gefallenen Blöcke zwei mannshohe Götzen, Arme an den Leib gepreßt. Vor der Brust Waffen in den Händen – oder Insignien der Macht? Der Helm, ist er ihnen Kopfschutz oder Krone? Das zur ausdruckslosen Maske erstarrte Gesicht, tellergroße Insektenaugen, dicke aneinandergepreßte Lippen. Und überall Fabelwesen im Stein und aus Stein gehauen. Kauernde Spukgestalten, böse Köpfe an den Mauern. Rundsäulen, Altarsteine, die gefallenen kantigen Steingiganten, Torsi einstiger hochragender monumentaler Pracht.

Am Rand des Areals gleichförmige, flache Hügel – stumpfe Pyramiden, unter gelbfarbener Erde und Steppengras die Fundamente von Palästen und Sakralbauten. Das Rätsel von Tihuanaco, wer löst es?

Rätselvolles Land. So auch La Paz, Stadt am Abbruch des Hochlands, an den Hang sich krallend, in die Schlucht sich schmiegend, und dahinter fern und zum Greifen nah der doppelt gehörnte, blaueisige, das Mondpanorama beherrschende, majestätische Illimani. Mondpanorama, bizarres Tal des Mondes, Wald grotesker Steinsäulen, barocke, von Wind und Wetter geformte Gebilde. Der Mond, der weibliche Mond, die männliche Sonne, nahe fühlten sie sich den Göttern …

«Doktor, das Essen steht bereit», Marcelas Stimme klang aus der

Küche. Er erhob sich, klopfte den Stapel zurecht. Viedma wird seine Freude haben, dachte er, und ich werde sie mit ihm teilen. Er klemmte den Packen unter den Arm und ging ins Haus.

Viedma hatte seine Freude daran, er durchmaß aufgeregt den Raum. «Erzählen Sie, geschätzter Freund, das ist eine wunderbare Gabe. Sofort nach Buenos Aires damit, ein großartiges Werk.»
«Sie haben es noch gar nicht durchgesehen, Don Francisco.»
«Werde ich, werde ich. Ich kenne Sie doch, Verehrter, ich kenne doch Ihr Arbeiten, Ihr Wissen. Da, warten Sie.» Er kramte auf dem Tisch. «Da, lesen Sie. Ich sandte es bereits ab. Über Sie, ja über Sie. Eine kleine Einführung zu Ihnen und Ihrem Werk.»
Haenke nahm das Blatt, das ihm der Gouverneur reichte, und las:
*« … durch den Zufall, der uns in diese Provinz Seiner Majestät den Naturwissenschaftler Don Tadeo Haenke gebracht hat, einen der Gelehrten, welcher der Forschungsreise um die Welt unter Malaspina zugeteilt war, ist mir ein breites Wissen über die Natur zuteil geworden, welche dieses weite Königtum Peru zu bieten hat … seit damals, als er in diese Stadt kam und ich mit ihm bekannt wurde, lernte ich ihn in seiner Gelehrtheit, in seinem vorzüglichen Auftreten schätzen und ehren, und ich drängte ihn, daß er in seinen wissenschaftlichen Forschungen sich dieser Provinz widmen solle, wo die Natur mehr zu bieten hat als in irgendeiner anderen Region des Königtums. In den wenigen Jahren, die er sich hier aufhält, verwendete er sich in ständigen Arbeiten und Aufgaben, immer wieder in Expeditionen und Reisen, sowohl in die Puna wie ins Bergland der Yurakarés und hin zum Rio Cotacajes, Strecken, die er fast zur Gänze zu Fuß zurücklegte. Die Versuche und chemischen Experimente mit den von ihm entdeckten wertvollen Mineralien für Färbereien, Manufakturen und Handwerk, mit allem, was dem Staate von Nutzen sein könnte, haben ihm viel Mühe und Ausgaben verursacht. Niemand brauchte mich darüber zu belehren, ich selbst habe die Ergebnisse seiner Arbeiten gesehen und berührt. Von all diesen Erfahrungen wird Ihrer Exzellenz eine umfassende, von Haenke selbst erarbeitete Beschreibung zukommen. Unter der Nummer 9 kündige ich schon hier den Versand von 18 Kisten an, welche die Proben hierzu enthalten …»*

Haenke blickte auf.
«Was soll ich sagen, Don Francisco? Ich bin zutiefst gerührt, ich danke Ihnen.»
«Nichts gerührt, nichts gedankt. Ihnen der Dank, mein lieber Freund, mit Ihrem Wissen und meinen Plänen werden wir sie alle überfahren. Nun erzählen Sie, einen kleinen Bericht, das Wesentliche.»
Haenke überlegte.
«Das Wesentliche? Um das Land zu nehmen, braucht man die Menschen. Darf ich offen sein?»
«Was heißt dürfen, Sie müssen offen sein, und wenn Sie finden, daß ich ein schlechter Verwalter bin, so sagen Sie es hier, und ich werde mich bessern. Also heraus damit!»
«Wahrhaftig nichts gegen Sie, Don Francisco, ich sagte es schon, ich wünschte, die Hälfte des Königtums hätte Männer wie Sie an der Spitze. Doch darunter sieht es bei uns oft nicht so gut aus, da stößt man auf Mittelmäßigkeit, auf Fehlerhaftes und unfähige Administratoren. Oft besteht deren einzige Beziehung zur einheimischen Bevölkerung darin, die Menschen zu strafen, zu quälen, zu töten, auszubeuten. Mit den Missionaren ist es auch so eine Sache. Ich gebe zu, es ist keine leichte Aufgabe, die wilden Stämme zu sammeln, zu lehren, in ihnen das Vertrauen zu Gott und zum König zu erwecken. Aber die Franziskaner sind keine Jesuiten. Ich weiß, Sie billigen nicht alles in der jesuitischen Missionsarbeit. Aber jene hatten es verstanden, den Eingeborenen das Vertrauen in sich selbst zu geben. Und das ist wichtig, denn erst im Selbstvertrauen keimt im Menschen das Vertrauen zu anderen. Ich habe die Franziskaner kennengelernt, sie gehen andere Wege, Irrwege, meiner Ansicht nach. Hier im Manuskript habe ich auf die Mißwirtschaft in den Missionen hingewiesen. Warten Sie, ich lese es vor.»
Er blätterte im Stapel und fand die Stelle.
*«... Es sieht so aus: Der einstige Enthusiasmus in der Missionierung der Völker ist verflogen; der Aufgabe, wonach die Missionare nicht nur geistliche Werte vermitteln, sondern auch die wilden Menschen ihrer Region dem Gemeinwesen zuführen sollen, wird nicht nachgekommen.*

*Der Fehler liegt schon im Auftrag, demnach jedem Mönch die Fähigkeit zugesprochen wird, diese einfache Aufgabe zu erfüllen. Dazu braucht es aber fraglos Männer von Wissen, von Einsicht, von Entscheidungskraft und außerordentlicher Klugheit. Nicht zuletzt müßten sich diese Leute einer robusten Gesundheit erfreuen, um die Hitze der Tropen, die Insektenplagen, die Wetterkatastrophen durchstehen zu können. Vor allem aber müßten sie einen Kopf haben, um sich die Sprache der Eingeborenen schnellstens anzueignen. Sie müßten die Fähigkeit haben, diese Menschen in ihrer Wildheit dort zu begreifen, sie verstehen zu lernen. Alle diese unabdingbaren Eigenschaften sind wahrhaftig bei den wenigsten der missionierenden Franziskaner anzutreffen. Das einzige, was sie können, ist, dem Staat unglaubliche Kosten aufzulasten. Ihre einzige Tätigkeit besteht darin, die Gemeinde zu den Andachten zu versammeln, um im Chor das Gebet zu sprechen. Viele sind ihrem Armutsgelübde untreu geworden, ihre einzige Liebe gilt der Bereicherung. Sie beuten die Menschen in geradezu unverschämter Weise aus, muten ihnen Arbeiten zu, als ob sie Lasttiere wären. Daraus ziehen die Mönche ungeheure Vorteile für sich, für ihre eigenen Taschen. Despoten sind sie und dazu Ignoranten im Wirtschaften, und was sie sich noch alles Schändliche leisten, soll hier gar nicht zur Sprache gebracht werden. Ein Indio unter solchen Lehrern hat in seinen dreißig Lebensjahren nichts anderes gelernt, als die ihm unverständlichen Gebete wie ein Papagei herunterzuplappern, er ist in seinem Können und Wissen genau so weit wie vor der Ankunft jener Bekehrer. Kein Wunder, daß die Menschen von dort fliehen, in die Wälder zurückkehren und die Missionen sich zur Zeit in einem geradezu unglaublichen Zustand befinden. Anstatt geistliche und staatliche Stützpunkte zu sein, brechen die Franziskanermissionen im Osten des Landes zusammen und überlassen es den Portugiesen, Schritt für Schritt Landstriche in Besitz zu nehmen und gegen spanisches Hoheitsgebiet vorzurücken …»*

Er blickte auf: «So sieht es um die Missionen aus, Don Francisco.»

Der Gouverneur erhob sich zu einem Raumspaziergang.

«So sieht es also in den Missionen aus», wiederholte er, «ein Skandal, ein unerhörter Skandal. Und das haben Sie auch alles im Manuskript vermerkt?»

«Ausführlich. Ich habe noch hinzugefügt, daß die glücklichste Zeit der Missionen die der Jesuiten war. Die Wahrheit läßt sich nicht verleugnen, Don Francisco, auch wenn sie von so manchen Obrigkeiten geflissentlich übersehen wird. Die Jesuiten hatten etwas Entscheidendes, Grundlegendes durchgesetzt: Ihre Reservate durften von den weltlichen Behörden nicht betreten werden.»

«Sie haben recht. Zamora, ihn trifft alle Schuld für diese unerhörten Zustände im Osten. Dieser Despot ist ein kriminelles Element, jetzt werden wir ihm den Garaus machen. Don Tadeo, so leid es mir tut, sie müssen wieder hinunter, sie müssen nach Santa Cruz. Nur Ihnen vertraue ich.»

«Aber die ‹Historia Natural› muß noch sprachlich gereinigt werden. In dieser Fassung gebe ich sie nicht her. Ich kenne meine Schwächen.»

«Ich schlage Ihnen einen Handel vor. Sie geben mir das Manuskript, und wir werden es in ein glanzvolles Spanisch bringen. Inzwischen machen Sie sich nach Santa Cruz auf. Wenn Sie wiederkommen – allzulange wird es diesmal sicher nicht brauchen –, dann liegt Ihre ‹Historia Natural› versandbereit vor, und uns beiden ist geholfen.»

«Der Handel gilt», lächelte Haenke, «eine bessere Redaktion hätte ich mir nicht wünschen können. Es trifft sich auch nicht schlecht mit meinem Vorhaben, ich wollte schon nochmals in die Gegend, allerdings weiter nach Süden zum Chaco hin. Was soll ich für Sie unten erledigen, Don Francisco?»

«Ich brauche über Zamora einen vertraulichen Bericht, so alles, was der Kerl dort treibt, wie er sich aufführt. Vor der Audiencia in Charcas machte er viel Wasser, rühmte sich seiner Heldentaten. Nun soll er sich in Concepción aufhalten. Sie brauchen ihn natürlich nicht aufzusuchen, würde es auch gar nicht raten. Hören Sie sich um. Ich nenne Ihnen Leute, an die Sie sich wenden werden. Zamora muß weg von der Bildfläche, das ist ein wichtiger Teil unserer gemeinsamen Verschwörung. Verstehen wir uns?»

«Ich breche schnellstens auf.»

Aus dem vertraulichen Bericht Haenkes an den Gouverneur von Cochabamba:

*« … gemäß dem Auftrag, den Ihre Exzellenz mir zukommen ließ, möchte ich feststellen, daß dem Gouverneur von Moxos, Zamora, nicht das geringste Verdienst im Reservat der Indios Guarayos zukommt. Die einzigen, die hier verdienstvoll seit zwanzig Jahren Beziehungen zu den wilden Stämmen pflegen, sind die Einwohner von Concepción. Und das auch nur so lange, bis Zamora hier auftauchte. Sein von ihm gepriesenes Unternehmen, das in keiner Weise als solches bezeichnet werden kann, datiert vom Oktober 1794, als sich Zamora mit seiner Gräfin in die Ansiedlung der Indios begab. Es begann schon damit, daß er bedauernswerte Einwohner von Concepción zwang, besagte Gräfin samt Sohn in einem Sessel und teils in einem schweren Handkarren über eine Strecke von mehr als 80 Leguas hin- und herzuschleppen. Bei dieser unwürdigen Sklavenarbeit wurden Indios verletzt, verkrüppelt, verwundet. Lange Zeit litten sie unter ihren verstümmelten Armen. Man schilderte mir, wie auch viele der Unglücklichen auf dem Weg von Santa Cruz zu den Missionen zugrunde gingen. Für das Unternehmen wurden die Einwohner von Concepción verpflichtet, nicht nur eine große Menge an Nahrungsmitteln und Ausstattung aufzubringen, sondern sie wurden auch gezwungen, Häuser und Kapelle der Mission zu bauen. Daher die scharfe Ablehnung der Eingeborenen und ihr Widerstreben den Behörden gegenüber. All dies teilte mir Don Fernando Paredes, damaliger Sekretär, mit, der an dem Unternehmen teilnahm. Das einst blühende Concepción wurde durch die Auflagen des Gouverneurs zugrunde gerichtet, die Lebensmittel wurden knapp. Der Kazike von Concepción sprach deshalb bei Zamora vor, um ihm die üble Lage der Einwohnerschaft darzulegen. Er wurde wie ein Verräter behandelt, in Ketten gelegt und lange Zeit gefangen gehalten. Zamora behandelte ihn wie einen Aufrührer, wie einen zweiten Tupak Amaru, nur weil jener den Ruin von der Einwohnerschaft abwehren wollte. Für den Bau der Kapelle wurden aus den Kirchen anderer Orte sakrale Gegenstände und Ornamente in Beschlag genommen, was zur allgemeinen Empörung beitrug. So sieht dieses gefeierte Guarayo-Unternehmen aus, dessen sich Zamora vor der Audiencia in Charcas über alle Maßen rühmte. In Charcas, das von dort*

*mehr als 200 Leguas entfernt liegt, konnte er alles Mögliche über seine Leistungen auftischen. Ebenso wie in Moxos riegelte er auch hier das Gebiet ab, betrachtete es als sein Reich, das niemand betreten oder verlassen darf, um solcherart jedwede Zeugenschaft über sein wahres Tun rigoros zu unterbinden ...»*

Abermals waren Monate verstrichen. Haenke war aus Santa Cruz nicht nach Cochabamba zurückgekehrt, sondern im Tiefland geblieben. Er wandte sich dem Südteil der Provinz zu, wanderte über die Waldberge, durch die Sumpfebenen der Chiriguanos und Chaneses, um das Quellgebiet des Paraná, des zweiten mächtigen Stromsystems Südamerikas, zu erkunden.

Zwischen dem Parapetí im Norden und dem Pilcomayo im Süden, wo die Andenglieder abebnen und im Gran Chaco versumpfen, verläuft die Wasserscheide zwischen den Stromgiganten. Dort, in den Schluchten und Tälern und Ebenen fand er, wie er es auch in einem Bericht an Viedma darlegte, an die 60 wilde Stämme, zu denen Missionare noch gar nicht vorgedrungen waren. Nur in wenigen, weit verstreuten, kümmerlichen Stützpunkten bekundete das spanische Kolonialreich Anwesenheit, doch als Macht konnte es in dieser Region übersehen werden. Nur vereinzelte Händler, die sich in die wilden Gegenden vorwagten, kamen den Eingeborenen als Herolde einer fragwürdigen Zivilisation zu Gesicht.

Schonungslos gegen sich, unerbittlich in der Ausführung seines Vorhabens, schlug sich Haenke hartnäckig durch die Unwegsamkeit, drang in die Wildnis vor, kam bald mit kriegerischen Stämmen in Berührung, deren Grausamkeiten, von den Händlern genüßlich aufgebauscht, die Städter erschauern machten. Doch er, in seiner beinahe naiven Bedenkenlosigkeit, wunderte sich weiter nicht, daß er von den tropischen Tücken verschont blieb und ihm auch die Wilden nicht wild wurden. Wie stets vertraute er seinem Körper, seinem Geist und selbstredend seinem ausgezeichneten Schutzengel, dem er beste Zensuren ausstellte.

Er nistete sich für Wochen in verschiedenen Dörfern ein, unterwies die Eingeborenen in der Erzeugung und Anwendung von Heilmitteln, im Kneten erstarrter Muskeln, im Anlegen von Bandagen und Stützen, er unterwies sie in Handfertigkeiten und Handwerklichem und zuweilen auch im ertragversprechenden Anbau von Feldfrüchten. Er machte sich mit der Lebensweise, den Dialekten seiner Gastgeber bekannt, er lernte von ihnen, und sie gingen ihm bei seiner Bestandsaufnahme der Fauna und Flora jenes Gebietes, bei seiner steten Suche nach neuen Arten gern an die Hand. Haenke wurde in diesen Monaten und Jahren zu einem jener seltenen Exemplare aus der Gringosippe, dem man von seiten der Eingeborenen mit Wohlwollen und Dankbarkeit begegnete. Er war mit der Zeit zur Legende geworden.

Oft begleitete er die Männer zur Jagd und staunte stets von neuem, mit wieviel Geschick, mit welcher Treffsicherheit sie ihre Waffen, Bogen, Blasrohre handhabten. Er notierte:

*« … in den Savannen tummeln sich Straußenvögel, groß wie Füllen. Wenn sie mit ihren langen Beinen ausgreifen, sind sie kaum mit schnellsten Pferden einzuholen. Über die Ebene streifen Herden von Wildpferden und Rudel schwarzfüßiger Hirsche. Die Männer jagen sie mit Seilen. Erstaunlich auch hier ihre Fertigkeit, wenn sie im gestreckten Galopp den Tieren den Strick ums Geweih werfen. Welch ein Land, welch ein Reichtum!»*

An einem der letzten Dezembertage des Jahres 1799 bestieg er irgendwo in der Ungeheuerlichkeit der Ebenen und Buschwälder einen Hügel. Über ihm der hochsommerliche Nachthimmel in voller Gala üppig südlicher Strahlenpracht. Aus dem Band der Milchstraße leuchteten die vier Großen des Kreuzes. Er setzte das Teleskop an, schwenkte zur Carina, suchte und fand den Canopus und den Alpha im Eridanus. Kein heimatlicher Rigel zur mitternächtlichen Stunde. Er nahm das Rohr ab und dachte sich in die Nacht hinein und hinüber zur grauen Dämmerung über dem im Schnee verpackten Heimatdorf, dort oben im weiten Norden, im artigen, rundlichen Bergland. Heimeliger Advent, gegen Neujahr duftend. Die Mutter, das traute Geplauder wohl auch über ihn, den Sohn früher Jahre. Leichte Wehmut, leichte Sehnsucht nach fernen Tagen und ferner

Stube. Gutes Kreibitz im friedlosen Europa, im Kriegspanorama rauchender Brandstätten, gekrümmter, erstarrter Leichen, taumelnder Krüppel, und Blutspuren im weißen Schnee. Sein Bruder, der Alois, der Rittmeister Alois Haenke im Getümmel. Wird er es mit heilen Gliedern durchstehen? Möge der Wahnsinn ihn verschonen.
Die Schönheit der Nacht nahm ihn aus der Traurigkeit, mit Gezirpe der Insekten, Gequake der Lurche, der aufgeblasenen Tümpeltrompeter, rauschte ihm die Tropennacht wohligen Frieden zu. Da leuchtete der Himmel in einem grandiosen Lichterspiel auf, ein dichter Meteorregen zog über das Gewölbe und verglühte am Horizont. Noch nie hatte er den kosmischen Schwarm vor Augen bekommen. Klopfenden Herzens, tief ergriffen verharrte er im Anblick des wunderprächtigen Sternenzaubers. Festlich kündigte sich das neue Jahrhundert an.

Zu Beginn des neuen Jahrhunderts war er wieder in Cochabamba, um endlich das lange geplante Hygieneprojekt in die Tat umzusetzen. Da brachen in Santa Cruz Unruhen aus. Die Chiriguanos und Chaneses hatten sich erhoben, und es war unschwer zu erraten, gegen wen sich ihre Wut richtete. Viedma ließ eine Truppe zusammenstellen, die er selbst nach Cuiquitos führen wollte, und bat Haenke, diesen besten Kenner jener Regionen, ihn nach Santa Cruz zu begleiten.
«Wir wollen dort nicht viel Zeit verlieren», beteuerte Viedma, «und vor allem wollen wir mit Zamora endgültig Schluß machen. Er hat ausgespielt.»
In Santa Cruz trennten sich ihre Wege, Haenke reiste in den nördlichen Abschnitt des Territoriums. Er nahm sich fest vor, so bald wie möglich nach Cochabamba zurückzukehren.
Auf dem Rio Grande ging es abwärts, und dann drang er durch die Wälder zum Rio San Miguel vor, um sich schließlich in der Mission San Javier für einen Aufenthalt einzurichten. Dort begegnete er einem warmherzigen, hilfsbereiten Menschen, dem Priester und Missionsleiter Manuel de Roxas, dem Haenke kein Unbekannter mehr war. Viel war diesem über den Médico bereits zugetragen worden.

Als Roxas nun Haenke in persona kennenlernte, als er dann im Lauf der Tage beobachtete, mit welchem Ernst und welcher Verantwortung dieser Arzt seine Patienten behandelte, wie ihm das Vertrauen der Menschen zuflog, verehrte er ihn sehr, und er tat alles, um dem Gast das Arbeiten zu ermöglichen und den Aufenthalt zu erleichtern. Es waren gute Wochen in San Javier, und der Fall Lazaro tat ein weiteres, um Haenkes Ansehen in der Station zu erhöhen.
Ein Mann mittleren Alters war vom grassierenden Sumpffieber befallen worden. Als Haenke ihn aufsuchte, lag er, von verzweifelten Familienangehörigen umgeben, bewußtlos im Bett. Haenke flößte ihm eine mit Quina versetzte Arznei ein, doch die Familie hatte bereits nach Roxas gesandt, der hier angebrachter schien. Der Doktor mochte seine Mittel rühren, ein vom Tod Gezeichneter hat keinen Körper mehr, sondern nur noch Seele.
Als Roxas eintrat, lag Haenkes Kopf auf des Kranken Brust, und der Kopf murmelte:
«Er atmet nicht, warum atmet er nicht? Er vergißt zu atmen! Atme doch, Mensch, atme! Nicht faul sein, Luft ein, Luft aus. Ich werde dir helfen, warte ich helfe dir!»
Er stützte sich mit den Händen auf den Brustkorb des Kranken, drückte, drückte, pumpte.
«Aus, ein, aus, ein!» befahl er sich und ihm.
Hastig kam Roxas ans Bett:
«Um Gottes Willen, Doktor, was tun Sie!»
«Hochwürden, gut!» keuchte Haenke. «Öffnen Sie ihm den Mund, tun Sie es, ich bitte Sie. Sprechen Sie zu ihm, leise und eindringlich!»
Roxas tat, als wollte er dem Kranken die Hostie in den Mund schieben.
«Nicht die Hostie!» flüsterte der pumpende, schwer atmende Doktor. «Er erstickt sonst.»
«Nicht die Hostie», nickte Roxas und sprach nahe dem Kranken ein mildes Vaterunser.
Ein tiefer Seufzer und ein Gehüstel. Der Mann schlug die Augen auf, blickte Haenke an und hauchte:
«Sind Sie der Médico?»

Betroffen starrte Haenke auf den Mann, nickte stumm. Da brach die Freude los, die Verwandten drängten sich heran, plapperten erregt dem Kranken zu. Haenke hielt sich die Hand an den Mund und lief hinaus. Roxas sah es, folgte ihm besorgt ins Freie. Doch was sah der sorgende Priester draußen? Haenke bog sich, konnte sich vor Lachen kaum halten.
Vorsichtig lächelte Roxas:
«Die Freude, nicht wahr, Doktor?»
«Ja, Hochwürden, natürlich auch das!» prustete er. «Aber es war zu komisch, es war so urkomisch!» Sein Lachen weitete das verständnislose Lächeln des Geistlichen. «Ich turne da auf dem Menschen, als ob er ein Blasbalg wäre, während Sie ihm mit ernstheiligem Gesicht das Vaterunser vorsummen. Nein, entschuldigen Sie, Hochwürden», abermals das Lachen, «das war bühnenreif, das war die gelungenste Posse vor einem tieftraurigen Publikum.»
Nun platzte auch Roxas los, und es dauerte eine Weile, bis sich die beiden würdigen Herren in ihrer Ausgelassenheit beruhigt hatten.
«Kommen Sie», sagte Hochwürden, «wir müssen hinein, die warten schon auf uns.»
«Ernst, ernst», kicherte Haenke, «sonst nehmen sie uns den Zauber nicht ab.»
Drinnen gab es Händeschütteln und Danksagen, und er besah sich nochmals den Kranken, der aufrecht im Bett saß und an einem Fladen kaute.
Nachdem er seine Anordnungen zur Nachbehandlung gegeben hatte, überließ er den ins Leben Zurückgekehrten seinen aufgeräumten Betreuern. Das war der Fall Lazaro, der zu des Médicos Ruhm die Runde machte. Roxas begleitete Haenke.
«Sie haben ein wahres Wunder vollbracht, mein lieber Doctor.»
«Ach, Hochwürden, das war kein Wunder. Man muß nur die Leute hin und wieder daran erinnern, daß sie nicht zu atmen vergessen.»
Roxas sah das verschmitzte Grinsen und schüttelte den Kopf: «Wie macht Ihr Ärzte das nur, daß euch nichts erschüttern kann?»
«Der Schein trügt. Ein guter Arzt muß auch ein guter Schauspieler sein, um aus der Tragödie der Krankheit eine zuversichtliche Come-

dia zu machen. Da spielt der Arzt die Hauptrolle, und er muß sie gut spielen, sonst bleibt die wichtigste Medizin, die er dem Kranken verabreicht, ohne Wirkung. Ich meine den Lebensmut. Fehlschläge verletzen tief. Es ist oft nicht leicht, die von uns erwartete Rolle zu spielen, auch wir tragen keine Panzer um die Seele.»

Aus einem Schreiben Don Manuel de Roxas, Leiters der Mission und ersten Priesters der Pfarre von Cuiquitos, an Bischof Don Raphael:
*« ... es ist mir ein Bedürfnis, Gott und Ihnen Dank zu sagen, daß uns ein derart wohltätiger, leutseliger, vortrefflicher und gerechter Mann wie Don Tadeo Haenke zugesandt wurde. Ich bitte Sie inständigst, in den Ihnen unterstellten Pfarren Dankesmessen mit gesungenem Tedeum ladamus für ihn abzuhalten, auf daß Gott ihn uns bewahre und wir das Glück und die Ehre haben mögen, ihn noch oft in unseren Missionen zu empfangen ... San Javier, 21. Oktober 1800.»*

Viedmas liebenswertes Birnengesicht strahlte, vor Freude schielten seine Augen noch mehr als sonst.
«Willkommen daheim, mein lieber Don Tadeo, willkommen in Cochabamba. Über Sie und Ihre Tätigkeit verbreiten sich wundersame Gerüchte. Ich glaube fast, Sie sind ein verkappter Missionar, mein lieber Freund, einer ohne Kutte.» Er faßte ihn an beiden Händen.
«Ein Missionar? Würde mir nicht schlecht zu Gesicht stehen», lächelte Haenke gerührt, «nur fürchte ich, der Kirche könnte meine Liturgie nicht zusagen. Mein Kopf tut sich halt schwer mit der Theologie, zu viel Ketzerisches drinnen.»
«Ja, das scheint mir auch so. Aber erzählen Sie, ich brenne schon auf Ihren Bericht. Wie ging es Ihnen, wie geht es Ihnen?»
Aufmerksam verfolgte Viedma Haenkes Beschreibungen von Cuiquitos, der Region um Santa Cruz, nickte, unterbrach die Ausführungen mit kurzen Fragen, notierte sich einiges und sah die Aufstellung der zum Versand bereiten Kisten durch.
«Nun aber folgendes, Don Tadeo», begann Viedma, als Haenke geendet hatte, «ich habe eine gute und eine schlechte Nachricht. Womit soll ich beginnen?»

«Mit der schlechten, Don Francisco, damit wir mit der guten die schlechte vergessen machen.»

«Also, das Projekt Marañon wurde von den Bürokraten verworfen. Sie wollen noch in einer ausführlichen Begründung ihre Ablehnung zusammenfassen. Soviel ich erfahren habe, häufen sie Hindernisse im Stromsystem auf, Katarakte, Untiefen, wilde, bedrohliche Eingeborene, und behaupten, die Fahrt über den Amazonas würde zu viel Zeit in Anspruch nehmen. Dabei haben diese Herrschaften noch niemals einen Fuß in diese Gegenden gesetzt. Dahinter steckt natürlich die Sache mit den Portugiesen, das ist uns klar, und ich muß zugeben, bei aller Unfähigkeit und Unbeweglichkeit jener Stellen, das ist ein Knoten, der nicht so leicht zu lösen ist. Kurz und gut, lassen wir es noch liegen, die Zeit wird für uns sprechen.»

«Ich wollte, ich hätte Ihre Zuversicht in dieser Sache. Ich gebe zu, ich hatte meine Zweifel am Erfolg, ich unterdrückte sie, das Projekt schien mir zu wichtig, um nicht aufgegriffen zu werden.»

«Es beruhigt mich zu hören, daß Sie dieser Schlag nicht ganz unerwartet trifft. Doch nun zum guten Teil. Ihre ‹Historia Natural› ist in Buenos Aires herausgekommen, sie wurde vom ‹Telégrafo Mercantil› veröffentlicht. Hier das Exemplar!»

Haenke nahm die ihm gereichte Zeitschrift und durchblätterte sie.

«Was ist los, Don Tadeo, Sie freuen sich ja gar nicht. Damit sind Sie ein bekannter Mann geworden, der erste Schritt zum Weltruhm. Sie haben sich ihn längst verdient.»

«Natürlich freue ich mich, Don Francisco, ich freue mich sehr. Und ich danke es Ihnen. Nur fürchte ich, daß es Schwierigkeiten geben könnte. Sie wissen, wie streng Veröffentlichungen über die Zustände in den Americas unterdrückt werden. So etwas wird als Geheimsache behandelt. Ich weiß noch von Malaspina, wie gefährlich solche Publikationen sind.»

Viedma überlegte.

«Da ist schon etwas dran. Ein Neider – und wo gibt es sie nicht – kann uns daraus einen Strick drehen. Wir müssen uns absichern. Ich schlage folgendes vor: Sie richten sowohl an mich wie auch an die Redaktion vom ‹Mercantil› ein Schreiben, wonach Sie sich dagegen

verwahren, daß Ihre Arbeit ohne Ihr vorheriges Einverständnis und ohne Bewilligung von zuständiger Stelle in Druck ging. Hinzuzufügen wäre noch, daß Sie aus diesem Grund jede diesbezügliche Beanstandung zurückweisen und für etwaige Folgen aus der Veröffentlichung keine Verantwortung übernehmen können. Punktum.»
«Aber fällt das Ganze dann nicht auf Sie zurück, Don Francisco?»
«Nein, nein, wegen mir brauchen Sie sich keine Sorgen zu machen. Vermutlich wird gar nichts geschehen, ich kenne die Herrschaften. Mit Wissenschaftlichem tun sie sich schwer, an Wissenschaftliches wagen sie sich nicht gerne heran. Wie auch immer, Sie sind abgesichert, und das genügt. Damit können wir die Angelegenheit vergessen. Freuen wir uns über die Drucklegung. Ich bin ganz sicher, Ihre Arbeit wird großen Anklang finden, und für mich und meine Pläne bedeutet sie eine hervorragende Rückendeckung.»
Auf sein Verlangen brachte ein Diener eine Karaffe und zwei Gläser. «Wir wollen den Erfolg begießen.» Sie stießen an. «Und auf den nächsten trinken. Sind Sie bereit?»
«Bereit wozu?»
«Ich will mein Versprechen einlösen. Ihr Spitalprojekt, mein lieber Freund, Sie haben meinen Segen und natürlich die Mittel, soweit sie sich aufbringen lassen.»

Worauf hatte er sich da eingelassen! Nichts war vorhanden, worauf sich bauen ließ. Recht mangelhaft die Ausbildung der wenigen, die er zu Sanitätsdiensten heranzog. Die Einwohner Krankheiten und Ansteckungen schutzlos preisgegeben; an die Folgen einer ausbrechenden Seuche durfte nicht gedacht werden. Erschreckend hoch die Zahl der Totgeburten und sterbenden Mütter. Überall fehlte es an Kenntnissen, vor allem an Sauberkeit. Eine nicht ganz normal verlaufende Geburt bedeutete zumeist das Todesurteil für Mutter und Kind.
Doch diese Zustände, so beängstigend sie sich auch darboten, könnten schon in kurzer Zeit fühlbar entschärft werden. Dazu fehlte es nur an weiterem einzuschulenden Personal und der Errichtung eines ersten Heil- und Pflegeheims. An die größte Barriere zur Ausweitung

seines Gesundheitsplans stieß er jedoch dort, wo er es nicht vermutet hatte, nämlich in der Bevölkerung selbst. Er sah sich einem Übelstand gegenüber, dem nicht beizukommen war, nämlich dem Aberglauben und dem daraus gebrüteten Heer von Quacksalbern, Scharlatanen, Kurpfuschern.

Selten hatte Viedma den Freund so wütend gesehen.

«Dieses Gesindel!» rief Haenke voll Zorn. «Sie haben die Menschen in der Hand, sie rauben sie aus mit Gegrunze und Gerülpse, mit ihrem faulen Zauber, den zerfleischten Tieren ihrer widerlichen Zeremonien. Doch nicht nur das, Don Francisco, sie verstehen es auch ausgezeichnet, Mißtrauen gegen die Medizin zu säen. Die Leute gehen uns aus dem Wege.»

«Die Indios sind eben ein mißtrauisches Volk.»

«Es sind ja nicht die Indios, die haben oft gar nicht die Mittel, um sich einen Quacksalber zu leisten. An die Indios kommt man schon heran. Die anderen aber vom Parterre bis hinauf in die höchsten Ränge. Ich könnte Ihnen Namen nennen, wenn ich nicht schweigen müßte. Glauben Sie mir, es ist gräßlich, was sich hier in der Stadt alles herumtreibt und herumgetrieben wird. Ich habe mir so eine Quacksalberei angesehen. Da hüpfte ein fetter Schwitzsack umher, zündete Stäbchen an, schnitt drei Hühnern die Kehle durch, quakte unverständliches Zeug und verdrehte die Augen. Inzwischen starb der Kranke an einer Entzündung. Bei rechtzeitigem Eingriff hätte er gerettet werden können.»

«Und dafür lassen die sich bezahlen?»

«Reichlich bezahlen, das Verbrechen nährt sie bestens.»

«Sie meinen, wir sollten rigoros durchgreifen, sie hinter Gitter setzen?»

«Gerne würde ich dem zustimmen, aber es wird wohl nicht viel nützen. Es könnte ihnen noch zu einem Glorienschein verhelfen. Wir hätten nichts gewonnen, denn nur der wenigsten könnte man habhaft werden. Sie werden von den Leuten geschützt, verborgen, verehrt. Die Plage ist nicht auszurotten, sie ist eine Geschwulst, die wächst, wenn man an ihr schneidet. Es gibt für uns nur einen Weg: Wir müssen unsere Medizin durchsetzen und mit unseren Erfolgen

den Schwindel entlarven. Erst wenn sich die Menschen uns zuwenden, werden sie sich von denen abwenden. Dann, Don Francisco, können sie auch die Gerichte einschalten.»
«Wie wollen Sie nun vorgehen, Don Tadeo?»
«Ich arbeite an einem Bericht, den ich Ihnen vorlegen will.»
«Gut, richten Sie ihn nach Buenos Aires. Wir brauchen das Einverständnis des Vizekönigs, um hier weiterzukommen.»

In dem Memorandum an den Vizekönig umriß er die Grundzüge seines Plans: Aufbau einer medizinischen Fakultät zur Unterweisung in Chirurgie, Pharmazie und Obstetrik; Errichtung einer zentralen Heilmittelstelle und Nebenstellen in Stadt und Umgebung; ausschließlicher Drogenverkauf durch die hierfür ernannten Pharmazeuten; Einrichtung einer Bibliothek mit Fachliteratur und Katalogen über vorhandene Heilmittel und Drogen; Anweisungen über Dosierung. Und weiter:
*« ... gemäß den hierfür zuständigen Artikeln 19 und 20 biete ich Ihnen gerne meine Dienste als Arzt an zur Überwachung und Kontrolle rechtmäßiger und wirksamer Anwendung und Verwendung sowie als Instructeur der uns von der Regierung zugesandten Personen und deren Einweisung in die Kenntnisse der Medizinalpflanzen, welche dieses Land besitzt und die in ihrer Güte und Wirksamkeit viele Pflanzen aus Europa ersetzen ...»*
Er selbst wolle die Stellen mit Pflanzen und Drogen beliefern, wodurch deren Beschaffung aus den Hauptstädten und aus Europa kaum mehr vonnöten wäre.
Dann aber kam er mit Schwung auf die Curanderos, die Unheilpraktiker, wie er sie nannte, zu sprechen:
*« ... sollte mit nötiger Strenge und Vorsicht gegen diese Herumtreiber vorgegangen werden, damit sie die Leute nicht betrügen ... Gesundheit und Leben so vieler Einwohner sind dem Treiben einer Unzahl von Scharlatanen und alten, rückständigen Ignoranten ausgesetzt, die gewissenlos und ohne Gottesfurcht Substanzen verabreichen und in keiner Weise über die geringsten Kenntnisse der Wissenschaft verfügen ...»*

So ging Haenke im Herzen des Kontinents, zu Beginn des amerikanischen Jahrhunderts, der Zeit des Ausbruchs der Völker Iberoamerikas aus feudal-kolonialen Engen und Zwängen, mit Willen und Ausdauer ans humane Werk. Es nahm ihn vollends in Anspruch. Inmitten der Gewalt der Kolonialmacht, inmitten von Aberglauben und Vorzeitkultur, von Haß und Mißtrauen, setzte er im fremden Land über Barrieren hinweg die ungewöhnliche Tat einer umfassenden medizinischen Fürsorge. Gegen Angst und Unsicherheit, gegen Dünkel und Engherzigkeit bahnte er, getreu dem Vermächtnis der Aufklärung, einen gangbaren Weg vom Menschen zum Menschen. Liebte er sie so sehr, diese Menschen, um ihnen, auch gegen harten Widerstand, Gutes zu tun? Nicht die von amtlichen Hierarchen gepredigte und selten geübte, schicksalsergebene, wertfreie Selbstlosigkeit war sein Motiv, und so manchen der Spezies Mensch wünschte er herzlich in die tiefste Hölle. Nicht aus tränendem Mitleid half er nach seinen Möglichkeiten, wenn er dem Leid begegnete. Er half und heilte, weil ihm die Spende des Beistands Aufgabe und selbstauferlegte Pflicht war. In Ausübung dieser Pflicht kannte er weder Gefahren noch Vorurteile, er berührte den Aussätzigen, wusch den durch Ansteckung Erkrankten, hantierte mit giftigen Substanzen und betrat die vor Elend schwärende Hütte mit gleichem Eifer wie den prunkvollen Palacio. Nie kam es ihm in den Sinn, seine Leistungen hervorzuheben, sich im Wohlgefühl des Wohltäters zu baden, denn zu sehr stand der all seine Kraft und sein Denken in Anspruch nehmende Auftrag davor. Mit den Patienten ging er oft schroff um, gab mürrische Befehle und achtete streng auf deren Befolgung. Grundloses Gejammer war ihm ebenso zuwider wie bigottes Geheuchel. In solchen Fällen sparte er nicht mit Hohn und spitzen Bemerkungen. War das Liebe im Umgang mit Menschen? Doch wahres Leid erkannte er, da fuhr seine Hand begütigend über so manchen Kopf, da preßte er so manchen Körper tröstend an sich. Wenn er sich die Frage nach seiner Menschenliebe stellte, so vergaß er die Antwort beim nächsten Handgriff. Die Begegnung mit dem Elend war sein Alltag. Ein gutherziger Mensch hätte sich die Augen ausgeheult vor den hungernden, sterbenden Kindern, den Krüppeln, den Demütigungen, den menschenunwürdigen Behausungen. Haenke versagte sich die Tränen und ließ sein Wissen und seine Hände sprechen.

Seine Spaziergänge wurden zu Kontrollgängen. Er wartete nicht auf Einladungen, wurde zum ungerufenen, oft ungebetenen Gast. Durch das mit Fetzen verhängte Loch betrat er die Hütte, sah sich um in den niederen schmucklosen, aus Lehmziegeln errichteten, mit Stroh bedeckten Räumen miefiger, düsterer Armseligkeit. Ängstliche Augen aus dem Dunkel, wortlose Furcht vor dem Eindringling. Die Frau beugte sich über den nackten Kleinen in ihrem Schoß, ihre Finger krabbelten durch den schmutzstarren Haarschopf des Kindes. Läusejagd. Flink griff die Zange aus Daumen und Zeigefinger zu, führte die Beute zum Mund, und die Schneidezähne knackten das pralle Insekt wie eine Nuß. Süßes Blut, eigenes Blut, Kindesblut. Stiller Zeitvertreib mit Geschmack. Ein anderes Kind schmiegte sich an die Mutter, ein kleiner Tolpatsch kroch zur losen Brust, setzte seinen Saugmund an. Pascha Mama, fruchtbare, Leben spendende Göttin. Was wollte der Fremde, was würde er tun?
Der Fremde grüßte, kaum merklich senkte die Frau den Kopf. Er sah sich um. Kochgeschirr, Bettenstroh, ein kleiner Sack mit Kokablättern, Chuños, spärliches Grünzeug auf buntem Tuch. Karge Nahrung. Draußen eine Ziege am Pflock. Exkremente, weiße trockene Exkremente und frische, dunkle, von Fliegen umschwärmte. Ein müdes Hundegerippe schnüffelte im Abfall. Haenke nahm den Tolpatsch auf, und dieser ließ es geschehen, sträubte sich nicht, greinte nicht. Früh verlernen sie im Elend das Lachen und auch das Weinen. Schorf am kleinen Körper. Er horchte das Kind ab, bestrich die Stellen mit einer Salbe. Dann untersuchte er die beiden anderen, blickte der Frau in die Augen, in den Mund mit den grünfarbenen Zähnen, den schwarzen Stummeln in den Backen. Die Koka arbeitete. Wie alt mochte die Frau sein? Zwanzig, fünfundzwanzig? Eine Frau in mittleren Jahren, viele starben mit dreißig. Er kramte eine Glasperlenkette aus der Tasche, hängte sie der Frau um den Hals. Sie befingerte den Schmuck, kicherte, die Kinder griffen danach. Aus

einem kleinen Topf mit Honig gab er den Kindern zu kosten, reichte den Topf der Frau, deutete, erklärte, daß sie jeden Tag davon naschen sollten.

«Wo ist der Mann?» fragte er.

Sie verstand nicht.

«Wo Tata?»

«Mita», sagte sie.

Die verfluchte Mita. Die Männer wurden zum Frondienst in den Minen ausgehoben. So mancher kehrte nicht mehr zurück. Das Hundegerippe schlich umher, verkroch sich in der Ecke unter dem Kruzifix mit den welken Blumen. Die Frau stand auf, nahm die Kette vom Hals, legte sie mit dem Honigtopf unter das Bettstroh. Er verabschiedete sich, trat hinaus, umging die Häufchen fliegenumsummten Kots. Nur keine Seuche, oh Gott, nur keine Seuche!

Am ärmsten und ungeschütztesten waren die Indios am Rande der Stadt. Oft ritt er in die Berge, durch die Täler der Umgebung, suchte einschichtige Fincas auf, kleine Flecken Ackerlands mit Steinhaus. Schmutz, Verwahrlosung fand er auch dort, aber die Leute nährten sich besser, widerstanden eher den Fiebern.

Sie nahmen ihn als Kauz, als Sonderling. Der Gringo mit Geschenken und Höhrrohr. In den Jahrhunderten war ihnen viel aus den Meeren ans Land gespült worden, doch wenig Gutes. Guttuer waren seltene Ware, man ordnete sie den verschrobenen Exemplaren zu, so auch den Höhrrohrgringo mit seinen Fläschchen. Er wurde ihnen bald zur Gewohnheit. So stapfte er durch die Misere als Medizinapostel und heilte um den Preis des Vertrauens.

Eines Nachts pochte es zaghaft ans Tor, dann heftiger. Marcela steckte ihren verschlafenen Kopf durchs Fenster und erblickte einen Indio, der sich untertänig verbeugte.

«Bist du verrückt», rief sie empört, «was fällt dir ein, den Caballero mitten in der Nacht zu wecken! Schau, daß du weiterkommst!»

Der Mann machte keinerlei Anstalten weiterzukommen, sondern verbeugte sich und murmelte.

«Ich werde dich fortprügeln», schrie die schlafgestörte Haushälterin

und fügte noch ein paar harte Brocken in Ketschua hinzu, jener Sprache, mit der sie ebenso wenig zu tun haben wollte wie mit denen, die sie sprachen.
«Was ist, Marcela?» hallte es von innen.
«Ach, Señor», jammerte sie, «nun hat Sie der Unverschämte aufgeweckt, er muß betrunken sein.»
Haenkes Gesicht erschien im Fenster.
«Was will der Mann?»
«Er will, daß Sie mit ihm gehen, jetzt zur Nachtzeit. Es ist unglaublich.»
Da war Haenke schon an der Tür, zog den nächtlichen Besucher herein, deutete ihm zu warten, nahm Marcela beim Arm und führte sie in die Stube.
«Nie mehr, Marcela», fauchte er wütend, «hörst du, nie wieder darf so etwas vorkommen! Jeder, auch der in deinen Augen schmutzigste und niedrigste Indio, wird von dieser Tür nicht abgewiesen. Und wenn es die tiefste Nacht ist, wirst du mich wecken! Und wenn ich nicht da bin, dann muß er eben warten, oder er sagt dir genau, wo er wohnt. Jeder, verstehst du das? Sonst sind wir geschiedene Leute!»
Marcela heulte los, so hatte sie den Caballero noch nie erlebt.
«Ich will ja nur Ihr Bestes, Señor, ich tu ja alles!»
Haenke beruhigte sich und beruhigte nun auch seine Haushälterin.
«Schon gut, liebe Marcela, ich weiß es ja. Aber wenn du es auch nicht verstehst, so merk es dir gut. Niemand, der nach mir fragt, wird abgewiesen. Und nun sag mir, was er will, er spricht ja kaum spanisch.»
Marcela wischte sich das Gesicht, schneuzte sich.
«Er möchte, Señor, daß Sie zu seiner Frau kommen.»
«Macanudo. Und nun schnell. Ich bitte dich, bring mir eine Laterne!»
Die beiden Männer trabten durch die finstere Stadt, voran der Indio, der sich stets vergewisserte, ob ihm der Médico auch noch folgte.
Der Curandero war noch zu spüren, der Rauch der Stäbchen füllte den Raum. Die Frau lag auf den über Stroh gebreiteten Decken. Das Kind war geboren, gewaschen. Die Geburtshelferin hielt es in den Händen. Es schrie, es lebte. Bleich aber lag die Mutter auf dem Lager,

regungslos, die Augen geschlossen. Sie hatte viel Blut verloren. Er trat ans Lager, blickte sie an, sprach sie an. «Geh, hol den Gringo», hatte sie ihrem Mann gesagt, «er ist gut, er wird helfen.»
Er wußte, was zu tun war, er wußte auch, was auf dem Spiel stand. Hier durfte er nicht versagen, sein monatelanges Werben um das Vertrauen der Verschreckten und Argwöhnischen durfte an diesem Wochenbett nicht scheitern. Er ließ Wasser wärmen, kramte seinen Kasten aus, seine Kräuter und Salben, sprach der Ermatteten zu, gab Anweisungen, ließ einen Kräutertee brauen, stillte die Blutung, ließ die Kranke nicht aus den Augen, saß neben ihr bis in den späten Tag hinein, löffelte ihr leichte Kost in den Mund, vermerkte erleichtert das Absinken zur normalen Körpertemperatur, ging erst, als er die klaren Augen sah und das leichte Lächeln aus trockenen, gesprungenen Lippen.
Der Bann schien gebrochen, sie kamen, klopften, wurden eingelassen. Der Médico brauchte nicht mehr seine Patienten zu suchen.

Der Gesundheitsplan blieb nicht auf dem Papier. An verschiedenen Stellen wurden Boticas eingerichtet, wo Kräuter, Mixturen, Salben und sonstige gefertigte Heilmittel mit sorgfältigen Anweisungen zu geringem Preis abgegeben wurden. Auf Anordnungen Viedmas wurden Räumlichkeiten für ein erstes Spital bestimmt und eingerichtet und Verfügungen über sanitäre Maßnahmen und Verhaltensweisen ausgearbeitet. Es waren erfüllte Jahre, in denen seine medizinischen, botanischen und chemischen Kenntnisse voll gefordert wurden. Auf medizinischem Gebiet lehrte und leitete er als Oberarzt die ihm zur Seite gestellten Hilfskräfte; in seinem Garten und in seinem Laboratorium fertigte er viele Mittel an, die vorher langfristig und aufwendig von Europa bestellt und herbeigeschafft werden mußten. Bald versorgte er mit seinen Heilmitteln nicht nur Cochabamba, sondern auch andere Städte der Audiencia, vor allem La Paz, wo die Kunde von Haenkes pharmazeutischer Herstellung zu darauffolgenden vertraglichen Abschlüssen über Lieferungen von Heilmitteln führte. So mancher hätte da eine Goldgrube gewittert. Haenke aber erhöhte nur um ein geringes die Eigenkosten und Versandkosten seiner Erzeugnisse, so daß ihm Viedma einmal scherzend zurief: «Sie sind alles, lieber Freund, aber ein guter Kaufmann sind Sie nicht!» «Ich hoffe es, Don Francisco», erwiderte er, «ich möchte ein guter Arzt bleiben.»

Doch auch die geringen Gewinnspannen sammelten sich zu einer wichtigen finanziellen Rücklage an, die ihm Bewegungsfreiheit und Unabhängigkeit vom spanischen Sold sicherte. Aus diesem Geld ließ er beachtliche Beträge an seine Mutter in Böhmen überweisen, und daraus erwarb er sich auch ein Refugium, eine Finca zur Erholung und Sammlung, fünfzig Leguas nördlich von Cochabamba gelegen.

Haenke hetzte die Stufen hoch.

«Dringend zum Gouverneur!», keuchte er atemlos den Sekretär an.

«Tut mir leid, Doktor Anke, seine Exzellenz führt eine Beratung.»

«Ich bitte Sie, sagen Sie es ihm, es ist ernst. Ich warte.»

Der Sekretär verschwand hinter der Tür, und bald danach tauchte ein gedankenvoller, sichtlich noch in der Beratung steckender Viedma auf und blickte ihn zerstreut an.

«Nun, Don Tadeo, wo brennt's?»

«Verzeihen Sie, Don Francisco, es ist unglaublich dringend. Ich muß Sie allein sprechen.»

Nun erst blickte Viedma den Freund voll an und schritt eilig voraus, seinem Arbeitszimmer zu.

«Nun, was ist geschehen?»

«Ich habe einen Fall von Viruela, die Pocken.»

«Oh Gott!» Viedma hielt sich das Gesicht. «Die Pocken! In Lima richtet die Krankheit Furchtbares an. Wohl eingeschleppt?»

«Möglich, doch nicht mehr zu ändern. Wir müssen rasch handeln, die Krankheit ist sehr ansteckend. Wo sie auftritt, muß sie isoliert werden. Da heißt es Notlazarette errichten, da werden wir Miliz brauchen, damit die Absperrungen eingehalten werden. Es ist eine tödliche Krankheit, eine Gefahr für die ganze Stadt und für die Umgebung.»

«Weiß man, wodurch sie übertragen wird?»

«Da gibt es bisher nur Vermutungen, die einen sagen, durch Nahrung oder Wasser. Andererseits aber lassen Beobachtungen auch schließen, daß die Annäherung oder Berührung eines Kranken zur Infektion führen kann. Wir müssen rigoros isolieren, das heißt auch die der Krankheit Verdächtigen.»

«Wenn ich Sie recht verstehe, ist jeder von uns wehrlos der Seuche preisgegeben?»

«Nicht ganz, wie ich hoffe», seufzte Haenke, «nicht ganz.»

«Besteht also die Möglichkeit, die Hoffnung, die Seuche erfolgreich abzuwehren?»

Haenke nickte. Viedma ließ sich in den Sessel fallen, Haenke setzte sich zu ihm.

«Ich will es Ihnen erklären, Don Francisco. Vor ganz wenigen Jahren gelang es einem gewissen Jenner, einem bislang unbekannten Arzt irgendwo in England, einen Impfstoff aus Kuhpocken herzustellen. Ich habe die Literatur darüber gelesen, allem Anschein nach verlief die Impfung mit großem Erfolg, keiner der Geimpften erlag der Krankheit. Es sieht ganz danach aus, daß jenem Mann einer der großen Siege auf medizinischem Gebiet gelungen ist.»

«Und wie kommen wir zu dem Serum?»

«Das Serum ist bereits in Lima, die Frage ist nur, ob es auch das wirksame Jenner-Serum ist und ob es den Transport hierher gut überstehen kann. Jedenfalls benötigen wir es auf schnellstem Wege. Das Serum wird auf Fäden gezogen. Das scheint mir ungenügend, man müßte es luftdicht verpacken, am besten zwischen Glasplättchen pressen. Don Francisco, wenn auch nur ein Teil des Stoffes hier gut ankommt, glaube ich, die Seuche bannen zu können. Aus den Pusteln der Geimpften ziehe ich neuen Impfstoff.»

«Dann nichts wie an die Arbeit! Der Kurier nach Lima geht sofort ab, und Sie, Don Tadeo, haben auf Ihrem Gebiet Befehlsgewalt.»

Oropesa war belagert, und der Feind befand sich mitten in der Stadt. Ein grausamer, unberechenbarer Feind. Nicht nur vor den Indiobaracken standen die Wachen, auch vor so manchem Patrizierhaus. Hausarrest für jeden Verdächtigen, Quarantäne, wo der Feind zugeschlagen hatte. Unheimliche Gestalten durchstreiften die Straßen, vermummte Männer, welche die Kranken zu den Baracken trugen. Auf Haenkes Anordnung mußte sich jeder, der sich einem Kranken näherte, Nase und Mund verhängen, durfte keiner mit dem Kranken in Berührung kommen. In den Notlazaretten lagen die Fiebernden, von Pusteln und Beulen Entstellten, wimmerten, jammerten, beteten, hofften, verzweifelten. Wer die Krankheit überstand, blieb gezeichnet, von Narben im Gesicht, an den Händen, am ganzen Körper verunstaltet. Etwa jeder dritte der Eingelieferten verließ die Baracke nur mehr als verhülltes Paket in Richtung Kalkgrube des Massengrabes.

Der Médico aber stand an vorderster Front gegen den heimtückischen Feind. Er grollte den Toten, den Renegaten, den Überläufern. Sein Lager war das Leben. Verbissen arbeitete er und ließ die Niedergeschlagenheit nicht an sich heran.

Makabre Rotation in den Lazaretten: herein die Bahren mit den Stöhnenden, hinaus die mit den Stummen. Er kämpfte um jedes Leben und vergaß dabei oft seine eigenen, strengen Vorschriften, bis einer seiner Leute herbeieilte und ihm das Tuch um Nase und Mund knotete. Er legte Bandagen an, schmierte Salben auf eiternde Körper, trocknete Stirnen, und da gab es keinen, dem er nicht begütigend in die Augen blickte, dem er nicht Mut zusprach. Seine einzige Waffe war der Lebenswille des Kranken.

Augen, allüberall Augen, flehende Augen, tränende, versagende, doch auch hoffnungsvolle, diesem Mann vertrauende, dankbare Augen. Frauen, alte Männer, junge Männer, Kinder, auf hartem Stroh sich wälzende, brennende, juckende Körper. Und die Frage: Gott straft die Sündigen, straft Gott die Kinder? Diese Traurigkeit in den kleinen, entstellten Gesichtern, Dantes Inferno zieht seine Kreise. Diesseits von Eden, kleine Dulder, zum Leiden geboren, dankbar lächeln sie, wenn ihnen der Médico den Hanswurst vormacht, dieser großnasige Gringo, der anders ist als die anderen.

Schwarzes, stinkendes Lazarett im flackernden Schein der trüben Nachtleuchten, hilflos diesem zerstörenden Nichts gegenüber, dem Erreger, diesem kleinsten, furchtbarsten Feind, der den Körper von innen frißt. Nichtigkeiten, die sich den Sinnen entziehen, in ihrer

Vernichtungskraft mythologischen Monstern gleich, Saatkörner des Todes. Wie sollte er an sie heran? Wie lange würde er den Kampf noch durchstehen können, der nun schon Wochen dauerte? Ein Zuhause kannte er nicht mehr, nur des Nachts schlich er zu seinem Bett, oft schlief er auch im Lazarett. Das Serum! Wann endlich? Würde es helfen?

Haenkes Eintragung vom Februar des Jahres 1806:
*« ... am 23. Februar mit der Post ein Päckchen aus Lima. Inhalt: vier sorgfältig verschlossene Glasplatten mit dem Vaccin.*
*25. Februar. Erster Versuch an acht Kindern verschiedenen Alters und zwei Chiriguanas aus Viedmas Haushalt. Gemäß den Vorschriften zur medikamentalen Anwendung vorgegangen. Infektionen mit der Lanzette. Das Fluidum in einigen Tropfen Wasser mittels eines trockenen Hölzchens aufgelöst und durch Einschnitt mit einem glatten Instrument eingeführt. Kleiner Schnitt, der zuerst senkrecht und dann horizontal geführt wird, wodurch das Mittel unter die Epidermis gebracht wird. Zwei der Infizierten wurden in den Arm geimpft. Streifen feinen Papiers als Bandage wird mittels leichter Binde an den Stich gepreßt.*
*1. März. Erste Kontrolle. Bei Indios und bei kleinen Kindern wahrnehmbar eine kleine Entzündung mit einem geröteten Kreis um die Einstichstelle. Circa 2 bis 3 Linien im Durchmesser. Patienten dürfen in voller Freiheit zu Hause bleiben.*
*Bei acht auf der Brust Geimpften Pustel, bei dreien Pustel am Arm.*
*2., 3. und 4. März nichts Neues. Pustel abgeschwollen, und im Urin einiger der Geimpften zeigte sich Ablagerung.*
*In den folgenden Tagen keine weiteren Anzeichen, alle konnten ihre gewohnte Lebensweise fortsetzen.*
*Zwischen Einschnitt und Aureole erhob sich allmählich mit Anschwellung eine Pustel und bildete sich am letzten Tag als Pockennarbe mit allen pathogenen Anzeichen als Folge des Fluidums aus.*
*Am 5. und 6. Tag wies die Pustel aller Geimpften in bezug auf Rötung und Schwellung dieselben Zeichen auf. Doch veränderte sich bereits die Farbe.*
*Weiterer Verlauf normal.»*

Aus den weiten Toren der Kathedrale – die letzten Takte des Tedeums mengten sich ins Glockengeläute – traten die Honoratioren, fein geputzt in seidenen bunten Kniehosen, in eleganten, wenn auch modisch schon etwas veralteten Fräcken, noch mit Perücken und Dreispitz und schmucken Zierdegen an der Seite. Damen in Reifröcken und Federhüten, voran aber Viedma und mit ihm Haenke in schwarzer Ausgehkleidung. Dahinter, plaudernd, lachend, lärmend strömte sonntägliches Volk, Frauen in bunten Tüchern, Männer in Ponchos und Kniehosen, von der breiten Freitreppe auf die sonnige Plaza. Der Dankgottesdienst war mit großer Feierlichkeit und Freude begangen worden. Gebannt war die Seuche, die verfluchte Viruela war besiegt, die Stadt atmete unbehindert tief ein und fröhlich auf und vergaß schnell. Vorbei der Spuk, und Oropesa kehrte zu ihrer Lebhaftigkeit, zu ihren Sünden und Leiden zurück. Der ungefeierte Sieger, ein flottes Stöckchen in der Hand, spazierte neben dem Gouverneur einher, der seufzend vermerkte:
«Gott sei es gedankt, wir haben es überstanden. Es gibt doch keine neuen Fälle mehr?»
«Seit Wochen nicht mehr», nickte Haenke, «Gott und dem Engländer sei es gedankt.»
«Wieso dem Engländer?»
«Na, eben diesem großartigen Jenner und seinem Serum. Man könnte es beinahe so sagen: Der Feind hat seinen Feinden millionenfaches Leben gerettet. Das, Don Francisco, ist eben der entscheidende Gegensatz zwischen Wissenschaft und Politik. Die Wissenschaft rettet Leben und schert sich nicht um die engen Grenzen, die von der Politik gezogen werden. Unser heutiges Wissen bringt somit nicht nur das theologische Dogma durcheinander, sondern auch das politische. Eine Zeit des Lernens und Überdenkens bricht an, kommt auf uns zu. Je eher wir ihr begegnen, desto schneller werden wir Altes, Unwürdiges abwerfen können.»
«Ihr Wissenschaftler macht es euch leicht», erwiderte Viedma, der, wie übrigens auch Haenke, nach allen Seiten Grüße nickte, «ihr geht in eure ruhigen Studierzimmer, zu euren Retorten und Maschinen, und Heureka, die neueste Erkenntnis ist geboren. Aber ein Staat ist

kein geordnetes Studierzimmer, sondern ein aufgewühlter Rummelplatz, und Menschen sind keine Retorten und Maschinen. Wie soll man zu neuen Regulierungen kommen, geschweige denn sie einführen, wenn man täglich von neuem gefordert wird, den minimalen Rhythmus einer Ordnung aufrechtzuerhalten?»

«Ich stimme Ihnen vollauf zu, Don Francisco, spontanes Reagieren, erforderliches Handeln stehen oft der Erkenntnis im Wege. Dennoch sollte die Voraussicht nicht zu kurz kommen. In der Chemie gibt es Substanzen, die sich überhaupt nicht vertragen, die vernichtend reagieren, wenn sie einander berühren. Jedoch, bei Zuführung einer anderen Substanz, eines Katalysators, kommt es zur Bindung, die sich zuweilen als sehr wertvoll erweist. Aus wissenschaftlicher Sicht sollten auch in der Politik solche Katalysatoren gefunden werden. Die Synthese ist ein Ziel des Chemikers. Könnte es nicht auch das des Staatsmanns sein?»

«Leicht könnte ich sagen, ja, sie sollte es sein, doch unsere Wirklichkeit läßt keine Synthesen zu. Um bei Ihrer Chemie zu bleiben: Die Substanzen, mit denen wir hier zu tun haben, sind zu aufgespalten, zu verschieden voneinander, als daß ein Katalysator einen Ausgleich einbringen könnte. Ich sehe für die weite Zukunft keine Staatschemiker, die solches zustande brächten.»

«Don Francisco, was soll aber das Ganze, wenn die Synthese nicht das Ziel ist?»

«Ja», seufzte Viedma, «schön wäre es, wenn wir uns die Frage stellten im Bewußtsein, die Antwort in der Tasche zu haben. Wenn wir uns auch zuweilen rühmen, Herr der Lage zu sein, Herr des geschichtlichen Ablaufs sind wir gewiß nicht, waren es nicht, werden es niemals sein.»

Ihre freudlosen Gedanken fügten sich weder in den strahlenden spätsommerlichen Sonntag noch in die Hochstimmung zur Befreiung von Krankheit und Tod. Schweigend spazierten die beiden über die Plaza, auf der sich ein fröhlicher Korso gebildet hatte. Junge, kichernde Damen in engen Formationen, von ebenso jungen Offizieren beflüstert, paradierten im Kreise, eng verfolgt von schwatzenden Müttern und gewichtig gestikulierenden Vätern. Dazwischen

einfaches Volk und Soldaten und hüpfende Kinder und irgendwo aus der Nähe Tanzweisen in einfacher Harmonie, und über allem das Gott lobende Gedröhne vom Glockenturm des Doms.
Viedma stieß Haenke leicht an:
«Weg die Wolken, Amigo Tadeo, der Himmel strahlt, wir haben allen Grund zum Feiern. Wollte Sie schon vorher fragen, was bekommen wir denn heute Abend vorgesetzt? Sie tun so geheimnisvoll.»
«Ein Oratorium mit Chor und Solostimmen. Ein großes, ein überwältigendes Werk. Mehr möchte ich nicht sagen. Unvorbereitet muß diese Musik empfangen werden. Es ist ein wahrhaft göttliches Werk, eine Verkündung. Wir haben lange daran gearbeitet.»
«Ein Bach?»
Haenke schüttelte lächelnd den Kopf:
«Sie wollen es also aus mir herauslocken?»
«Die Musik brauchen Sie mir ja hier nicht vorzusingen, lieber Freund, aber wenn es kein Bach ist, was ist es dann?»
«Haydn. Und den Text finden Sie, wenn Sie die erste Seite der Bibel aufschlagen.»
«Die Genesis?»
«Die Schöpfung.»
«Hat sich der gute Haydn an so einen gewaltigen Stoff gewagt?»
«Er hat sich an ihn gewagt, und er hat ihn bewältigt. Es ist die herrlichste Musik, etwas Neues, eine ergreifende Dramatik, eine sehr beeindruckende Vermittlung des Bibeltextes, eine Vergöttlichung des Göttlichen.»
«Sie schwärmen ja. Sie und Ihr Haydn! Sie sollten sich ihm als Agenten zur Verbreitung seiner Musik anbieten.»
«Solches hat er nicht nötig. Er ist einer der Unüberhörbaren, der Einzigartigen, der uns in die Zeitalter überdauern wird.»
«Na, wenn das so ist, lieber Freund, dann brenne ich vor Neugierde, dann freue ich mich ja schon jetzt auf den Abend.»

Abend des großen Festkonzertes. Der Saal war voll, die Sitzgelegenheiten reichten nicht aus, Kavaliere und Offiziere lehnten an den Wänden und beschauten die eifrig fächelnden Damen, die von Begleitern beschwatzt wurden und einander Nichtigkeiten zukicherten. Diener eilten durch den Saal, trugen Sitzgelegenheiten, legten Noten auf die Pulte, und die Kerzen flackerten wie die freudige Erregung des harrenden, flüsternden, hüstelnden, umherblickenden, winkenden, nickenden Publikums. Ein großer Abend war versprochen worden, und er kündigte sich an.

Nun traten die Musiker an ihre Pulte, rückten sie zurecht, stimmten die Instrumente, übten Passagen und überdeckten mit ihrem harmonischen Chaos das allgemeine Gesumme und Geräusper. Der Chor trat ein und nahm hinter dem Orchester Aufstellung, Männer eingesäumt von Frauen, dunkle Gesichter, helle Gesichter, schwarzes glattes Haar neben luftigen hellen Löckchen. Es folgte der Einzug der Solisten, zweier festlich gekleideter, Korsett sprengender, stattlicher Damen, denen sich zwei Herren anschlossen, einer schlank und rank, der andere eher füllig. Sie nahmen vor dem Orchester Platz.

Berühmte Stimmen waren es, aus Lima, Viedma hatte sie eigens für dieses Konzert gewonnen. Die übrigen Mitwirkenden, die Orchestermusiker, die Chorsänger, waren von Haenke eingeschulter cochabambiner Eigenbau.

Viedma betrat den Saal, Haenke an seiner Seite. Das Orchester erhob sich, das Publikum folgte. Viedma führte Haenke zum Pult, faßte ihn an den Armen, lächelte ihm ein paar Worte zu, ging zu seinem vordersten Platz, ließ sich im Lehnsessel nieder. Haenke verneigte sich vor den Solisten, blickte zum Chor hin, nickte ermutigend, besah sich die Bläser, dann die Streicher und lächelte zum Mann am Schlagzeug, dem eine wichtige Rolle zukam. Dann verharrte er ruhig, die Lider halb geschlossen, und als er den Arm hob, gab es nur mehr ihn und die Musiker und die Sänger.

Paukenschlag ins Nichts, ins brodelnde Gebräu, in die schwere, drückende Finsternis, und aufschäumende Wogen des Alls im donnernden Aufprall der Elemente, dann Glätte, Ungewißheit. Daraus Raphaels warme Stimme: «Im Anfang schuf Gott Himmel und Erde, und die Erde war ohne Form und leer, und Finsternis war auf der Fläche der Tiefe.» Zaghaft, staunend, ungläubig fügt sich der Chor der Verkündung: «Und der Geist Gottes schwebte auf der Fläche der

Wasser, und Gott sprach: Es werde Licht! Und es ward ...» Ein Sprengschlag von berstender Freude, die Sänger jauchzen es, über dem Wirbel der Pauke fanfaren die Bläser, die Streicher jubeln «Licht!» Helles, strahlendes Licht, es erfüllt den Saal, es durchbricht die Decke, überwältigende Macht der Herrlichkeit. Und nun, nach diesem Schock des unerwarteten Ausbruchs – tiefe Ergriffenheit: Dem ersten aller Tage, in bisher nicht erfühlter, nicht erahnter erhabener Schönheit vollendet, folgten in wundersamer musikalischer Auflösung die weiteren Schöpfungstage hin bis zum ergreifenden Lobgesang des ersten Menschenpaares.

Es war ein großer Abend geworden.

Tage danach. Haenke saß bei Viedma im kleinen Salon. Sie sprachen über das Oratorium, und Viedma gestand, wie sehr ihn die Musik ergriffen hatte.

«Sie sagten einmal, Don Tadeo, die Musik sei die eindringlichste, umfassendste und rebellischste von allen Künsten. Ich habe es nicht vergessen, und an jenem Abend begriff ich so vollkommen, was Sie meinten. In Musik aufgehen heißt sich verwandeln, sie führt aus der Angst zur furchtlosen Begegnung mit dem Unabwendbaren.»

Haenke erschrak, als er den traurigen, ungewohnt verlorenen Blick des Freundes sah. Was sollten diese Andeutungen? Doch Viedma faßte sich, fügte launig hinzu:

«Beinahe glaube ich, daß der Katholizismus ohne Musik nicht mehr bestehen könnte. Eine große Religion kommt ohne sie nicht aus.»

Haenke, bemüht, Düsterkeit nicht aufkommen zu lassen, fügte scherzend hinzu:

«Wie recht Sie haben, Don Francisco! Schon König David hatte es erkannt, schon er lobte den Herrn zum Klang von Zymbeln und Schalmeien, und Adam brummte sich schon sein Liedchen vor, ehe er noch mit Eva ins Gespräch kam.»

Viedma lächelte. Matt lag der Mann in seinem Lehnsessel, trocknete sich die Stirn.

«Sie fühlen sich nicht wohl, Don Francisco?»

«Es ist nichts, das Wetter vermutlich, ein wenig müde auch. Doch

sprechen wir nicht davon, sondern von Ihrem Vorhaben. Ungern lasse ich Sie fort, Ihre Musik wird mir fehlen.»
«Ungern gehe ich fort, wenn ich Sie so sehe.»
«Ach, es ist sicher nichts. Also los, wohin? Wieder hinunter?»
«Ja, wieder hinunter für ein paar Wochen, zwei Monate vielleicht. Doch nicht Santa Cruz oder Moxos diesmal, sondern weiter in den Süden.»
«Doch nicht in den Chaco? Das schlagen Sie sich aus dem Kopf! Von dort taucht keiner mehr auf. Teuflisches Sumpfland, Fieber und Moskitos, und von den Wilden dort wissen wir gar nichts. Kannibalismus nicht auszuschließen. Absolute Terra incognita. Ich würde wirklich abraten, Don Tadeo.»
«Nicht mehr ganz Terra incognita für mich. Sie machen sich unnötig Sorgen, Don Francisco. Von den Chiriguanas weiß ich einiges über das Gebiet. Richtig, viel Sumpfland im Quellgebiet des Paraná, doch auch Steppe und Wald und, soweit sie mir erzählten, recht unbewohnt. Von Kannibalen sagten sie nichts.»
«Und warum wissen wir von niemandem, der zurückgekommen ist?»
«Man braucht einige Erfahrung, um sich durch tropische Regionen zu schlagen. Ich denke, ich habe diese Erfahrung, ich habe sie mir in all den Jahren angeeignet.»
«Was erwarten Sie sich denn vom Chaco? Von jenem Gebiet, wo, wie Sie sagen, nicht einmal die Wilden hausen?»
«Es gibt kein Gebiet dieser Erde, das einen Naturforscher enttäuschen könnte. Wer weiß es schon, ob nicht gerade dieser Chaco für die Wirtschaft des Landes …»
Er stockte. Viedma wand sich in einem heftigen Hustenanfall. Haenke ging zu ihm. Schwer atmend lehnte sich Viedma zurück. Haenke fühlte ihm den Puls. «Sie sind krank, Don Francisco, Sie gehören nicht hierher, Sie gehören ins Bett. Und ich bleibe.»
«Sie bleiben nicht, das ist ein Befehl!» keuchte Viedma. «Und reden Sie nicht von Krankheit, ich bin nur ein wenig müde.»
«Don Francisco!»
«Ruhig, ich will nichts mehr davon hören. Setzen Sie sich!» Tief atmend erholte er sich von dem Anfall, sprach leise:

«Lassen Sie den Arzt weg, lieber Don Tadeo, ich beschwöre Sie als Freund. Vergessen Sie den Arzt, ich kann es mir einfach nicht leisten, krank zu sein. Nicht jetzt, sonst bricht alles zusammen, was ich, was wir beide mühsam aufgebaut haben. Und in diesem Sinne ist es mir auch lieber, wenn Sie jetzt Ihre Fahrt antreten, um bald wieder hier zu sein. Ich komme schon über die Unpäßlichkeit hinweg, und ich verspreche, mich nach Möglichkeit zu schonen. Sie werden an mir keinen Patienten haben, sobald Sie wieder hier eintreffen.»
«Es besteht aber keinerlei Grund, schon jetzt zu reisen. Der Chaco kann warten.»
«Kein Wort mehr dazu. Adiós, mein Freund, leben Sie wohl, und kommen Sie bald wieder. Geben Sie mir Ihre Hand. Passen Sie gut auf sich auf!»
«Das sagen Sie mir? Sie sollten mehr auf sich achten, Don Francisco!»
Beide versuchten ein Abschiedslächeln.

Haenke rüstete zur Abreise. Er schüttelte die Sorge um Viedma ab, wendete sich dem fernen Ziel zu. Nicht alles hatte er dem Freund gesagt, nichts von den dringlichen Warnungen und Schauergeschichten, die ihm in abendlichen Hütten, an fernen Lagerfeuern zuflogen. El Gran Chaco war ein großer Menschenfresser, hieß es dort, eine Tierra de los Muertos, das Totenreich, aus dem einer nicht wiederkam. Verbotenes Land. Aus den Miasmen der Sümpfe stiegen die Geister der Bösen, um die tief verborgene Goldstadt, das allseits ersehnte Eldorado zu schützen, und wer es wagte, dies Land zu betreten, war unrettbar verloren. So erzählten sie ihre Märchen, nichts als Märchen, doch reiche Nahrung für die Neugier des Suchenden.

Zwischen dem 21. und dem 22. Grad südlicher Breite, dort eben, wo der Rio Pilcomayo aus den Bergen von Chuquisaca und Tarija die Trostlosigkeit diagonal durchschneidet, um sich nach etwa 70 Leguas in den grausigen Sümpfen des Südostens zu verlieren, weiter unten wieder aufzutauchen und zum Paraguay hin, dem mächtigen Nebenarm des Paraná, zu fließen, wo es zwischen dem 62. und 63. Westmeridian sogar an Füchsen mangelt, die sich gute Nacht wünschen

könnten – dort, weitab vom Fluß, durchschritt der Solitario Mitte des Jahres 1806 den trostlosen Vorhof zum Neuland.
Von Schreiten konnte keine Rede sein, er tappte, stolperte, schlürfte über den harten, rissigen Boden, durch knochiges, verkümmertes Gestrüpp, vorbei an Kakteenmonstern, die sich zur tödlichen Barriere aneinanderdrängten, mit ihren fingerstarken, dolchlangen Stacheln Kleidung und Haut zu Fetzen rissen. Darüber die gleißende Wüstensonne, das flammende Zenitfeuer der Gottheit der Knochenbleicher. Haenke schleppte die beiden Mulis hinter sich her, seine einzigen Getreuen. War er vom Weg abgekommen, vom Weg in der Weglosigkeit? Es gibt keine Wiederkehr, so hatte ihn der Mönch gewarnt, damals vor langen Tagen, als sich die Indios, seine Begleiter, bereits davongemacht hatten. Vorerst hatten sie nur die Köpfe geschüttelt. Nein, nein, keinen Schritt weiter ins verbotene Land, ins Land des bösen Geistes. Gute Worte fand er, gutes Geld versprach er, doch sie blieben stumm und abweisend, und anderntags war er allein geblieben. Die Skizze des Mönchs taugte nicht. Das Wasserloch, die Oase vorne? Wo vorne? Mehr südlich, mehr nördlich? Haardünne Ungenauigkeit auf dem Papier bedeutete hier Verderben. Sollte auch ihm dieser Chaco zum einsamen Ende werden? Finale mit anschließendem Leichenschmaus? Die Bestatter segelten ihre Kreise über ihn in schillernder Atmosphäre. In zehn Tagen, hatte er versprochen, höchstens in zwei Wochen würde er wiederkommen. Nur eine kleine Erkundung, ein geringer Vorstoß ins Neuland. Selbst seinem Schutzengel dürfte dieser Chaco nicht geheuer sein. Ein Abstecher ins Jenseits, diesmal wohl kaum vermeidbar. Zurück? Ein Zurück gab es nicht, zu weit hatte er sich vorgewagt. Und vorne zerfiel die Hoffnung zu Staub – wie alles hier.
Er hielt sich am Zügel, tief hingen die Köpfe der durstenden Tiere. Kleine Karawane zum eigenen Begräbnis. Seine Augen brannten, ausgedörrt der Körper. Er tappte weiter, stolperte, fiel aufs Knie, streckte sich der Länge nach auf dem heißen Boden aus, strich mit den Händen durch den Staub, richtete sich auf, zog sich etwas hoch und nach vorne, während seine Augen gierig den Boden absuchten. «Ein Fuß», hauchte er, stammelte er und kroch weiter, und der Ab-

druck wiederholte sich, links, rechts. Menschen, Wasser, Leben. Er fühlte den heftigen Schmerz im Bein, bevor er hinfiel und das Bewußtsein verlor …

An einem lauen Nachmittag des späten Jahres 1809 pochte es an das Tor des Arzthauses. Marcela öffnete das Seitenfenster und betrachtete mißtrauisch die Gestalt: Strohhut tief in der Stirn, Bartstoppeln im dunklen hageren Gesicht, Leinenkittel mit offenem Kragen, grobe Kniehosen, wie sie die Indios aus den Yungas tragen, staubige, abgetretene Stiefel.
«Was wollen Sie? Wer sind Sie? Hier wohnt niemand.»
Ein sehr bekanntes Lächeln breitete sich im Stoppelbart aus:
«Nun, Marcela, willst du mich nicht in mein Haus lassen?»
Ihre dunklen Augen blickten zu ihm auf, und schon rannen Tränen über die Wangen.
«Willst du mich gar nicht einlassen, meine gute Marcela?»
Mit tränennassem Gesicht lächelte die Frau, rüttelte sich wach:
«Ich komme ja schon, gleich, gleich, ich komme ja schon.»
Haenke breitete die Arme aus, drückte die Frau an sich:
«Meine treue Marcela, wie gut es ist, dich wiederzusehen!»
«Señor, mein lieber Señor», schluchzte die Frau an seiner Brust, «Sie sind wieder zurück, Dank sei der Jungfrau, Sie leben, oh, mein Gott, Sie sind wieder bei uns.»
«Komm», sagte Haenke und führte sie behutsam ins Haus.

# Elicona

Aus den Wirren und Verirrungen des Jahres 1809, aus dem kochenden, schäumenden, brisanten Gebräu in der Retorte des spanischen Imperiums kristallisierten sich Willen und Kraft der spanischen Neuamerikaner zur Lostrennung vom Mutterland. Die brüchige Nabelschnur, das jahrhundertealte Madrider Gängelband mußte gekappt werden. Und so traten, 33 Jahre nach den Amerikanern des Nordens, die Amerikaner des Südens zur Reifeprüfung an, um schmarotzende Vormundschaft abzuwerfen. Washingtons Vorbild, der siegreiche Aufstand von Paris, die verwirklichte Möglichkeit, europäische Kolonialmacht abzuschütteln und feudalen Absolutismus zu brechen, zündeten Herzen und Hirne der selbstbewußten, rebellischen Generation zwischen Rio Grande und Feuerland.
1808 war Napoleons Armee über Spanien hergefallen, war der Bourbonensprößling Ferdinand VII. geflohen, worauf Joseph Bonaparte auf Wunsch seines autoritären Bruders den Madrider Thron bestiegen hatte. In Madrid gab es kein Spanien mehr. Ferdinands resolute Schwester Carlota Joaquina, die ins portugiesische Herrscherhaus eingeheiratet hatte und in Rio de Janeiro über Brasilien großen Hof hielt, erhob in ihrem Namen und damit im Namen Portugals Anspruch auf die verwaisten Kolonien. Die Lunte gloste. Sollten die Kreolen, die dem Mutterland schon ein endgültiges Adiós zuriefen, nun etwa den Franzosen oder den Portugiesen Tribut zollen?
Der lange und opferreiche Kampf um Südamerikas Unabhängigkeit begann am 25. Mai 1809 mit dem Sturm auf das Gefängnis von Chuquisaca. Gefangene wurden befreit und der Präsident der Audiencia, Ramón García Pizarro, der Geheimbündelei mit der portugiesischen Carlota Joaquina bezichtigt, unter Arrest gestellt. Mit einem Pizarro begann Spaniens Herrschaft, mit einem anderen sollte sie nun enden.

Der Spruch flog den Emissären voran, die vom aufständischen Chuquisaca zu den anderen Städten des Hochlands eilten, um Bindungen von Gleichgesinnten und Gleichwilligen zu knüpfen. Am 16. Juli 1809 brach in La Paz der Aufstand los, Gouverneur Tadeo Dávila wurde in Haft genommen, und Pedro Domingo Murillo, ein geachteter Bürger der Stadt, der aus seinen politischen Ansichten kein Hehl machte, übernahm das Amt des Militärkommandanten.

Wenige Tage danach, am 27. Juli jenes Jahres, veröffentlichte der Cabildo, in dem die Aufrührer tagten, ein denkwürdiges Dokument:

*«... bislang haben wir eine Art Verbannung im Herzen unseres eigenen Vaterlands geduldet, teilnahmslos nahmen wir es mehr als drei Jahrhunderte hin, daß unsere Freiheit der Willkür und Tyrannei einer Gewaltherrschaft preisgegeben war, daß wir zu Menschen zweiter Klasse degradiert und nicht besser als Wilde und Sklaven behandelt wurden. Doch wir schwiegen, und unser Schweigen wurde uns vom kulturlosen Spanier als Dumpfheit angekreidet. Wir nahmen auch das gelassen hin, denn in der Zurückhaltung und Würde des Amerikaners zeichnete sich desto sichtbarer spanische Niedrigkeit und Verderbtheit ab. Nun aber ist es an der Zeit, das verhängnisvolle, dem spanischen Hochmut schmeichelnde Joch zu unser aller Wohl abzuschütteln. Es ist an der Zeit, gemäß den Interessen unserer von Madrids entarteten Politik gedrückten Heimat eine neue Regierung zu geben. Es ist endlich an der Zeit, das Banner der Freiheit in diesen unglückseligen Kolonien zu erheben...»*

Es war eine offene Kriegserklärung. Diese Proklamation sammelte der Kreolen Haß und Empörung und gab eindeutige Hinweise, gegen wen sie sich richteten. Das Beil, das die Bindung zu Spanien kappen sollte, war ausgegraben, auf dem Hauptplatz des dünnluftigen, kalten La Paz, der höchsten Stadt der Kolonien, war in den Wintermonaten des Jahres 1809 der Anfang vom Ende des spanischen Weltreichs beschworen worden.

In diesen Zeiten des hemmungslosen Ausbruchs von Haß, des gefühlsbeladenen Aufbruchs zum Opfergang war Haenke nach dreijähriger Abwesenheit in ein ruheloses, von Mißtrauen, Angst und Gewalt vergiftetes Oropesa zurückgekehrt. Auf seinem langen Heim-

gang über die Berge war ihm bald schon die traurige Nachricht zugekommen: Sein Freund war nicht mehr, Gouverneur Francisco de Viedma war vor Monaten gestorben, ein ihm Fremder herrschte über Stadt und Provinz, über Unsicherheit und Ungewißheit der aufgerührten Ordnung.
Bevor er noch das alte Leben aufnahm, hatte er es empfunden und beschlossen, daß ein neuer Anfang, ein bewußtes von der Vergangenheit gelöstes Beginnen zur Erweiterung seines seelischen Grundumsatzes nur in Abgeschiedenheit gedeihen konnte. Die bedrohliche politische Lage und die Nimmerwiederkehr des wertvollen Freundes waren nicht Anlaß, sondern nur Beschleuniger seines Vorhabens.
Haenke verließ Cochabamba. Er zog nach Elicona, jenem Refugium, das er sich vor Jahren vorsorglich eingerichtet hatte, fünf oder sechs Tagesritte gen Norden, unfern des Jagdgebiets der Yurakarés gelegen. Er belud die Maultierkarawane mit Apparaten und Büchern, überließ Haus und Garten der Obhut eines Bekannten und trat seine Reise in die Abgeschiedenheit an. Marcela und ihr kleiner wuschelköpfiger Francisco gingen mit ihm.

Haenke hatte sich verändert, er war langsamer geworden, ruhiger, schweigsamer. Als Graukopf war er zurückgekommen, und Notenlinien furchten seine Stirn, bogen über den Brauen zu den Schläfen ab. Er hinkte, wenn sich sein Wetterbein meldete, an dem die Wunde noch näßte. Die Schale war gealtert, stellte er gleichmütig fest. Doch der helle, milde Glanz seiner Augen verriet die ungebrochene Helle seines Verstands und die gereifte Milde seines Wesens. Er leuchtet, summte eine glückliche Marcela still vor sich hin, und lauthals jauchzte der kleine Francisco, wenn er von Haenke hochgehoben wurde.
So verließen sie Cochabamba, so zogen sie in einem bibelhaften Auszug nach Elicona, richteten sich dort ein Leben in Stille und Entsagung ein, und er, der emsige Wanderer, ergab sich der Ruhe und seinen übermäßig vollen Gedanken. Regungslose Stunden verbrachte er im langen Schatten der Zeder, vorabendliche Stunden des Insichkehrens, des Ordnens, Aufbereitens, Aufarbeitens jenes Ver-

mächtnisses, das in ihm kostbar funkelte, das ihn prägte und das er nicht preisgeben würde. Der unstillbare Traum, den er Jahre lang in ungebundener Eintracht gelebt hatte, hielt ihn wundersam gefangen. In der Behaglichkeit des hohen Baums, aufrecht, doch weich an dessen breiten Stamm gelehnt, die Hände lose verschränkt, versank er durch die Nebel des Vergessens in lichtvolle Erinnerung.
Gelbrosa Abend über Elicona, rosagelber Traum. Ein leiser Wind wiegte die Zweige.

Wie ein Schlafwandler, den ein kaltes Bad in die Wirklichkeit schreckte, war er in ein zerfahrenes Oropesa zurückgekehrt, wo Angst, Geheimnistuerei, Mißtrauen und glosende Empörung Hirne und Gefühle verwirrten und verrückten. Er mit seiner Wissenschaft und seinen Vorstellungen vom menschlichen Gemeinwesen konnte sich nicht einordnen, in der wirren Stadt gab es keinen Bedarf an Haenke mehr. Der sich aufblähende Krieg, der große Vereinfacher, zog seine Fronten durch die Stadt, durch die Länder und den ganzen Kontinent. Hier Spanier, dort Kreolen und Mestizen, hier Kolonialmacht, dort Patrioten und Befreier. Der Mensch mußte Stellung beziehen, mußte Freund und Feind sein, um nicht als Drückeberger abgestoßen zu werden.
Eine Zeit der großen Worte war wieder einmal angebrochen, in ungezügelten Emotionen erstickte der Verstand, der Tod kam hoch zu Ehren, und die Generäle trommelten sein Weihefest ein. Im verunsicherten Madrid, im mißtrauischen Buenos Aires siebten und säuberten sie, Wankelmütige kamen an die Kandare, und die Soldlisten wurden nach Verwertbarkeit der Soldempfänger durchgekämmt.
Ende Februar 1810 langte in der Intendencia von Cochabamba folgendes vizekönigliches Schreiben aus Buenos Aires ein:
*«Da uns zur Kenntnis kam, daß der Botaniker deutscher Nation Don Tadeo Haenke, der vom Marineministerium auf eine Weltreise abgesandt worden war, nun seit mehr als achtzehn Jahren in der Gerichtbarkeit der Intendencia wohnhaft ist, daß er ungerechtfertigt des an ihn überwiesenen Gehalts teilhaftig wird, hat der König unser Herr Fernando VII. und in seinem königlichen Namen das höchste regierende Gre-*

*mium hiesiger und dortiger Dominien beschlossen, daß Eure Exzellenz seine Rückkehr zur spanischen Halbinsel sofort verfügen möge, und hierbei übermittle ich Ihnen selbigen Befehl Seiner Majestät, auf daß die Ausführung befolgt werde. Der Vizekönig. Buenos Aires, 25. Januar 1810.»*

José Gonzales de Prada, Viedmas Nachfolger in der Intendencia, war ein Provisorium, ein eilig bestellter Beamter, der den Posten bis zur Einsetzung eines den Zeiten entsprechenden autoritären und Madrid voll ergebenen Mannes zu halten hatte. Nicht anders sah der Gouverneur seinen Auftrag, und er dachte nicht daran, irgendwelche Veränderungen einzuführen oder Maßnahmen zu ergreifen. Er war ein Mann des Beharrens und nicht der Wandlungen. Er bemühte sich dennoch redlich, den Stil Viedmas weiterzuführen und das Vermächtnis des auch von ihm hochgeschätzten Mannes hochzuhalten. Er wußte von Haenke und wie sehr dieser Viedma nahegestanden war, er wußte auch, wie sehr sich Haenke mit seinen wissenschaftlichen und medizinischen Arbeiten um die Provinz verdient gemacht hatte.

Der schmähliche Befehl, der in der Art seiner Abfassung nichts Gutes verhieß, befremdete den bedächtigen Gonzales, er bat Haenke zu sich.

«Doktor Anke, ich habe schlimme Nachricht aus Madrid. Da, lesen Sie!»

Haenke las.

«Nun, was sagen Sie? Was sollen wir tun? Ich möchte Sie nicht fortlassen, aber …»

Haenke holte tief Atem, es war ein starkes Stück, was da mit ihm getrieben wurde.

«Exzellenz, ich weiß nicht, soll ich loslachen oder ein Wutgeschrei anstimmen. Da glauben die Quadratköpfe sich wieder einmal ein williges Opfer geangelt zu haben. Ich denke gar nicht daran, nach Spanien zu fahren, und für die Pesos meines Jahresgehaltes können sie mir den Buckel hinunterrutschen.»

Gonzales blieb ernst. «So einfach ist das leider nicht, verehrter Doktor. Glauben Sie mir, ich will Sie hier haben, zu sehr weiß ich um Ihre

Verdienste, zu sehr hat mir Sie der verehrte Francisco de Viedma ans Herz gelegt. Aber ich unterstehe Buenos Aires und letzten Endes der Krone, und Befehlsverweigerungen, besonders in diesen Zeiten, kosten Kopf und Kragen. Wir wollen doch nicht beide in die Mühlen geraten! Nein, nein, wir müssen einen Ausweg finden.»

«Flucht? Soll ich fliehen und unauffindbar bleiben?»

«Nein, das ist es auch nicht. Sie sollen hierbleiben.»

«Sie haben einen Vorschlag, Exzellenz?»

«Ein Gesuch, verehrter Doktor, ein Bittgesuch an den Vizekönig. Sie schreiben von Ihren Verdiensten um die Provinz, um das Königreich. Sie haben, weiß Gott, Ihr Madrider Gehalt mit wertvollster Arbeit zurückerstattet.»

«Ein Gnadengesuch? Kommt nicht in Frage! Ich soll mich erniedrigen wie ein Verbrecher? Das können Sie von mir nicht verlangen!»

«Beruhigen Sie sich doch! Nehmen Sie es nicht so tragisch. Sehen Sie es als kleines Opfer, und weiß Gott, in diesen Zeiten werden weitaus größere Opfer verlangt, um die Welt noch etwas zusammenzuhalten. Tun Sie es mir zuliebe. Ich verstehe, es ist für einen aufrechten Menschen nicht leicht, vor diesen – wie sagten Sie doch? – Quadratköpfen auf die Knie zu fallen. Aber tun Sie es dennoch, es ist nur ein Fetzen Papier, was kann der einem Mann wie Ihnen anhaben!»

Haenke schwieg, fragte dann:

«Was versprechen Sie sich eigentlich davon, Exzellenz?»

«Nichts als Gewinn an Zeit. Monate werden vergehen, bis Ihr Gesuch an bewußter Stelle vorgelegt wird. Und ob dann bei diesen Zeiten bewußte Stelle noch dieselbe Stelle sein wird? Aktensuche ist eine zeitraubende Tätigkeit.» Gonzales kniff die Augen zusammen. «Sie hat schon so manche Generation von Bürokraten überdauert.»

Haenke lachte auf.

«Und Vizekönige», fuhr der Gouverneur beschwingt fort, «kommen und gehen heutzutage in immer geringeren Abständen. Aber wir, Caballero, haben unsere Rückendeckung, solange eine Antwort auf Ihre Eingabe nicht eintrifft. Und, wie ich vermute, wird sie auch kaum eintreffen.» Haenke erhob sich, seufzte.

«Nun denn, so will ich es tun, Exzellenz, mein hohes Loblied anstimmen und kniefällig werden der Gnade wegen.»
«Bestens, verehrter Doktor, Sie richten das Gesuch an mich, und ich leite es nach Buenos Aires weiter.»
Lange schwitzte er über dem Entwurf und wünschte den Vizekönig samt Madrider Hof in den siebten Kreis der Hölle. Doch als er den Entwurf zum Bittgesuch vorlegte, gab sich Gonzales, der sich in Lamentos von Bittstellern auskannte und sie nach Wirksamkeit einzustufen wußte, nicht zufrieden.
«Nein, nein, Doktor Anke, Sie sind zu stolz, so geht das nicht. Damit beschleunigen Sie nur den vizeköniglichen Zorn. Sie knien ja gar nicht, sie stehen aufrecht. Das müssen Sie ändern. Tiefe Ergebenheit ist vonnöten, Ihre selbstlose Hingabe an Spanien. Ruhig, ruhig, verehrter Doktor, wir haben die Sache beschlossen, wir wollen sie auch der Form entsprechend zu Ende führen. Es steht viel auf dem Spiel, bedenken Sie doch! Und noch eins. Sie müssen es glaubhaft machen, daß Sie dem Befehl Folge leisten wollen, nur bitten Sie eben um Aufschub, sagen wir um ein Jahr. Und glauben Sie mir, in diesen Zeiten sieht ein Jahr dem anderen so gar nicht mehr ähnlich.»
Abermals hockte er sich hin, spülte seinen Ekel mit manchem Glas Rotwein weg und verfaßte ein grotesk-tragisches Papier, eine Eingabe voll Demut, Selbstlob und rührseligem Gejammer. Er begann mit dem Hinweis auf die Malaspina-Expedition, bei der er sich aufopferungsvoll und selbstlos den gestellten Aufgaben hingegeben und wie er dafür alles, was ihm lieb und teuer war, die Heimat, seinen ihm gnädigen Kaiser, seine ihn zärtlich liebende Familie, aufgegeben hatte.
*« ... um mich mit dem bitteren Brot des mir von der Vorsehung zugedachten mühevollen Auftrags zu begnügen ...»*
Er hob seine Leistungen in den Regionen der Audiencia hervor, belegte sie mit Veröffentlichungen in den Zeitungen «Minerva» und «Telégrafo» und wies auf seinen Einsatz während der Pockenepidemie hin.
*« ... schon seit geraumer Zeit wünschte ich, daß sich die Kriegshand-*

*lungen und das Unheil, das den ganzen Erdball in Bewegung und Bestürzung versetzt, beruhigten, damit ich mich Spanien und der literarischen Welt stellen könnte ...»*

Doch gerade jetzt, wo er sich gesundheitlich so elend fühlte, war der Befehl zur Rückkehr eingetroffen. Um dem Befehl nachzukommen, würde er zweifellos sein Leben aufs Spiel setzen, da sich nach einem gefährlichen Sturz an seinem linken Fuß ein Geschwür gebildet habe. Und damit bat er den Gouverneur, diese Mitteilung an die höheren Stellen weiterzuleiten und darzulegen.

*« ... die bejammernswerte Lage, in der ich mich befinde, um so Verständnis für den Grund zu erbitten, der es mir unmöglich macht, dem Königlichen Befehl pünktlich Folge zu leisten und daß man mir gütigst Frist und Aufschub eines Jahres gewähre, welches die geringste Zeit ist, die ich als nötig erachte, um meine Gesundheit wieder herzustellen ...»*

Gonzales leitete das Gesuch weiter, die Post vom 13. März 1810 ging mit ein paar Begleitzeilen an den in Buenos Aires residierenden Vizekönig von La Plata, Baltasar Hidalgo de Cisneros ab. Zwei Monate danach, am 25. Mai, wurde Cisneros von einer patriotischen Junta abgesetzt, aus seinem Amt gejagt und einen Monat später auf einem englischen Kutter in Richtung kanarische Inseln verfrachtet.

In Zeiten wie diesen! Seit zwei Jahren befand sich Spanien im hellsten Aufruhr gegen die napoleonische Besetzung. Napoleons Bruder hatte sich in Madrid als Josef I. eingenistet, und der abgesetzte Fernando VII. wartete im französischen Gewahrsam auf bessere Zeiten. Wo Spanien war, wußte man, aber nicht mehr, wer Spanien war. Sevilla, Granada, Galicia erhoben jede für sich den Anspruch auf die Madrider Nachfolge und imperiale Herrschaft, jedes dieser Zentren ernannte königliche Vertreter in den Kolonien. Wer war nun Spanien? War es der Franzose, war es die portugiesische Carlota, Fernandos Schwester, die in Rio de Janeiro bereits daran werkte, das imperiale Erbe anzutreten? Die verworrene Lage im Mutterland, verschärft durch Kriegshandlungen der Engländer und Franzosen gegen die Kolonien, zündete und schürte in Spanisch-Amerika den erbitterten, opferreichen Kampf für Unabhängigkeit sowohl von

spanischer wie auch von jedweder anderen Oberhoheit. Von Mexiko bis Buenos Aires griffen die Kreolen zu den Waffen, die tollkühne La Pazer Proklamation vom Mai des Vorjahres wurde in Kampfhandlungen umgesetzt. Im Norden in Caracas bastelte der siebenundzwanzigjährige Simón Bolívar an der Strategie der Befreiung, und in London bereitete der dreiunddreißigjährige José San Martín seine Rückkehr zum La Plata vor, um von dort aus den Krieg gegen Spanien voranzutreiben. Diejenigen aber, die ein Jahr zuvor im Herzen der Kolonien als erste in leidenschaftlicher Empörung und mit mangelhaftem Kriegsgerät und schlecht gerüstetem Kriegsvolk den Spaniern die Macht absprachen, Murillo und seine Getreuen, wurden am 29. Januar 1810 auf dem Hauptplatz von La Paz gehenkt. Denn in Zeiten wie diesen hatte der noch amtierende Cisneros Truppen gegen den rebellischen Norden gesandt, um das Feuer des Aufstands im Feuer der Kanonen zu ersticken, und auch aus Lima zogen die Spanier gegen La Paz vor, um spanische Rechte und Gerichte wiederherzustellen.
Doch nur wenige Monate danach setzte sich abermals eine Truppe aus Buenos Aires Richtung Norden in Bewegung, allerdings eine Truppe, die sich mit den Aufständischen gegen die Spanier vereinigen wollte. Und am 14. September anno 1810 besetzte eine Rebellenjunta, ohne auf Widerstand zu stoßen, die Regierungsstellen von Oropesa. Gouverneur Gonzales de Prada war seines Amtes eher ledig, als er es in diesen wechselhaften Zeiten vermutet hatte.

Und in Zeiten wie diesen verließ Haenke Cochabamba, um sich in Elicona einzuigeln. Was sollte er in Oropesa, der maroden Stadt, in der er sich nicht mehr zurechtfand, was sollte er in der Hochzeit von Haß und Gewalt, in dem Überschaum an Emotionen, die allen Verstand auf wehrhafte Sprüche einengten? Sieg und Tod waren dort die Maxime, und der Wert des Mannes wurde nach der Fahne gemessen, der er sich verschrieb. Erbarmungslose Unvernunft rührte im aufbrechenden Chaos die Trommeln, die von Gloria und Viktoria besessenen Marschierer spülten Hunger und Elend der Schwachen und Schwächeren an den Rand ihrer Schlachtstraßen. Triumph der Übel.

War es zu verhindern gewesen? Konnten Menschen nur im Töten zueinander finden, war nur mehr der Tod der einzige Hort von Ruhe und Frieden? Freiheit und Recht schrien die einen, Gesetz und Ordnung die anderen. Wessen Freiheit, wessen Recht, wessen Ordnung? Wohl kaum die der Geschundenen, Ärmsten, Ausgebeuteten, sie würden Freiwild bleiben, auch wenn die Jäger den feudalen Rock abwarfen, um sich mit dem bürgerlichen zu kleiden.
Lebenskräftig in der Stadt war noch die von ihm eingerichtete Institution für Heilung und Betreuung kranker Menschen. Gute, nun schon erfahrene Sanitäter unter Aufsicht eines von ihm eingeschulten Arztkollegen spendeten im Hospital Pflege und Gesundung. Er hinterließ keine Leere, seine Medizin war in geübten Händen und wissenden Köpfen. Doch würden sie gegen die sich ankündenden Umkehrungen und Ängste bestehen können?
Trübe Gedanken. Doch nicht nur deshalb floh er nach Elicona in die Abgeschiedenheit. Müde fühlte er sich, das Bein schmerzte, und es schmerzte die Wunde, die er seiner Selbstachtung mit dem Kniefall vor dem unwürdigen Cisneros zugefügt hatte. Er gab Gonzales keine Schuld, der Mann hatte es gut gemeint. Vorbei Gonzales, fort Cisneros, es blieb Thaddäus Haenke mit seinen unbekömmlichen Gedanken, seinen schwer verdaubaren Gefühlen. Heftiger als jemals wünschte er die Einsamkeit herbei, um sich zu finden, sich den klaren Nächten hinzugeben, der roten Erde, dem aufdampfenden Regen, den Bergen, dem Wald, dem Licht der Sonne und einem traulichen Baum, an dessen Stamm gelehnt er Einkehr halten wollte. Als er aus dem Tal stieg, war es Abschied, und nicht nur von Oropesa, sondern auch von Europa und der Heimat. Er fühlte es ohne Gram und Bitterkeit, längst war er diesem neuen Land verfallen, das ihn aufgenommen hatte, um von ihm aufgenommen zu werden. Er hatte kein Ziel mehr, er lebte dem Augenblick, gab sich ihm hin wie ein Schwimmer dem uferlosen Meer und ließ es geschehen, daß sich hinter ihm der Vorhang senkte. Nur einzelne Inseln der Kindheit, der Jugendjahre leuchteten noch aus entschwindender Erinnerung.

Bevor sie loszogen, hatte er die treue Marcela geheiratet. Fray Antonio, ein ferner Verwandter Marcelas, vollzog in einem stillen Kirchlein am Stadtrand die einfache Zeremonie. Die Frau, die ihn Jahre hindurch hingebungsvoll betreut hatte, die ihm das Haus hütete, sollte Señora Haenke sein und der kleine wuschelköpfige Francisco ihn zum Vater erhalten.

Beschwerlich war der Aufstieg aus dem Tal. Schmale, gewundene Pfade quer durch die steilen Halden hinauf zur Höhe, durch lockeres Geröll an den Hängen, vorbei an zackigem, scharfkantigem, durchwaschenem rotem Fels, über Büschel kümmerlichen Grases. Brav traten die Tiere den schmalen Weg, zögerten nicht, wußten die Hufe zu setzen. Francisco, auf dem Rücken eines Tiers festgebunden, genoß das Geschaukel und Geschubse, Marcela hinter ihm, und vorne er am lockeren Zügel des Leittiers. Gegen Mittag erreichten sie die Höhe und rasteten. Klare Luft, weite Sicht und die Sonne im blauen, wolkenlosen Zenit.

Ein letzter Blick. Er ging vor zum Rand des steil abfallenden Felsens. In greifbarer Ferne der königliche, eisgekrönte Kordillerenwall, die Cordillera Real. Die Mächtigkeit der Kette war mit der erklommenen Höhe gewachsen, die Schneespitzen und Grate funkelten verlokkend und unnahbar. Vor ihm, in der Tiefe, das grüne Tal von Cochabamba, umfangen von den Bergrücken, die sich von der Kordillere zu den Niederungen streckten, um die angrenzenden Täler von Cliza, Caraza und Sacaba einzufassen, so als wollten die Andenriesen ihre Finger in Inseln grünen Mooses betten. Er sah die Flüsse, wie sie silbern aus den Bergen traten, sich durch die grünen Täler wanden und gegen Osten zu den weiten Ebenen und undurchdringlichen Wäldern hin verloren. Und er sah Oropesa, die Stadt, ihre roten Dächer und weißen Türme, die Weiden am Ufer des Flusses und die lockige, flockige Artigkeit ihrer sie umgürtenden Pflanzungen. Wie schön sie ist, dachte er, wie schön es sein könnte. Er riß sich los, trat zu seiner Familie und nahm Francisco auf den Schoß.

Bald zog die kleine Karawane weiter nach Norden.

Ort am Ende seines Weges, Elicona der milden Abende, der tiefen Nächte, der regen, arbeitsamen Stunden, wo keine Langeweile aufkam noch Unrast und Verlangen nach dem Glanz der Stadt, nach rastlosem Gebrodel in Maßlosigkeit und Drangsal. Eingekehrt war der Solitario, der einsame Sucher – aber nicht in die Klause des Alternden, des besinnlich Rückschauenden. Im Schutz der Abgeschiedenheit ergab er sich emsig und eifrig seinem Tun, heiter und gelöst seinem Lassen. Und die Tage vergingen, einer wie der andere, keiner wie der andere.

Paradiesisches Elicona, botanisches Eden im weiten Areal entlang des Steilufers zum eilig rauschenden San Lorenzo. Üppiges, vielfältiges Herbarium, sorgsam gebettet zwischen prachtvollen Bäumen, reicher als sein medizinisches Gehege in Oropesa. Werk von Monaten des Sammelns, des Pflanzens, steter Pflege und Erneuerung bedürftig. Gern arbeitete er in den frühen Stunden im Garten, band und stützte, schnitt und setzte, zeichnete, vermerkte, veredelte. Doch wenn er grub und ebnete, wenn der Körper Vorarbeit leistete und die Gedanken Ausgang hielten, dann wanderten sie zuweilen zurück zu starken Erlebnissen, zu nahen Menschen, die seine Bahn gekreuzt und sich verloren hatten, zu Gerónimo und Mikay, zu Viedma und den vielen Begebenheiten, den unlöschbaren Spuren seiner rastlosen Fahrten. Ein volles Leben, ein gutes Leben. Bilanz oder Zwischenbilanz? Noch war er voll da, intakt, wenn auch hin und wieder das Bein schmerzte, noch war er wißbegierig wie jener Junge damals – wie lang war das schon her! –, der in Cádiz über die Schiffsplanke an Bord der «Nuestra Señora» wankte. Nein, er war noch da und nach vorne ausgerichtet, ruhiger wohl und mit grauem Kopf, doch achtsam und empfangend und liebend wie vordem.

Der geräumige Rancho, seine ebenerdige Burg auf gleichseitigem Grundriß errichtet, darin das Arbeitszimmer, sein Laboratorium, Marcelas große Küche, der lichte Schlafraum neben Franciscos Kammer, die gute Stube mit den massigen Möbeln aus edlem Holz. Gut saß es sich dort, und wenn sonntags die Merienda aus der Küche duftete, Marcelas Kunstwerk aus runden, gelben, mit Hühnerfleisch garnierten Kartoffeln, umkränzt von rotbraunen Bohnen und gedörrten Rindsstücken, Sauce dazu in Näpfen, Schafskäse und Eier und die scharfen pikanten Würzen aus den roten Schoten, dem Ají, den grünen Locota, da ging es festlich zu im Hause Haenke. Aus dem Krug kühlte die nussige Horchata oder die Chicha, denn Marcela, die liebe, sie wußte zu kochen und zuzubereiten. Don Tadeo nannte sie ihn, ihren Mann, konnte es nicht anders, doch ihre schönen Augen leuchteten in freudvoller Zuneigung und Verbundenheit. Zuweilen guckte sie lächelnd aus der Küche, um zu schauen, wie Don Tadeo mit dem Kind spielte, wie die beiden zusammensaßen, und der gute Mann dem Kleinen vorlas. Oft lächelte sie unter Tränen.

Diego, der vierte Bewohner des Paradieses, ein schweigsamer Indio mit unbeweglichem Götzengesicht, gehörte auch zur Familie. Stumm saß er bei Tisch, kaum, daß ein Wort über seine Lippen kam, und wenn, dann kein spanisches. Ketschua war seine Sprache, doch selbst Marcela hatte Mühe, das wenige zu verstehen, was er von sich gab. Woher er kam, der Schweigsame, wer er war, sie wußten es nicht. Ein stiller Mitbewohner, ein reger Hausgeist. Er wußte aber immer, wo es fehlte, er wußte, was zu tun war, hackte, räumte, schleppte, zimmerte, und einmal drückte er Francisco ein hölzernes, lustiges Männchen in die Hand, einen Ekeko, den er selbst geschnitzt hatte. Manchmal verschwand er in den Wäldern, doch er kam wieder und nahm die Arbeit auf, schweigsam, lautlos, rege.

Mit Diegos Hilfe hatte Haenke einen Stollen geschlagen und Öfen gemauert, in denen sie Erze aus den Gesteinen schmolzen und zu kleinen Barren gossen. Auch Gold aus dem Fluß. Sie siebten und rüttelten kleine Nuggets aus dem Sand, ein Spiel, an dem Francisco lachend und kreischend teilnahm.

Elicona stand auf goldenem Boden, und das war eine ausgezeichnete Lebensgrundlage. Von Madrid war nichts mehr zu erwarten und auch nicht von sonstwoher. Das Gold aus dem Fluß und aus dem Berg sicherte Haushalt und Unabhängigkeit. Er hortete einiges von dem Metall, um sein eigener Herr zu bleiben und der Sorgen um den Bestand des paradiesischen Winkels für immer ledig zu sein. Ohne Sorgen um Elicona konnte er sich in seiner Arbeit ausleben, seinen Schriften und Büchern widmen. Und der Musik, denn sein Instrument hatte er mit über die Berge gebracht. In die stillen Abende stiegen aus dem einschichtigen Rancho nicht nur der Küchenrauch auf, sondern auch Klangschleier aus vollen Akkorden und zarten Weisen.

Wenn es an Vorrat fehlte, trat Marcela die Reise nach Oropesa an. Nachbarn, die Früchte und Handarbeiten zum fernen Markt brachten, nahmen sie gerne mit. Doch Monate vergingen zwischen diesen Cochabamba-Fahrten, denn der Weg war weit und beschwerlich, und Haenke war froh und glücklich, wenn er Marcela wieder daheim wußte. Nicht nur Nützliches und Nötiges brachte sie aus der Stadt, sondern auch Neuigkeiten, verwirrte und verwirrende Berichte, deren Ursachen und Zusammenhang der Frau entgingen. So erzählte sie, daß in der Stadt die Kreolen herrschten, doch dann waren es wieder die Spanier. Mit einem Mal war Goyeneche in aller Munde, ein böser Mann, ein Ungeheuer, wie die Leute sagten, ein spanischer General. Eine Schlacht war verloren, es gab viele Tote und Brände und Trauer und Verzweiflung, und der eine sagte das und der andere jenes, und groß war der Haß gegen die Spanier. Ja, und einer hatte sie beiseite gezogen und ihr zugeflüstert, Don Tadeo solle ja nicht zur Stadt kommen, er möge wegbleiben, weil die Spanier ihn suchten, und die führten sich auf wie tolle Hunde. Don Tadeo solle später kommen, nach dem Sieg. Marcela wußte nicht, wer der Mann war, er war eilig in der Menge verschwunden. Und später wieder die Kreolen, die obenauf saßen, aber noch immer sprachen alle von Goyeneche. Wirre Bilder. Die arme Marcela, wie sollte sie sich zurechtfinden, wo Erfahrenere in die Irre gingen.

Die Geschichte spie weiter Aufruhr, Vergeltung, Krieg und Chaos. Und er, Haenke, fernab vom Elend im grünen Frieden? Stand ihm das Glück am Rande des Unheils zu? Wo war sein Platz? Nicht dort, wo er helfen konnte? Konnte er helfen, wo sollte er helfen, wenn es nur um Siegen und Töten ging? Sollte er sich in Gefahr begeben? Nicht Feigheit war es, was ihn abhielt. Selbst er, der um seine Ängste wußte, konnte sich Feigheit nicht vorwerfen. Weder die Liebe zu den Seinen noch der innere Wunsch, seinen tätigen Frieden in Elicona zu leben, hätten ihn hindern können, einem Notruf Folge zu leisten. Aber sie riefen nicht nach ihm, sie riefen nach Waffen und Opfer,

nach Ehre, Vaterland und Ruhm. Kein Platz für ihn, wo große Worte den kleinen Menschen verdrängten. Er begriff die Empörung der von hochmütiger Gewalt gebeugten Kreolen. Mündig waren sie geworden, diese amerikanischen Jakobiner, die zurecht die Vormundschaft abschütteln wollten. Das war zu billigen, das war zu verstehen. War er doch selbst in der Seele ein Aufrührer. Herr im eigenen Hause wollten sie sein. Doch würde ihnen dieses Haus nicht zu groß werden? Wie wollten sie es um der Unterdrückten willen bewirtschaften? Wollten sie das überhaupt? Sie griffen sich die französischen Reizworte von der Gleichheit, der Freiheit und Brüderlichkeit. Doch welcher Willen steckte dahinter? Gleich und billig war ihnen der Indio im Gemetzel. Sollte es nur eine kreolische Gleichheit geben? Eine magere Gleichheit, und auch sie war zu bezweifeln. Und Freiheit in Etappen? Brüderlichkeit? Zogen sie nicht schon jetzt an verschiedenen Strängen? Mit Reizworten ließ sich nichts bewältigen. Was sollte nach dem Sieg kommen? Eigenartig die Leere, die große Siege hinterließen.
Solcherart nahmen Marcelas Cochabamba-Fahrten seine Gedanken in Anspruch, und es fiel ihm nicht leicht, mit sich und der verrückten Welt ins klare zu kommen. Tagelang hockte er danach am Schreibtisch bei seinem «Gedankenbann», wie er das Heft nannte, in das er Kopf und Seele entleerte, bemüht, Wesentliches zu erkennen. Sein Denken und Wägen aber brachten ihn nach Elicona zurück, zu fern und unfruchtbar für seine Fähigkeiten und Neigungen waren ihm die Felder der Ehre, zu abstoßend war ihm die Szene enthemmter Politik, auf der er nicht Partei ergreifen wollte. So fand er sich in Elicona wieder, und die Tage verliefen, keiner wie der andere, und ebenso die Monate.

Mild sind die Jahreszeiten der Zona templada, der Kalender weiß besser um sie Bescheid als die Anzeigen an der Wärmeskala. Mehr als zwei Jahre war es her, daß er Cochabamba verlassen hatte, aus den Bindungen der Vergangenheit ausgezogen war, um sich in Elicona für einen neuen Abschnitt seines Lebens einzurichten. An einem lauen Julitag des Jahres 1812 arbeitete er im Garten, senkte den jungen Baum in die Grube und schaufelte lockere Erde über die Wurzeln. Die schräge Sonne des Vormittags wärmte und blendete. Er schob den Strohhut in die Stirn, legte die Wolljacke ab, blieb in Hemd und Leinenhosen und dachte an Freund Pineda und wie sie damals auf Luzón, nun auch schon zwanzig Jahre her, am Grab schmerzenden Abschied nahmen. Mit den Händen klopfte er die Erde um den dünnen Stamm.

«Sind Sie Doktor Anke?»

Er fuhr auf. Zwei Soldaten standen vor ihm, Männer in staubigen, ramponierten Uniformen, den breiten Kreuzriemen über der Brust. Einer mit Bart und ein jüngerer, die Kappe am Hinterkopf, mit schwarzem Haarschopf in der Stirn. Haenke ließ sich den Schrecken nicht anmerken, erhob sich langsam, blinzelte sie an.

«Was wollen Sie, Señores?»

«Sind Sie es, Doktor Anke?» fragte der Jüngere mit heiserer, zitternder Stimme. «Ja, ich bin Haenke.»

Im Nu war er umfaßt, umzingelt, gepreßt. Der Jüngere drückte sich schluchzend an seine Brust, der Bärtige wollte seine Hand nicht loslassen, schüttelte sie, streichelte sie, umarmte ihn.

«Maestro, mein lieber Maestro», schluchzte der junge Mann.

«Tadeo, daß wir Sie gefunden haben!» lachte der Bärtige. Als sie ihn losließen, starrte er suchend in ihre Gesichter.

«Manuel», lachte unter Tränen der Schwarzschopfige, «Manuel, der Schiffsjunge!»

«Manuel?» flüsterte Haenke ungläubig. «Ja, Manuel, wie kommst denn du hierher?»

«Und ich bin Esteban», rief der andere, «Esteban Carmona, der Schauspieler. Tadeo, Sie müssen sich doch erinnern!»

«Esteban! Und ob ich mich erinnere», lachte Haenke fröhlich auf, «und ob. Das ist eine ganz große Freude, meine Lieben, eine außerordentlich große Freude. Nein, so etwas! Wie ihr euch verkleidet habt! Kommt, Freunde, wir gehen ins Haus, es gibt viel zu berichten.»

Nun war es Haenke, der die beiden an sich drückte. Eng aneinander, plaudernd schritten sie durch den Garten.

Das waren lange Berichte, welche die beiden bei Tisch vortrugen,

Überblicke auf Jahre unsteten, schweren Ackerns und Rackerns, fern voneinander kreisten ihre Lebensläufe, bis die patriotische Stunde in Buenos Aires schlug und sie sich beide der Bewegung anschlossen. Sie fanden sich in einer Reiterabteilung des gegen die Spanier ausgesandten Entsatzheeres. Beide schon im Rang von Offizieren, beide begeisterte Soldaten des neuen Amerika. Und dann? Leicht waren sie in den Norden marschiert, zu leichtsinnig auf Oberperus Hochland vorgedrungen. Aus La Paz, Cochabamba, Oruro und Potosí waren ihnen die Aufständischen zugeeilt, glaubten schon, den Triumphmarsch nach Lima antreten zu können. Die Niederlage im Juni des Vorjahres, bei Guaquí am Titicaca, brach ihre Stoßkraft. Lima hatte ihnen ein gut gerüstetes und ausgerichtetes Heer entgegengeworfen. Wenig half da die Begeisterung, es fehlte ihnen an Waffen und an Ordnung.
«Kaum, daß einer einen Schießprügel schleppte», fiel Manuel hitzig in Carmonas Schilderung ein, «ein wilder, schreiender Haufen war das, Maestro, mit Spießen rannten sie gegen das Sperrfeuer, mit ihren Macanas. Die paar veralteten, verrosteten Kanonen, sie konnten sie kaum in Stellung bringen.»
«Das hört sich ein wenig verächtlich an, Manuel.» Carmona war damit nicht einverstanden. «Ich muß sie in Schutz nehmen. Prächtige Burschen sind es, sie kämpften heldenhaft. Wir waren es, die die Schlacht verloren, es war unsere Unüberlegtheit. Zu siegesgewiß waren wir, zu hochnäsig auch zu unseren Verbündeten. Die Einheit zerfiel. Goyeneche hatte es nicht schwer mit uns, die Disziplin und die Schlagkraft seiner Truppen ist ausgezeichnet. Das muß man anerkennen.»
«Goyeneche?» fragte Haenke. «Immer höre ich nur Goyeneche. Das ist wohl der General der Spanier? Nichts Gutes sagt man ihm nach, so wie die Leute erzählen. Was ist mit ihm?»
«Ein Aas ist er», erhitzte sich Manuel erneut, «der hat sich dem Teufel verschrieben und wem noch, da kann man nur raten. Steht er mit den Franzosen unter Vertrag oder mit der portugiesischen Carlota, oder macht er es für den Vizekönig? Ein Verräter ist er, eine Mißgeburt von einem Kreolen, er ist ja hier geboren.»

«Sein Ehrgeiz ist groß», nickte Carmona, «er will ein Napoleon Amerikas werden, er lechzt nach der Macht. Sein brutales Vorgehen, der Terror gegen die Bevölkerung, wäre sonst nicht zu verstehen.»
«Er ist ein Monster», stimmte Manuel zu.
Im August des Vorjahres war Goyeneche gegen Cochabamba gezogen, um in der Stadt, wo ein Bürgerkomitee unter Rivero die Unabhängigkeit Cochabambas ausgerufen hatte, wieder spanische Ordnung herzustellen. Bei Amiraya siegte Goyeneches Truppe, worauf sich der General in Oropesa als Befreier von der Herrschaft des kreolischen Mobs feiern ließ. Als er dort die spanische Macht wieder gesichert glaubte, wandte er sich gegen Potosí, um die Reste des platensischen Entsatzheeres zu vernichten und dann mit seinen Truppen zum Zentrum des Aufruhrs, nach Buenos Aires, vorzustoßen. Doch Cochabamba machte ihm einen Strich durch seine großen Pläne: In seiner Abwesenheit war es in Oropesa neuerlich zur Erhebung gekommen. Die Rebellen erklärten ihre Unabhängigkeit von Lima und jagten Goyeneches Militärverwaltung davon.
«Als er das erfuhr», rief Manuel, «soll ihm der Atem weggeblieben sein.»
Er mußte den Marsch nach Buenos Aires verschieben. Mit unbändiger Wut wandte er sich abermals gegen die rebellische Stadt. Es war Schlimmes zu befürchten, doch keiner ahnte das Entsetzliche. Die Wunden der Niederlage von Amiraya waren noch nicht vernarbt, die Bewaffnung der Aufrührer schlechter als je zuvor, Unsicherheit und Angst breiteten sich aus, und die Patrioten flohen in die Berge, um von dort aus eine Guerilla gegen die Spanier zu führen. Kampflos schien die Stadt dem General preisgegeben. Es waren aber die Frauen von Cochabamba, welche sich den anrückenden Spaniern entgegenstellten. Mit ihren Kindern zogen sie vor die Stadt, verschanzten sich auf dem niederen Hügel San Sebastián, brachten altes und veraltetes Kriegsgerät in Anschlag, während die wenigen Männer, die sich ihnen angeschlossen hatten, kleinere Geschütze in den Boden rammten. Als sich die Spanier vor ihnen formierten, brach das Feuer los, und wer keine Waffe hatte, schleuderte und rollte Steine und Felsen gegen die anrückende Kriegsmaschine.

«Alle wurden sie niedergemacht, Goyeneche machte keine Gefangenen», fuhr Carmona in seinem Bericht fort, «und dann kam es zu den denkwürdigen, grauenhaften Tagen nach dem 27. Mai, Tage, in denen in vergangenen Jahren fröhliche Prozessionen zu Ehren des Kirchenfestes durch Oropesas Straßen tanzten. Diesmal war der Tanz ein anderer. Goyeneche, der Katholik, der seinen Kirchgang nie versäumte, der sich seines bigotten Christentums rühmen ließ, veranstaltete ein Blutfest, das den Gemetzeln der Konquista in nichts nachstand. Als Belohnung für ihre Heldentaten schenkte der General seiner Kriegsmeute die Stadt. Die Menschenjagd begann, wer sich zeigte, wurde niedergemacht. Die Horde drang in die Häuser ein, raubte, mißhandelte, brandschatzte, mordete. Mit bluttriefendem Säbel galoppierte der General selbst durch die Straßen und hieb auf die Menschen ein. In wahnsinniger Wut wollte er sie alle vernichten, die sich ihm in den Weg zu seinem Triumph gestellt hatten. Wer vom Bürgerkomitee gefangen wurde, den ließ er auf der Stelle köpfen, die Köpfe auf Stangen aufpflanzen. Blutende Köpfe auf den Plätzen, Blut und Tote in den Straßen, brennende Häuser, schreiende, wehklagende Menschen, Jammer, Elend, das war Goyeneches Fronleichnamsfest.»
Drückendes Schweigen folgte dem Bericht, Marcela wischte sich die Augen, sie dachte an ihre Verwandten in der geschändeten Stadt.
«Ist das das Ende?» fragte Haenke. «Das Ende des Aufruhrs?»
«Nein, niemals!» rief Manuel.
«Nein, wirklich nicht, Tadeo», bestätigte Carmona.
Auch er war älter und nicht nur bärtiger geworden, stellte Haenke fest, der einst ungestüme Carmona war gereift.
«Und wie stellt ihr euch das vor bei der spanischen Überlegenheit? Mehr Menschen und noch mehr ins Abschlachten, Futter für das spanische Feuer, bis sich die Toten zu Bergen häufen und den Lebenden nur noch Trauer und Misere bleiben?»
«Nein, glauben Sie mir, Tadeo, Sie sehen das nicht richtig», antwortete Carmona, «Spanien gibt es hier nicht mehr, die spanische Macht ist am Ende. Wie eine verwundete Bestie wehrt sie sich und beißt und zerreißt alles in ihrer Nähe, aber die Bestie ist zu Tode verwun-

det. Oben in Mexiko ist der Aufstand ausgebrochen, wir haben beste Nachrichten, in Neu-Granada hat Simón Bolívar die Unabhängigkeit ausgerufen, La Plata ist frei. Wir nehmen sie in die Zange, unser Heer unter General Pueyrredón ist schlagkräftig wie nie zuvor, Limas Tage sind gezählt.»

«Wir Gauchos treiben sie wie eine Herde Rinder», lachte Manuel.

Haenke rieb sich wieder einmal seine Nase.

«Ich weiß nicht, ich verstehe nichts vom Kriegen und will auch gar nichts davon verstehen. Aber ein Spaziergang kann das nicht werden. Selbst Napoleon brauchte Jahre, um Europa zu befreien und zu verheeren. Ich meine, die Geographie, Freund Esteban, darf man doch nicht außer acht lassen.»

«Da sind Sie ganz der Meinung unseres Generals», nickte Carmona, «er sagte: ‹Die Geographie, wenn man sie im Geiste der Politik betrachtet, ist eines der Augen der Geschichte.›»

«Na, ob wir da so vollkommen übereinstimmen?»

«Er will Sie haben.»

«Mich haben?» lächelte Haenke.

«Ja, Maestro», nickte Manuel. Und Carmona fuhr flott fort:

«Im Grunde danken wir es Pueyrredón, daß wir Sie gefunden haben, daß wir hier sind. Er weiß von Ihnen, er schätzt Sie über die Maßen. ‹Diesen Mann brauchen wir für unsere Heimat!› sagte er, und er schrieb auch bereits nach Buenos Aires, damit Ihnen das Gehalt überwiesen wird, welches Ihnen die Spanier gestrichen haben. Er will, daß Sie eine topographische Karte vom ehemaligen Vizekönigreich La Plata anfertigen. Wenn Sie nur wollen, mein lieber Tadeo, Sie sind der Mann des neuen Amerika!»

«Seid ihr nur deshalb gekommen, um mich in den Dienst zu ködern?» fragte Haenke ernst.

Carmona starrte ihn an, sprang auf, ging zu ihm, umarmte ihn. «Freund Tadeo, doch nicht deshalb! Das war doch nur Vorwand. Sie glauben doch nicht wirklich, daß Manuel und ich, daß wir uns nicht aus reiner Freude auf ein Wiedersehen mit Ihnen auf den Weg machten, daß uns nichts halten konnte, als wir erfuhren, daß Sie irgendwo in dieser Wildnis lebten!»

«So war es», fiel Manuel heftig ein, «Esteban hörte bei einer Besprechung Ihren Namen, und der General wußte ungefähr, wo Sie sich aufhielten. Esteban sagte, wie gut wir Sie kannten, und da war der General gleich bereit, uns loszuschicken und Ihnen seinen Gruß und die hohe Meinung, die er von Ihnen hat, zu überbringen.»
«Es ist gut, meine Lieben», lächelte Haenke, «verzeiht mir, vergeßt es, ich bitte euch. Man wird eben alt und ein wenig wehleidig. Doch nun sollten wir auf euren prächtigen General anstoßen!»
Etwas später nahm Haenke wieder das Wort.
«Doch zur Lage. Also ihr siegt nach langen schweren Kämpfen – leicht werden es euch die Spanier nicht machen. Was dann? Europa ist auch verloren, vorläufig wenigstens, die Wirtschaft wird es schwer haben, und ich fürchte sehr, die schwere Lage wird euch Amerikaner auseinanderbringen. Wir kennen den Katzenjammer nach Siegesräuschen, die Geschichte ist wahrlich nicht arm an Siegen, die Elend, Furcht, Feindschaft und Gewalt einleiteten. Jeder weiß immer besser, was getan werden muß, und nicht wenige solcher Besserwisser denken nur daran, was für sie selbst getan werden müßte.»
«Vorerst aber müssen wir siegen, Maestro», ereiferte sich Manuel, «zuerst müssen wir die Spanier verjagen, erst müssen wir Herr im eigenen Haus sein, und dann werden wir sehen, dann wird sich alles zum besten wenden.»
«Ach, Manuel, ich hoffe nur, daß euch, die ihr mit Herzen an der Sache hängt, arge Enttäuschungen erspart bleiben. Was meinen Sie, Esteban?»
«Es wird sicher nicht leicht werden», nickte Carmona, «aber wir haben natürlich unsere Vorstellungen. Freies, unbehindertes Wirtschaften, Verteilung des Bodens der Krone, Freiheit der Meinungen, eine vom Volk gewählte Regierung und zugleich eine oberste Vertretung aller Schichten der Bevölkerung, und das besser, als es die Franzosen taten.»
«Und was wird mit den Eingeborenen, habt ihr sie in euer Freiheitsprogramm aufgenommen? Da genügt es nicht, Freiheit zu geben, die muß man ihnen schon ermöglichen. Land und Eigenständigkeit dem Indio und uneigennützige Hilfe, das sollte in eurem

Programm obenauf stehen. Jahrhunderte von Erniedrigung und Ausbeutung, wie wollt ihr die wieder gutmachen? Der Wert von Revolutionen kann nur an den Werten gemessen werden, die den Schwachen und Ärmsten zugute kommen. Ansonsten, meine ich, sind Revolutionen nur Machtablösungen in oberen Sphären. Und noch eins. Nur dann, wenn es euch gelingt, das Vertrauen des Indios zu gewinnen, werdet ihr festen Grund haben.»
«Sie verlangen zu viel, Tadeo», wehrte Carmona ab, «wir müssen erst Ordnung im Hause schaffen, um unsere Prinzipien zu verwirklichen. Unsere Freiheit wird auch den Indio befreien.»
«Schöne Worte sind immer noch in häßlichen Taten untergegangen. Erst wenn ihr begreift, was Gleichheit ist, werdet ihr frei sein.» Und er fuhr fort: «So wie wir hier sitzen in enger freundlicher Verbundenheit, könnten wir als Beispiel für einen guten Beginn gelten: Marcela, meine gemischte Marcela als Vertreterin jener anwachsenden Volksschicht, die aus der Vermengung Europas mit Amerika hervorgegangen ist. Dort Manuel, Vertreter eines jungen erwachenden Spaniens, das nicht mehr als Feind, sondern als bester Verbündeter zum Amerikaner steht. Und Sie, Esteban, der diesen zur Unabhängigkeit strebenden Kontinent vertritt, und schließlich ich, der alte Gringo, Vertreter eines noch älteren und leidvoll sündigen Europas, der jedoch bereit ist, mit den besten Gaben der alten Welt eurer neuen beizusteuern. Das ist eine gute Union, die beste, die man sich denken kann, ein vielversprechender Bund. Doch wo ist Diego, den ich vergebens zu Tisch bat, der schweigend durchs Haus streicht? Er steht am anderen Rand eines jahrhundertetiefen Abgrunds, und ihm, den Diegos, müßt ihr Brücken bauen. Kein Staat kann gesunden, in dessen Organismus ungesühntes Unrecht wuchert.»

Die wenigen Tage des Friedens und der Freundschaft, die der Krieg den Uniformen gönnte, vergingen. Beim Abschied nahm Carmona Marcelas Hände: «Señora, viele glückliche Jahre wünsche ich Ihnen, geben Sie gut auf sich acht und auf Francisco, doch auch auf diesen Mann hier. Er gehört nicht nur Ihnen, er gehört uns und diesem Land. Das vereinte Südamerika braucht ihn.»

Manuel brachte es zu keinem Wort, der Abschied von seinem Lehrer ging ihm nahe. Lang umarmten sich die Männer, dann bestiegen Carmona und Manuel ihre Pferde und ritten fort, nicht aufrecht und flott, wie es Offizieren geziemt, sondern in Schwermut gebeugt. Sie blickten nicht mehr zurück.

Nach diesem Einbruch in seine Klause, nach diesem Intermezzo der Außenwelt, stellte er abermals fest, daß er sich gewandelt hatte. Die Versuchung, welche die Freunde an ihn herangetragen hatten, sie berührte ihn nicht. Der Trieb zu wirken, um anerkannt zu werden, die Illusion des Ruhms, um die Vergänglichkeit zu überwinden, die uneingestandene Schwäche, Wohlstand herauszukehren, dem gesellschaftlichen Oberdeck zugereiht zu werden – davon war nichts mehr in ihm. Eine große Entleerung hatte stattgefunden, er merkte es, als sie ihn einluden zurückzukehren. Leer von Besitzdenken und Ehrgeiz war er geworden, frei vom Willen eines Machthabers, vom Diktat der Zeit. Zeit? Er umklammerte sie nicht, er vertrieb sie nicht, Vergangenheit, Zukunft, sie bedeuteten ihm wenig. Er lebte den Augenblick mit wachen Sinnen, und überströmende Freude erfüllte ihn, wenn er bei Marcela und dem Kind saß, wenn er durch den Garten humpelte, eine Blüte betastete, wenn er seine Musik mit stets neuer Hingabe und Erregung musizierte, wenn das Tal in den dunkelnden Farben des Abends versank und sich ihm der klare Nachthimmel auftat. Er vermerkte nicht mehr, er schrieb kaum mehr, er nahm in sich auf und gab sich hin. Lernen und Lehren, Liebe, Freude, das Zwiegespräch mit Mensch und Natur, der zarte Austausch der Gefühle, das Wohlwollen des Geistes, die hilfreiche Hand – das war das Ambiente, zu dem er sich in Elicona hochgelebt hatte.
Manchmal streifte er noch durch die Gegend, ritt das Flußbett entlang und über die schmalen Pfade durch Busch und Gestrüpp, auf die runden Bergrücken und durch waldige Täler. Er drehte seine Runden, wie er es nannte, trat in ferne Hütten, sah nach Haushalt und Gesundheit ferner Nachbarn, heilte, half und wurde bald auch hier und in weitem Umkreis zum Gringo de los Gringos gekürt, zum besten aller Gringos, zum Médico, dem die Türen weit offen stan-

den. So fehlte es ihm selbst in dieser Einsamkeit an Menschen nicht, und sie suchten ihn in vielen Wegstunden auf, und nicht nur des Rats und der Hilfe wegen, die sie im Rancho fanden, sondern auch, um sich an der Nähe und Menschlichkeit des gelehrten, verehrten Mannes zu wärmen. Die Besuche taten ihm wohl, war er doch nicht von den Menschen geflohen, sondern von den Übeln, in die sie sich qualvoll verstrickten.

Eines Tages sattelte er sein Pferd und ritt gegen Nordosten in eine noch zu erkundende Abgeschiedenheit. Seine Gedanken flogen voran, weit voran, hin zum Dreistromland, das sich hinter fernen Rükken wie ein Trichter weitete. Er ritt durch einen Wald von Riesen, von knorrigen, blättrig umrankten, von Lianenschlangen umklammerten Riesen. Turmhoch wölbte sich die Kuppel über ihm, durch die die Sonnenstrahlen filterten, unruhige, in die Schatten brechende gleißende Bündel. Aststarke, astlange, krumm gedrehte, sich in die Erde krallende, ineinander verknotete, verflochtene Wurzeln, in Farnen und Moos gebettete Sümpfe, gefallene, aufgebrochene Stämme, Gräser und dichtes Strauchwerk zwischen den Säulen.
Er stieg vom Tier, nahm den Zügel, hieb mit dem Haumesser einen Ast zum Stab und wanderte, das kranke Bein stützend, durch Gestrüpp und Gräben, über Wurzeln und Felsbrocken in die lautlose Dämmerung des Märchenwalds.
Aus einer kleinen Lichtung hob sich aus mannshohem Gras ein Laubzelt, und als er näher kam, erblickte er eine Frau. Eine alte India war es, mit gefurchtem dunklem Gesicht, barhäuptig, doch eine Blüte im Haar, und schwarze, lange Zöpfe fielen ihr über die mageren Brüste. Ein buntes, verblichenes Wolltuch verdeckte halb ihre lose Bluse, rot war der Rock über ihren Beinen. Ihr Oberkörper wiegte sich wie ein Grashalm im Windhauch zum monotonen Lied aus ihren schmalen Lippen, und Zweige lagen in ihrem Schoß, in dem ihre mageren Knochenhände ruhten. Geschlossen waren ihre Augen, und sie schien ihn nicht zu merken, auch als er sie grüßte. Er ließ das Pferd grasen und hockte sich neben der Frau nieder.
«Hörst Du mich?», fragte er leise.

Das Gesumme verstummte, der Pendel ruhte, sie schlug die Augen auf, und er sah den geistfernen Blick aus wäßrigen, grauen Pupillen. Sie blickte durch ihn, doch ihre Lippen bewegten sich und murmelten Unverständliches. Er kannte die Zeichen des abwesenden, in sich geschlossenen Geistes, des von der Umwelt abgekehrten Zustands der Trance und des Irrsinns.
Sie lächelte, entblößte ihre dunklen Zahnstumpfen. Wie ruhig und mild doch der Mensch ist, wenn er nicht vom Verstand geplagt wird. Er versuchte, ihren Geist zu fangen.
«Ich bin müde und durstig, hast du nichts anzubieten?»
Da erhob sich die Alte mit erstaunlicher Schmiegsamkeit, trat in die Hütte und kehrte mit einer Schale wieder. Ächzend zog er sich am Stock hoch. Sie benetzte ihre Finger im Getränk und strich ihm über Stirn und Wangen. Lächelnd stellte er sich der seltsamen Berührung. Sie trank, nickte und reichte ihm die Schale. Zögernd blickte er in die grüne, kompakte Flüssigkeit, beroch sie, kostete und schmeckte Kräuter, bittersüßes Gemisch, prickeliges Gebräu. Die Frau stupste ihn, deutete ihm zu trinken. «So sei's», seufzte er, setzte die Schale an und trank ohne abzusetzen. Der Grund der Schale war dunkel wie der verhängte Nachthimmel. Ein leichter Schwindel, eine wohlige Müdigkeit erfaßte ihn, unendlich müde fühlte er sich …

Concepción hieß sie, er wußte es längst, und er folgte ihr gern, als sie zum Ufer eilte. Er vergaß sein krankes Bein, während er neben der hohen Frau einherging und ihr wunderbar schönes und edles Profil bewunderte, in dem das feine Lächeln die Wehmut ihrer leuchtend schwarzen Augen vertiefte.
Sie stiegen in den Kahn, der sie forttrug über den glatten See, aus dem die Nebel stiegen. Unbeweglich saß Concepción vor ihm in dunkelfarbenem, mit Ornamenten und Zeichnungen besticktem Kleid, doch konnte er ihr Gesicht nicht sehen, weil sie ihm den Rücken zukehrte.
«Tochter des Mondes», sagte er, «ich fühle so übermächtig wie nie zuvor, daß die Augen tränen.»
«Du sollst nicht nach mir verlangen», sagte sie, und es schien ihm, als

ob die Nebel Gestalt annahmen, zu Schemen wurden und in Scharen heranschwebten, sie umhüllten und in Concepción einflossen. Als sich die Nebel teilten, lag das Land in blaupurpurnem Licht vor ihnen, denn blaupurpur war die Kuppel über ihnen. Schmale Zypressen ragten am Ufer, und als sie näherglitten, sah er die von Efeu umrankten Ruinen des Tempels, den die reglose Natur an sich genommen hatte.
«Es ist die Küste der Ruhe», erklärte Concepción, «sie liegt nahe der Stadt, und doch sind es nur wenige, die zu ihr finden. Die Stadt ist voll Unordnung.»
Die leichte Strömung trug den Kahn ins Land hinein.
Zu beiden Seiten des Kanals ragten die Bauwerke, Häuser, Paläste, Kathedralen, Bollwerke, Ruinen. Dicht aneinander ragten sie, und weil es an Platz mangelte, erhob sich so mancher Palast über einem Haus, und so manches Haus machte sich in den Ruinen zerfallener Paläste breit. Auch Kathedralen mischten sich mit den Bastionen und den Palästen. So trug ein Campanile einen verschnörkelten Pavillon über der Glockenkammer, und eine Bastei hatte sich als gotische Kirche mit spitzbögigen Schießscharten herausgeputzt. Man konnte nicht fehlgehen, denn die Bauwerke trugen Aufschriften, teils in goldenen Lettern, doch auch in ungelenken Buchstaben auf flatterndem Tuch. So stand auf einem breiten Gotteshaus in Stein gemeißelt «Banco del Canal» und auf einem Palacio, aus dem ein Kaufmannshaus gewachsen war, die Inschrift «Lasset alle zu mir kommen».
Seltsamer noch als diese zusammengewürfelten Bauwerke war das Gewimmel und Gehabe der Einwohner, die sich auf den Prachtstraßen zu beiden Seiten des Kanals tummelten. Vor allem fielen die Perückenmänner auf, Menschen in modischer Kleidung, doch gesichtslos, weil sie ihre langen Perücken verkehrt trugen. Nur die Hinterköpfe zeigten sie, und die waren kahl. Die Perückenmänner taten sehr geschäftig und gestikulierten und richteten ihre Körper auf, gingen auf Zehenspitzen, um größer zu scheinen als andere. Auf einer Plaza hielten sie sich an Kanonen, zu denen geordnete Reihen tanzenden und singenden Volks drängten. Die Perückenmänner

nahmen von den Reihen die vorderen und stopften sie in die Kanonenrohre, wo die fröhlichen Tänzer auf wunderbare Weise eingingen.
Es gab auch Frauen im Gedränge, doch er sah nur Kleider, pralle Korsetts und schmuckbehängte Krinolinen, die kopflos und eigentlich auch gliederlos über den Korso wandelten, sich kokett drehten, sobald sie an eine Gruppe von Perückenmännern streiften, worauf jene in ihrer Zappeligkeit innehielten, um sich den schwingenden Kleidern tuschelnd und kichernd zuzuwenden. Oft waren es auch nur Schmuckstücke, die entlanghüpften, und zum Vergnügen der Perückenmänner schlängelten sich Ketten graziös wie Kobras in den Körben von Gauklern.
Durch all das Gedränge trabten Indios mit unmäßigen Lasten auf gekrümmten Rücken. Zuweilen trugen sie Familien huckepack über die Kanalstraße und immer wieder elegante und behängte Perückenmänner, wobei die Kleidung der Beförderten zu erkennen gab, ob sie in weltlichem, geistlichem oder militärischem Rang standen. Den Indios träufelte der Kokasaft von den Lippen, und wenn sie anhielten, so war es nur, um sich frische Blätter in den Mund zu stopfen. Bemerkenswert auch, daß nur die Indios ihre geröteten Augen, in denen die Sehnsucht lag, auf Concepción richteten.
Sie glitten zum Spielplatz hin, wo sich der König an einen goldenen Basilisken krallte, während er von einer Schar der Höflinge und Infanten nach allen Seiten gezerrt wurde. Zuweilen bedeckte eine hüpfende Krinoline den König, was seine Lage erheblich erschwerte. Dieser Kraftakt wurde von einem Reigen Perückenmänner aller Stände und Ränge umtanzt, wobei die Tanzrichtung immer dann wechselte, wenn der König den Halt zu verlieren schien. Der Reigen war mit reicher, modischer Damenkleidung bunt aufgemischt, und es war Absicht der Kleidung, die Dolche zu verdecken, mit denen die Reigennachbarn einander hin und wieder in den Rücken stießen.
Das war aber noch nicht alles. Hinter den Rücken der Reigentänzer balgte sich eine große Menge kahler Puppengesichter, die einander glichen und austauschbar waren. Sie schlugen und droschen und bissen und kratzten, denn das Ziel war es, siegreich aus der Prügelei

hervorzugehen, um, Kopf voran, in einen der tanzenden Perückenmänner auf furchtbar obszöne Art einzudringen. Wem dies gelang, der durfte eine Perücke über sein Puppengesicht fallen lassen und im Reigen den Platz eines Erdolchten einnehmen.
Ihm ekelte, und er war froh, als sie den Spielplatz hinter sich ließen. In einem kleinen Amphitheater suhlte sich die träge Masse eines vieltausendköpfigen Ungeheuers. Manchmal heulte es entsetzlich auf, doch der Wärter, ein redegewandter Harlekin, wußte es in Schach zu halten, indem er ihm allerlei Dinge, doch auch Lebendiges anbot, das es zermalmte oder in Brand setzte. Wenn es in Wut geriet, mußte auch der Wärter daran glauben, sofern er sich nicht rechtzeitig absetzen konnte. An seine Stelle traten dann andere, ebenso redegewandte Harlekine, von denen es genug gab.
An den Strandpromenaden zu beiden Seiten reihten sich Lokale und Portale der Vergnügungen und Sensationen, der Menschenjagden und der Körperpflege, der Wirtschaft und der Politik. Schließlich mündeten die Promenaden zur Lagune, wo sich die Einwohner am morastigen, mit Unrat und Sumpfblüten verunzierten Strand lust- und angstvollen Betätigungen hingaben. Es roch erbärmlich, doch lasteten die Strandgäste dem Kanal den üblen Geruch an.
Er wandte sich ab und sehnte sich nach Concepción, die ruhevoll und reizvoll vor ihm saß.
«Sie können nicht leben, sie können nicht sterben», sagte sie mit ihrem feinen, wehmütigen Lächeln, «als entseelte Hüllen hasten sie ruhelos und unerfüllt die Fassaden ihrer Eitelkeit entlang, und sie erlöschen spurlos im Gestern.»
Sie verließen die Stadt, und der purpurblaue, sonnenlose Himmel umfing sie wieder, und die dämmernde Ruhe des lieblich erhabenen Ortes hüllte sie ein.
«Willst du?» fragte sie, und er nickte.
Da nahm sie seine Hand, und sie traten in den Zypressenhain und schritten den bleichen Säulen zu. Im Priestergewand mit aufgetanen Armen kam ihnen der alte Meister entgegen.
«Na, na, ein bissele früh kommst du, mein Sohn», tadelte er wohlwollend und väterlich.

«Sieh dich nicht um», flüsterte Concepción, «denn leicht und gelöst sollst du dich mir nähern.»
Aber er blickte zurück und sah Marcelas liebes Gesicht und ihre tränenfeuchten Augen, die ihn suchten.
«Nein», schrie er, «noch blüht es in den Zweigen.»

Bedeckt mit Blumen und Zweigen lag er auf der kühlen Erde. Die alte India hockte vor der Hütte, wiegte den Körper im Summgesang und starrte mit leeren Augen auf den Strauß in ihren Händen. Er streifte Blumen und Zweige ab, stand auf, ging zur Frau, beugte sich über sie.
«Das war ein starker Trunk, meine wandelbare Concepción», lächelte er und küßte sie auf die Stirn.
Dann sattelte er das Tier und ritt davon.

Haenke starb im Frühlingsmonat November des Jahres 1816. Ob es der vierte jenes Monats war, bleibt ungewiß. Unbekannt ist uns auch die Stelle, wo er begraben wurde; Ursache und Umstände seines Todes konnten nicht geklärt werden. Er starb allein, und wenn es Zeugen seiner letzten Stunde gab, seine mutmaßlichen Mörder oder Diego, der Schweigsame, so liegt ihr Wissen längst mit ihnen in den Gräbern.
Er starb, als in Wien der Kongreß ausgetanzt hatte und Europas heilige Allianz ihre unheilige Macht restaurierte, als Spaniens unnützer Ferdinand wieder in Madrid Hof hielt und eine patriotische Kampftruppe unter General José Rondeau bei Viluma, in der Nähe von Cochabamba, zur empfindlichen Niederlage Stellung bezog. Er starb, als Marcela und Francisco in Oropesa weilten, um Nahrung und Kleider zu beschaffen, Verwandte und Freunde zu suchen, Aufträge zu erledigen.
Kein Grabstein trägt den Namen dieses Mannes, in keiner Grabrede wurde sein Verlust betrauert, niemand hatte von ihm Abschied genommen. Erst nach Jahrzehnten fand sich in der Provinzpfarre Santo Domingo am Ende eines vergilbten Blattes des für Todesfälle angelegten Folianten eine fehlerhafte, flüchtige, mit keinem Datum versehene Eintragung:

*«Im Jahre des Herrn eintausendachthundertsechzehn starb am vierten November in seinem Haus und in Glaubensgemeinschaft mit Unserer Heiligen Mutter Kirche D. Tadeo Ahenke* [sic] *Spanier Bürger der Stadt von Deutschland im Alter von fünfundfünzig Jahren dessen Körper tags darauf in San Francisco bei gesungener Messe bestattet wurde. Besagter starb ohne Sakramente eines plötzlichen Todes, was vermerkt wurde, und welch selbiges ich als Pfarrer Rector hiemit unterzeichne. Im Auftrag des Herrn Erzbischof auf Visitation. Gez. Marcos Jaymes S.»*

Ein wahrhaft seltsamer Vermerk. Der achtsame Leser liest zwischen den Zeilen und macht sich Reime aus Ungereimtem. Starb Haenke in Oropesa, wie die Eintragung andeuten will, warum hat der gläubige Mann die Sakramente nicht empfangen? Wurde er, wie vermerkt, tags darauf in der Franziskanerkirche feierlich bestattet, wieso finden sich weder in den Kirchenbüchern noch in städtischen Archiven Hinweise auf das Begräbnis des allseits bekannten Mannes? Wieso ist seine Grabstätte nicht zu finden, wo doch die Stätten seines Wirkens und Lebens sehr deutliche Spuren hinterließen? Starb er in Elicona, dann konnte er niemals tags darauf in der Franziskanerkirche bestattet worden sein. Um den Leichnam von Elicona nach Cochabamba zu überführen, hätte es zumindest zwei Wochen gebraucht. Und wieso fand sich erst nach Jahrzehnten und in einer kleinen abgelegenen Pfarre eine stümperhafte Bescheinigung über Haenkes Ableben? Der Pfarrer, der die Eintragung ausführte, wußte nichts von Haenke, sonst hätte er dessen Namen nicht verballhornt, noch dessen Herkunft, die er unsinnigerweise mit «Stadt von Deutschland» angab.

Was reimt sich nun aus Widersinnigem? Vielleicht folgendes: Damals, als die Nachrichten nicht schneller liefen als die Pferde, als sie über den Ozean, selbst bei prallen Segeln und günstigen Winden, von Amerika nach Europa um viele Monate älter wurden, war die Kunde von Haenkes Tod wohl erst ein Jahr später, wenn nicht noch viel später, in Kreibitz bei der Familie eingetroffen. Der Familie stand zumindest ein Teil des Erbes zu. Doch um Haenke zu beerben, benötigten sie eine amtliche Bescheinigung, die offenbar nirgends vorhanden war. Mit dem Ozean dazwischen und den Unruhen in den Kolonien war solches zu jenen Zeiten kein leichtes Stück Beschaffungsarbeit. Jahre mußten vergangen sein, und vermutlich erst dann, als Oberperu schon längst den Namen Bolívars des Befreiers trug, konnte das in die Wege geleitet werden, was zur Eintragung in den Matrikeln der Pfarre Santo Domingo führte. Über einen zugänglichen Erzbischof, der anläßlich einer Visite in der kleinen Pfarre entsprechende Anweisung an den Untergebenen erteilte, kam es wohl zu jener widersprüchlichen und mangelhaften Eintragung. Der vorsichtige pfarramtliche Befehlsempfänger sicherte sich allenfalls mit dem Vermerk «im Auftrag des Herrn Erzbischof auf Visitation» ab. Haenke sollte also in der Franziskanerkirche von Cochabamba bestattet worden sein, was dem Rang des hervorragenden Mannes wohl zustand. Doch auf dem Gottesacker von «San Francisco» findet sich kein Hinweis auf die Ruhestätte des über seine Zeiten bekannten und verehrten Naturforschers und Arztes. Damit aber läßt die sonderbare Eintragung in der Dorfpfarre eigentlich nur den einen Schluß zu, daß sich nämlich die letzte Fahrt des Thaddäus Peregrinus Xaverius Haenke jedweder amtlichen Oberaufsicht entzogen hatte. An den Lagerfeuern und in den Hütten der waldigen Chaparéberge wußte man es auch anders, dort spannen sie den Legendenfaden um den Médico weiter, der in die Wälder zurückkehren würde, um ihnen mit der Kraft und der Magie seiner guten Medizin beizustehen. Und Berichte und Erzählungen verdichteten sich zu einem ehrfürchtigen Bild von Haenkes Heimgang, dem eine Glaubwürdigkeit nicht abzusprechen ist; es eignet sich zudem gut für den Ausklang der Lebensbeschreibung jenes ungewöhnlichen Mannes.

In den ersten Novembertagen jenes Jahres waren Banditen in der Nähe von Elicona gesichtet worden. Diego brachte die böse Nachricht, worauf Haenke ihn zu den Nachbarn sandte, um auch jene zu warnen. Als Diego zurückkehrte, lag Haenke tot auf seinem Bett. Er lag dort wie ein steinerner König auf dem Sarkophag, die Lider geschlossen, ein leichtes Lächeln um die feinen Lippen, die Nase spitz und hoch, das graue Haar gekämmt, die Hände ineinander, die Füße gekreuzt. Gekleidet in seinem Gärtnergewand lag er dort, die

Wolljacke über dem weißen, offenen Hemd, in Hosen aus festem Stoff, die Füße in klobigen Rusos, an denen Brocken feuchter Erde klebten. Kein Zeichen, daß er gewaltsam zu Tode gekommen war, kein Blut an seinem Körper, keine Wunde. Neben dem Bett auf dem Schemel stand eine Phiole mit einer klaren Flüssigkeit, die dunkelsüß nach schweren Blüten duftete.

Doch die Wohnung war verwüstet, das Haus geschändet, Hausrat und Möbel lagen in Scherben, mannstiefe Gruben und Haufen ausgehobener Erde verunstalteten Stuben und Vorhof. Räuber hatten nach dem Gold gegraben. Der verstörte Diego kauerte neben dem Toten, verharrte so den Tag und die folgende Nacht. Dann verschwand er in den Wäldern.

Die Nachbarn, nun ebenso in Sorge, machten sich bald auf den Weg zum Rancho, um nach Haenke zu sehen. Sie sahen die furchtbare Zerstörung, aber niemand war hier, niemand trat ihnen entgegen. War Haenke geflohen? War er von den Mördern erschlagen und verscharrt worden? Vergeblich suchten sie die Umgebung ab. Fort waren auch ein Teil von Haenkes Büchern und all die Hefte, die er emsig vollgeschrieben hatte. Das fiel einem der Nachbarn auf, der mit Haenke manche gute Stunde im Arbeitszimmer verbracht hatte. Was wollten die Banditen mit den Büchern, mit den Aufzeichnungen, wo sie doch nur auf Schätze und Gold aus waren? Fragen, die niemand beantworten konnte. Bedrückt verließen die Nachbarn Haenkes Rancho, kehrten zu ihren Fincas zurück.

Doch in der Zeit zwischen Diegos Flucht in die Wälder und der Ankunft der besorgten Nachbarn war noch jemand im Haus gewesen. Von weither war eine junge Mutter, die kleine Tochter am Rükken, zum Médico gepilgert, um Rat für ihr kränkelndes Kind zu finden. Beschwerlich war ihr Weg und spät die Stunde, als sich endlich vor ihr der dunkle Block des Hauses gegen den Nachthimmel abhob. Sie wäre nicht eingetreten, hätte den Morgen abgewartet, um die Ruhe der Bewohner nicht zu stören. Doch ein Schein flackerte in den Fenstern. Sie klopfte, und als niemand öffnete, trat sie ein und tappte durch die finstere Diele zur Tür hin, aus deren Rahmen unruhiges Licht sickerte. Abermals klopfte sie, und als sie auch hier keine

Antwort erhielt, drückte sie zögernd die Tür auf. Sie fuhr zurück, der Schrecken erstickte ihren Angstschrei. Mit entsetzten Augen und offenem Mund erstarrte sie vor der Szene. In Zimmermitte lag der Médico reglos auf dem Bett, und ihn umstanden sieben hohe Gestalten, Fackelträger, Indios eines ihr unbekannten Stammes, mit schulterlangem, schwarzem, dichtem Haar, in hellen, gegürteten, knielangen Kleidern. Stumm wie Statuen umstanden sie den Toten. Einer der Fackelträger wandte sich um, nickte ihr zu, legte den Finger auf die Lippen, deutete ihr an, das Schweigen nicht zu brechen. So verharrten sie mit zuckenden Lichtern und hoben dann den Toten vom Bett, legten ihn auf eine Bahre. Drei Träger an jeder Seite, die Fackeln in den freien Händen, und voran einer, der das Licht hochhielt. So verließen sie das Haus.

Die Frau schlich ihnen nach und sah, wie sie in gleichmäßigem Laufschritt davoneilten, sah die sieben Flammen durch den Garten flackern, zwischen Bäumen und Sträuchern blinken, zum Fluß hinab irrlichtern, bis sie von der blauen Finsternis aufgenommen wurden …

# Die gelbrosa Jahre

Ein Nachtrag

Der Leser mag fragen, was in den drei Jahren im Gran Chaco geschah, von 1806 also, als Haenke zu dem großen, unbekannten, noch heute berüchtigten Gebiet aufbrach, bis zu dem Jahre 1809, da er müde, abgerissen, doch in froher Gelassenheit ans Tor seines cochabambiner Hauses pochte. Diese Frage stellten sich auch die wenigen, die lange nachher den verfolgbaren Spuren Haenkes nachgingen. Vergeblich. Es fanden sich keine Aufzeichnungen über jene drei Jahre, es blieben nur Vermutungen, darunter auch die, daß Eintragungen beim mutmaßlichen Banditenüberfall auf Elicona vernichtet worden waren.
Es ergab sich, daß der Autor vor wenigen Jahren in der Bibliothek des Jardín Botánico in Madrid einen Stoß von Haenkes Tagebüchern ehrfurchtsvoll in Händen hielt, doch auch bei größter Mühe kaum eine Zeile der verblaßten, verschnörkelten Handschrift entziffern konnte. (Zu seiner Enttäuschung erfuhr er, daß ein mit technischem Gerät gerüstetes Zweierteam an der Aufgabe ebenso gescheitert war.) Im Bibliotheksraum saß dem Autor ein etwas jüngerer Mann gegenüber, der desgleichen in alten Dokumenten stöberte. Die beiden kamen ins Gespräch, und da stellte sich heraus, daß der einnehmende, redefreudige Tischnachbar, ein Franzose namens Yves B., dem Material der Malaspina-Expedition nachspürte. Natürlich war er dabei auf Haenke gestoßen, der sich bei der Weltreise vor allem durch seine botanischen Arbeiten hervorgetan hatte. Es kam zu einer langen Unterhaltung über des Autors Helden, die erst zur späten Nachtstunde in einer Bodega in der Nähe der Puerta del Sol, Madrids historischer Mitte, endete.
Unweigerlich kamen sie auch auf Haenkes geheimnisumwobene Chaco-Jahre zu sprechen, und hier tischte Yves eine phantastische Version auf, die er in einem der Archive – war es in London, in Paris,

in Leningrad? er wußte es nicht mehr – zu Gesicht bekommen hatte. Der oft zusammenhanglos, nicht datierte, ebensowenig gezeichnete, doch in gutem Spanisch verfaßte Text umriß die kaum glaubhaften Umstände und Zustände einer Siedlungsoase, in die Haenke geraten sein sollte. Yves, zwar gebannt von den Schilderungen, hatte schließlich das Papier, das nicht in seine Forschungslinie fiel, dessen Authentizität zudem nicht zu ergründen war, beiseite geschoben. Nun kramte er aus seiner Erinnerung hervor.
Der Autor unternimmt hiermit das Wagnis einer Schilderung von Haenkes spurenlosem Verweilen in der Wildnis des Chacos. Breiter Spielraum wird hierin der Spekulation gegeben, die auf Legende, Möglichkeit und Gegebenem der damaligen Wirklichkeit gründet. Rätselhaft das Schweigen des sonst mitteilsamen Mannes über seine Chacojahre. Seine Wiederkehr in guter physischer und bester seelischer Verfassung aus einer auch heute noch kaum zugänglichen Wildnis kann nur damit erklärt werden, daß er dort diese Jahre in guter menschlicher Gemeinschaft verbrachte. Die Gründung einer vor den spanischen Verfolgern geschützten Mission darf in den Bereich der Möglichkeit, wenn nicht der Wahrscheinlichkeit gerückt werden. Eine solche Mission wäre mangels anderer Erfahrung sowohl baulich wie auch in ihrem gesellschaftlichen Verständnis nach dem Schema der einstigen Jesuitenmissionen errichtet worden. Entledigt jedweder Obrigkeit, geschützt vor Krieg und äußerer Gewalt, sich selbst, dem eigenen Wollen und Verstehen überlassen, mußte sich eine solche Gemeinschaft in der Notwendigkeit der solidarischen Bewältigung des neuen Lebensraumes zu einer freieren, humanen Gemeinsamkeit entwickeln. Diese Annahme wird untermauert durch die menschlich hohen Gemeinwesen, wie sie in späteren Jahren an abgeschiedenen Orten der Andenländer in landwirtschaftlichen Kommunen der Indios entdeckt wurden. Daß Haenke von den bewundernswerten sozialen Bestrebungen der Jesuiten sehr angetan war, geht aus seinen Schriften hervor. Aus diesen Überlegungen und Fakten schöpft die ins Utopische tendierende, doch auch der Denkbarkeit zugewandte Konstruktion von Haenkes «gelbrosa» Jahren.

Aus dem Dunkel ins Licht. Zartes Licht, gelbrosa Abendlicht oder Morgenlicht. Er kannte das Gesicht, das sich über ihn beugte, er kannte es als Bildnis von der Hand Rembrandts des Niederländers, das ihn in seiner Eindringlichkeit dereinst irgendwo und irgendwann aus braunrotem Halbdunkel so sehr gefesselt hatte. Wie nahe war ihm doch dieser von weißem Bart umrandete Greisenkopf mit den flockigen Löckchen über den langen Ohrmuscheln, der gewichtig hervorragenden Nase, der hohen, weichgefalteten Stirn, den Tränensäcken unter guten, alten Augen. Vertraut war ihm dieses in Güte und Freundlichkeit verklärte Gesicht, in dem alles offen und weise und einnehmend war. Groß war alles an diesem Mann, so auch die Hände, diese breiten, warmen, mit dicken Adern durchzogenen, heilenden Greisenhände, die ihn wohltuend berührten. Er war anders gekleidet als auf jenem Bild, nicht den hochgeschlossenen, dunklen Kaftan trug er, sondern einen hellen, wolligen Überhang und auf dem Kopf einen breiten Strohhut anstelle des Samtkäppchens. Vertraut war ihm dieser Mann, vertrauter als sein eigener Vater.
«Wo bin ich?» Haenkes Lippen zitterten. Die Erscheinung, der Wunderrabbi, fühlte seine Stirn, beugte sich näher zu ihm.
«Vater», flüsterte Haenke in der Muttersprache und versuchte zu lächeln, «bin ich noch, oder träume ich mich zu dir?»
Der Alte nickte und sprach leise, doch verständlich:
«Ain Daitscher, bei meinem Leben. Doch ruhig sollst du sein, mein Sohn, nur keine Angst, Hilf und Obhut gedeihen dir.»
Der alte Mann sprach die Worte langsam, stockend, in einem kehligen, breiten Sing-sang-Deutsch, und da meldeten sich die Prager Jahre und jenes düstere Viertel um die alte Synagoge, das er so oft in seinen einsamen Stadtstreifen aufgesucht hatte.
«Das Bein schmerzt», hauchte er.
«Weiß ich es nicht, mein Sohn! Es schmerzt und gesundet, und bald wirst du stehen und gehen wie ein Jüngling. Sag an, wer bist du? Und was dich drängte hierher zu den Unbedarften?»
Geborgen fühlte er sich und umhegt von Menschlichkeit und Wohlwollen, und so gab er Auskunft über sich und sein Tun, und der Alte neben ihm hörte zu, unterbrach weder mit Geste noch mit Wort, bis

sich die müden Lider senkten und die Erscheinung und alles im Rosiggelben entschwand. In Farben und in vagen Konturen klang sie aus, diese seine erste Begegnung mit dem alten Meister, dem Jesuitenpater, den sie zärtlich General Moisés nannten.

Die Beleuchter seiner Erinnerung hielten sich ans Rosiggelbe, Gelbrosige, ans Licht der Einkehr, das über dem Land lag, über den grünen, von waldigen Hügeln umrandeten Weiten, über der Insel, die nicht sein konnte, weil sie nicht sein durfte. Blau und ruhig mäanderte der Fluß durch die Niederung, verlor sich in den Wäldern unweit der weißen Siedlung, deren strenges Gleichmaß gegen die anmutig bewegte Ungebundenheit der grünen Fläche, der fernen violetten Anhöhen, der dunklen die Mission umgürtenden Wälder abstach.

Misión Santa Catalina. Sie stand weder im Register des Erzbischofs von Lima noch in dem des Ordensgenerals. Es gab sie nicht, und eben deshalb lebte sie ihre außerordentliche Gemeinschaft fernab vom Chaos und im Einklang mit Natur und Glauben. Die Siedlung war nach dem starren Muster jesuitischer Planung errichtet worden: Drei Seiten des Quadrats der Plaza wurden von gleichförmigen, länglichen, weiß getünchten, ebenerdigen, aus Lehmziegeln errichteten Häusern begrenzt. Die Häuser standen im gleichen Abstand voneinander und formten Blöcke aus zwölf Einheiten. Dahinter schlossen sich weitere von schnurgeraden Straßen durchschnittene Blöcke an. Aus der Vogelschau mußte die Siedlung einem Brettspiel mit pedantisch ausgelegten Steinen gleichen. Es war die einförmige Geometrie des Gehorsams, eines auf die Autorität zugeschnittenen Untertanentums. Doch so wie in der Zeit totes Bauwerk der Natur verfällt und sich starres Gestein grün umrankt ins malerisch Idyllische löst, hatten auch hier die Vorgärten mit blühenden Sträuchern und Beeten die Einheitshäuser des einstigen Barackenlagers in eine duftende, bunte Gartensiedlung verwandelt. An der Stirnseite des Platzquadrats erhob sich ein zweistöckiges langgestrecktes Gebäude, dessen Außentrakte über die Plaza hinausreichten. Es war ein aus mehreren Einheiten zusammengesetztes Bauwerk, in der Mitte die Kirche, an die sich zu einer Seite die Wohnräume der Padres und die Werkstät-

ten anschlossen, zur anderen vorerst ein gewölbter Durchgang in einen Garten führte, der im weiten Areal an der Hinterfront des Traktes grünte. Vom Gewölbegang verlief die Mauer um den Friedhof, und wieder, im Abstand einer Straßenbreite, schlossen sich dem Komplex das Gemeinschaftshaus, das Haus der Zusammenkünfte und Beratungen, das Spital und die Unterkunft und Herberge für alleinstehende, alte Menschen an.
Dieses Schema der Stadtplanung hatten sie auf ihren langen Marsch mitgenommen, und somit glich die Siedlung in ihren äußeren Formen so vielen anderen Missionsstationen, wie sie einst in den jesuitischen Jahrzehnten überall in den Tiefebenen und Wäldern östlich und südöstlich von Lima errichtet worden waren.
Nur noch die Form war geblieben, denn außer Anlage und Baustil der Niederlassung erinnerte nichts mehr an jene Zeiten der bevormundeten Freiheit, der Ergebenheit in die schützende Zucht des Missionsversuchs. Verwandelt war der Inhalt zu neuen Werten. Santa Catalina, dieses ungeahnte Santa Catalina war nunmehr in seiner dritten Generation zu einer Gemeinschaft verantwortlicher, selbstsicherer und einsichtiger Menschen gewachsen.

Lange lehrreiche Abende saß er im Garten oder in der Kammer, die der alte Meister im Haus der Padres für sich beanspruchte. Wieviel Erstaunliches und Wundersames erfuhr er von diesem ehrwürdigen Menschen, der ihn «mein Sohn» nannte. Eine tiefe Zuneigung empfanden sie zueinander, nicht so sehr die innige Verbundenheit zweier im gleichen Lebenskreis wirkenden, zu gleichen Ansichten gelangten Gefährten, wie mehr noch die herzliche Annäherung zweier aus verschiedenen Welten stammender vernunft- und gefühlsbegabter Menschen. Die hingebungsvolle Achtung des Jüngeren vor der milden Weisheit des zum Ende seines Weges gelangenden Alten paarte sich mit der unverhohlenen Bewunderung und Liebe des Alten für den mit hoher Gesinnung und Geisteskraft gerüsteten jüngeren Wegsucher.
«Ich nenne dich ‹mein Sohn›, wenn wir so sprechen», sagte der alte Meister schon bald nach ihrer ersten Begegnung, «aber ich bin ein

Methusalem, und ein solcher hat eben nur mehr Töchter und Söhne. Hat er nicht?» – «Es ist mir lieb, verehrter Meister, von Ihnen Sohn genannt zu werden.»
Wie alt mochte er wohl sein? Die Vertreibung der Jesuiten erfolgte Ende der sechziger Jahre, vor etwa vierzig Jahren. Damals war er bereits Padre, Vorsteher seiner Gemeinde gewesen. Wohl an die achtzig und mehr war Padre Ignacio, den sie General Moisés nannten. Hatte er doch gleich dem biblischen Moses sein Volk in monatelangem Marsch durch Sümpfe und Savannen, durch Wälder und Wüsten aus Sklaverei und Verfolgung hin zum gelobten Land geführt. Mit leeren Händen waren sie losgezogen, voran die Padres, die den Oberen den Gehorsam verweigerten.
«Der Gehorsam unserer anderen Brüder im Orden war stärker als die Liebe. Wir waren nur drei, Padre Anselmo, Padre Bonifacio und ich, die die Sünde des Ungehorsams auf sich nahmen. Das Leid der uns anvertrauten Menschen, die wir ihrer Wehrlosigkeit überlassen sollten, war voraussehbar. Diese Last drückte schwerer als der Bruch des heiligen Eids. Viele starben auf dem langen Weg, auch Padre Bonifacio, der arme, kranke Mann, er hielt den Strapazen nicht stand. Padre Anselmo starb hier vor Jahren. Er bereute es nicht, beide bereuten es nicht, so wie ich es nicht bereue.»
An einem ihrer Abende hatte der alte Meister begonnen, vom Exodus der in Moxos gelegenen Gemeinde zu berichten, von ihrem schnellen Entschluß, als die schreckliche Nachricht sie erreichte. Er sprach spanisch wie immer, wenn es ihm um Genauigkeit und Klarheit der Mitteilung ging. Noch in gleicher Nacht hatten sie die Gemeinde versammelt, um ihr die zwei düsteren Wege in die Zukunft darzulegen: Versklavung und Ausbeutung oder Flucht in den möglichen Hungertod, in ein absehbares Ende in der Wildnis. Es wurde nicht lange beraten, viele der Moxos hatten bereits am eigenen Leib die spanische Herrschaft zu spüren bekommen. So zogen sie los in die Nacht, in die furchtbare Ungewißheit und nahmen nichts mit als das, was sie am Leibe trugen, ihre Waffen für die Jagd und eine kleine Herde von Reittieren und Rindern, die sie in Eile zusammentreiben konnten.

In seinen jungen Jahren hatte der alte Meister, von Paraguay kommend, den großen Strom überquert, war am Rande des Gran Chaco nordwärts zu den Savannen von Chiquitos gewandert. Er glaubte sich noch jener abgelegenen Gegenden zu erinnern, und dorthin wollte er die Gemeinde führen, um dort, wo sich in Tagesritten kein Spanier zeigte – so hoffte er –, Sicherheit für die Gemeinde zu finden. Wieviele qualvolle, weglose, unwegsame Leguas lagen damals vor ihnen! Wieviele mühsame, gefahrvolle, Zeit und Kräfte raubende Umwege mußten um Militärposten und Stationen geschlagen werden! Exodus der Töchter und Söhne der Moxos aus heimatlichen Jagdgebieten, aus gewohntem Lebensraum ins Ungewisse, in die Verheißung jener kleinen Freiheit, der sie sich verschrieben hatten. Voran die Padres, die schwarzen Kutten hochgebunden, Meßgewand und Gerät am Pferd verschnürt, ebenso das heilige Buch, voran das Kreuz. Für Kranke fertigten sie Schleifliegen an, die im ebenen Gelände von Pferden gezogen wurden. Über Abgründe aber, durch den Busch, durch die Sümpfe hoben sich Männer die Tragen auf die Schultern. Nur Tote wurden zurückgelassen, weit abseits vom Zug in dichten Verstecken bestattet, damit die kleinen Kreuze ihrer Gräber den Verfolgern keine Wegmarken abgaben. Leichtfüßig trippelten die Kinder im Treck, stumm und ernst schritten die Männer aus, tapfer hielten sich die Frauen, von denen so manche ein Kleinkind an den Leib gebunden trug. So trugen sie oft schwerer als die anderen, und es vollzog sich eine erste Wandlung. Eines Tages, nur Gott weiß welchen Tages, nahm ein Mann seiner ermatteten Frau das Kind ab und band es sich selbst auf den Rücken. Dieser Verstoß gegen den Brauch wurde stumm hingenommen, und bald folgten andere dem Beispiel. Sie empfanden es nicht mehr als Erniedrigung, und sie hegten die Kleinen. Doch die Wandlung vollzog sich nicht nur in dieser Hinsicht, der lange, furchtbare Marsch war allen zu einer Erziehungsanstalt geworden. Das Mein und Dein schrumpfte auf Geringstes, das Unser, das Wir gewann an vortrefflicher Bedeutung. Nie zuvor hatten sich die Menschen so eins gefühlt, nie zuvor festigte sich die Zusammengehörigkeit in einem derartigen Ausmaße, kleinliches Gezänk und Gehader blieben am Wege, zornige Mißgunst und faules

Gerede verloren sich in jenen leidvollen Tagen, und sie fanden sich zu einer vielhundertköpfigen Familie einander zugetaner, einander stützender Schwestern und Brüder. Auf dem langen Marsch wurde der Geist von Santa Catalina geboren.
Mit feuchten Augen sprach der alte Meister von diesem wichtigen Abschnitt seines Lebens, leise und langsam erzählte er von den Begebenheiten in einem wortmalenden, poetisch rhythmischen Spanisch, das er so ausgezeichnet beherrschte. Haenke fiel es dabei auf, daß es der Erzähler vermied, sich und seine eigene Leistung hervorzuheben, daß er nur in kurzen Hinweisen und nur dort, wo es zur Erklärung der Umstände unumgänglich war, seine Person in die Erzählung einbrachte. Dennoch zeichnete sich dem aufmerksamen Zuhörer die überragende Gestalt dieses Generals Moisés in dem unglaublichen Unternehmen ab, sein nicht verzagender Wille, den er auf die Gemeinde übertrug, seine dienende Autorität, die klare Gewißheit seiner Entscheidungen, sein unumstößlicher Glaube an das Heil und das Land ihrer Sehnsucht. Er wurde Symbolgestalt ihrer Hoffnung, und sie folgten ihm und murrten nicht unter den Prüfungen in den dampfenden Dschungeln, in den brütenden Wüsten, in den schlammigen Morasten.
General Moisés gab die Richtung an, und er orientierte sich nach der Sonne und den Sternen. Er hatte, wie er Haenke sagte, in seinen Mußestunden in die Wissenschaften gerochen, unter denen es ihm besonders die Sternenkunde angetan hatte. Er begann mit selbstgefertigtem Gerät die Bewegungen des Nachthimmels zu verfolgen, so daß dieser ihm nach Jahren vertrautes Gewölbe war, aus dem er Standorte ablesen konnte; und so kam es, daß sie der Himmel in zweifach gutem Sinne leitete. Nach unbeschreiblichen Monaten gerieten sie dann an den Sumpf- und Buschgürtel des Chaco, durchbrachen in stumpfer Verzweiflung das tödliche Gelände, schleppten sich völlig entkräftet, halb verhungert durch das dornige Gestrüpp, und bevor noch die Nacht über sie herfiel, schlugen die Männer einen Pfad durchs Gestrüpp zur nahen Lichtung hin, die ein Späher von hohem Baum gesichtet hatte. Als anderntags die Sonne aufging und sie den klaren Fluß und das weite, grünende, fruchtbare Land

erblickten, da wußten sie, daß sie am Ziel waren. Weinend sanken sie nieder und dankten Gott für die Gnade.
«Wir fielen einander in die Arme, küßten einander, und Padre Anselmo hob ein wenig Erde aus und pflanzte das Kreuz, dort wo es auf der Plaza im Schatten der Palmen steht.»
Der alte Meister schwieg im Gedanken an jenen Tag.
«Und so führte Moses sein Volk zum gelobten Land», lächelte Haenke.
«Nicht ganz Moses», er wiegte seinen Kopf, «die Stimme des Herrn war nicht im Feuer und nicht im Wasser, doch wohl in uns allen. Und die Gebote, nach denen wir hier leben, stehen nicht auf Gesetzestafeln, dazu wären jene zu gebrechlich. Denn allzu beweglich und neufreudig ist unsere Lebensart, um sie in Stein festzuhalten.»

Eines Abends erzählte der alte Meister von sich, ein wenig verträumt, ein wenig spielerisch redete er diesmal in seinem melodisch versetzten Deutsch, das in breit gezogenen, niemals verengten Selbstlauten die Ecken und Kanten dieser Sprache altmodisch rundete. Immer dann, wenn es um Gefühle und weniger um Verstandessachen ging, redete er zu ihm in der ein wenig drolligen, ein wenig leidlastigen Sing-sang-Sprache aus ferner Kindheit. Er tat es gern, wie er gestand, und er dankte es ihm, dem nach Santa Catalina verwehten Deutschsprachigen, daß sich Gelegenheit dazu bot. Und so erzählte er:
«Ein bisserle Moise war schon das Knäblein Daniel. Will dir eröffnen, mein Sohn, was zu Tag und Stund verschlossen in mir ruhte. Juden waren meine Eltern, fromme, gütige Leute, die nicht abschwören wollten dem alten Glauben, wie es geboten wurde von den Behörden. Verstoßen, gehetzt, verhöhnt zogen sie vom weiten Norden in den weiten Süden. Nach Toledo, zu Verwandten. Ich zog mit, ihr einziger Sohn Daniel. War ich vier Jahre oder drei, was weiß ich. Wenig davon ist mir geblieben in der Memoria: der Regen, mein armer Vater krank auf dem Heu der Kutsche. Der Kutscher, der uns vom Wagen wies, als er erfuhr, daß wir Juden waren, und was weiß ich. Schwere Zeiten waren es für Juden, mein Sohn, für Juden sind es immer schwere Zeiten. Was soll ich sagen? Wir kamen nicht nach

Toledo. In einem Städtchen im Aragón starb der Vater, und Mutter konnte es nicht tragen. Sie weinte, drückte mich an sich und brachte mich zum Tor des Klosters. Nicht wieder kam sie, nicht hab ich sie gesehen wieder. Ein Mönch, der gute Mann, Fray Bartolomé nahm sich des Knäbleins an, das nichts besaß als die Sprach seiner Eltern. Er unterwies mich, er lehrte mich, er pflegte mich, und Daniel der Judenjunge wurde Jesuit mit Eifer und Herzen. So war das, mein Sohn, so war das mit Daniel, der schon ein bisserle Moise sein gewesen. Ist es nicht so? Und in der Seel trag ich meiner Vorfahren Leid, und es läßt am Segen der Menschen mich erfreuen.»
Auf Spanisch fügte er hinzu:
«Denn Eins ist Gott, der in der Streuung seiner immerwährenden Schöpfung den Menschen aus der Ganzheit säte, auf daß er im millionenfachen Sorgen und Wohltun zum stellvertretenden Eins auf Erden werde. Wer im Menschen die Menschheit sucht, wird Gott finden, und unbedenklich sind die Wege und Lehren, die dahin führen.»
Und dann kam auch Haenkes Abend, an dem er dem alten Meister aus seinem Leben berichtete, von seinen Fahrten und seinen Wissenschaften erzählte. Sein aufmerksamer Zuhörer blickte ihn hin und wieder mit wachen Augen an, wie ein Kind, das sich kein Wort einer anregenden Geschichte entgehen lassen will. Noch nie hatte er bei seinen Berichten eine derartige Teilnahme erfahren, und so ergab es sich, daß er auch von seinen Zweifeln sprach, von seiner Niedergeschlagenheit, seiner inneren Unruhe. Jener aber sagte:
«Ich danke dir, mein Sohn, daß du dich mir gegeben hast. Es freut mich, dich hier zu haben, und es wird dir leicht fallen zu verstehen.»
«Ich möchte meine Arbeit aufnehmen.»
«Nimm dir vor allem Zeit, mein Sohn, geh, schau und atme, und möge dir Santa Catalinas Luft die Unrast besänftigen.»

Erste Eindrücke. Frauen und Männer in langen, weißen Gewändern, doch auch geschmückt und mit bunten Tüchern gegürtet. Die Kinder ebenso in teils farbenfroher, doch auch einfacher und in keiner Weise uniformierender Kleidung. Fröhlich plaudernd spazierten die

Kleinen in der Menge, begrüßten einander, umarmten einander, grüßten Erwachsene, wurden von diesen mit gleicher Aufmerksamkeit gegrüßt. Schon da schien es ihm, als ob Kleine und Große einander auf gleicher Ebene trafen und zwischen ihnen keine Hochmütigkeit und Ergebenheit aufkam, daß sie vielmehr einander achtsam, höflich und oft sichtbar freundlich begegneten. Daß dem so war, daß das Bild nicht täuschte, sollte er alsbald lernen.
Großer Wochenmarkt auf der Plaza neben den sechs Palmen, die das von Padre Anselmo eingepflanzte Kreuz umsäumten. Tische unter schattigen Planen mit Früchten und Gemüse beladen, doch auch mit Geräten und bunten Stoffen, Schuhzeug, Netzen, Jagdwaffen, Werkzeugen und anderen Erzeugnissen der Handwerker. Ein fröhlicher, farbiger Markt mit Kommen und Gehen und Plaudergruppen unter den Palmen, doch ohne Marktgeschrei, ohne Gedränge. Ohne Hast begutachteten Kinder, Männer, Frauen das Angebotene, nahmen von den Tischen, was ihnen recht schien, legten es in Körbe oder Säcke oder banden sich größere Geräte auf den Rücken. Es gab keine Käufer, keine Verkäufer, keinen Tausch. Es gab kein Geld, sondern nur Produkte von Erzeugern zu Erzeugern.
Die Menschen, die ihm begegneten, grüßten freundlich, doch niemand sprach ihn an. Als er sich aber einem Haus näherte und durch ein Fenster ins Innere blickte, trat ein kleines schwarzzöpfiges Mädchen aus der Tür, verbeugte sich und piepste:
«Buenos días, Señor, meine Mutter und ich hätten Freude, wenn Sie hereinkommen.»
Drinnen alles weiß und sauber, zwei Zimmer und Küche, und draußen im kleinen Garten eine Badehütte. Die Mutter trat aus der Küche, gab ihm die Hand und sagte freundlich:
«Wir freuen uns sehr, Señor, als erste den Freund unseres geliebten Generals zu Gast zu haben.»
Zu dritt saßen sie bei Tisch, denn der Vater, so erfuhr er von der Kleinen, würde erst gegen Abend von den Feldern heimkehren. Er hätte sich gewiß sehr gefreut, fügte die Mutter hinzu, mit dem Gast bei Tisch zu sitzen, aber vielleicht würde der Gast nochmals wiederkommen. Dann hätten sie alle das Vergnügen, ihn zu bewirten. Es

war ein einfaches Mahl aus Gemüsen, Maisfladen und Früchten. Die Gastgeber fragten nichts, lächelten ihm zu, erklärten dies und jenes, und er saß verzaubert bei diesen beiden freundlichen, unbefangenen Menschen. Nach dem Essen räumte die Kleine den Tisch ab, und bevor sie in der Küche verschwand, erklärte sie geschäftig:
«Entschuldigen Sie, Señor, ich muß nur die Teller reinigen, ich komme auch gleich wieder. Aber Mama wird mit Ihnen sprechen.»
Die Mutter nickte und wandte sich an ihn, der zu träumen glaubte.

Gelbrosa Erinnerung, Santa Catalina im Morgenlicht. Das Gedächtnis sog die Bilder an, die aufblitzten, einander überdeckten, in Bewegung gerieten, sich weiteten, verflüchtigten, sich gehaltvoll in das Mosaik einer unglaublichen Erfahrung fügten. Er sah und lernte und atmete den erfrischenden Geist von Santa Catalina, so wie es ihn der alte Meister geheißen hatte. Er sah die wohlbestellten Felder, die Spinnereien, die Werkstätten der Handwerker, die Schule, die in der Casa de los Padres untergebracht war, das Krankenhaus im Anbau an den Gemeindesaal, wo alleinlebende Kranke eingeliefert wurden oder jene, die wegen Ansteckungsgefahr zeitweilig von den Gesunden ferngehalten werden mußten. Er betrat die holzgetäfelte Kirche, in deren Wände Ornamente, Bildreihen und Figuren nach alter Art geschnitzt waren, wo neben dem hohen Kreuz an der Hinterwand die kleine Orgel stand. Er war Gast bei vielen Einwohnern, und er beobachtete die Menschen, die sich fröhlich oder ernst gaben, doch niemals laut, aufgebracht, streitsüchtig. Und nirgends erblickte er ein Amtsgebäude, nirgends jemanden, der mit strengen Augen die Rechtmäßigkeit im allgemeinen und persönlichen Verhalten kontrollierte, noch jemanden, der sich durch Hochmütigkeit und Kleidung als Angehöriger einer Oberschicht auswies. Nur den Kaziken sah er durch die Straßen eilen, er erkannte ihn an dem Stab, dem Kennzeichen seines Amtes, den er in der Hand hielt. Aber der Kazike besaß keinerlei Macht. Im Gegenteil, er war nur ein der Allgemeinheit dienender, wenn auch geachteter und für zwei Jahre zu seinem Amt gewählter Beamter. Ihm oblag es, auf Anregung der Einwohner, Versammlungen einzuberufen und sie zu leiten, die Durchführung von Beschlüssen zu überwachen, Neugeborene ins Namensregister einzutragen, den Tod eines Gemeindemitglieds in den Listen zu vermerken, die Pflege des Friedhofs und der öffentlichen Anlagen im Auge zu behalten und die Ernte auf den weit voneinander liegenden Feldern und Pflanzungen zu organisieren und zu koordinieren. Für Festlichkeiten und Jagden fragte er sich ein Komitee zusammen, das sich für einen erfolgreichen Ablauf verwenden mußte. Er trug Botschaften in die Häuser, und wenn ein Einwohner oder mehrere von ihnen mit Überlegungen und Anregungen zu ihm kamen, so berieten sie miteinander, und sein Rat und seine Meinung waren gewichtig.

Alles andere lief von selbst. Wie Haenke es nach seinen ersten beobachtenden Wochen sah und fühlte, wirkte die Gemeinschaft in schier unfaßbarer Selbstverständlichkeit und Harmonie. Die Fragen häuften sich in ihm, die er dann immer an den Abenden dem alten Meister vortrug, der ihm daraufhin geduldig den, wie er sagte, geistig-moralischen Mechanismus der Gemeinde und dessen Auswirkungen auf alle Teile des menschlichen Zusammenlebens erläuterte. Das alte Gesicht strahlte in Freude auf, wenn er auf besondere Erfolge im Verlauf der katalinischen Entwicklung hinweisen konnte.

«Schon meine Ordensbrüder haben früh erkannt, daß eine wirksame Gemeinde nur in Würde aus sich selbst herauswachsen kann und niemals unter fremden Einflüssen und Gewalten. Das ist aber nur die eine Sicht; der zweiten aber, dem gesellschaftlichen Versuch, wurde geringere Beachtung geschenkt. Denn, um menschenwürdig die Gemeinschaft zu bauen, braucht es würdiger, einander achtender Menschen. Im Vergleich dazu ist es unschwer, im erworbenen, doch engen Freiraum des Reservats den überkommenen wirtschaftlichen und gesellschaftlichen Mechanismus zu verbessern, zu erneuern, vernünftiger zu gestalten. Es bleibt aber der Mensch mit den ihm aus langer, furchtbarer Geschichte aufgeladenen Übeln. Den gebrechlichen neuen Formen die alte Zersetzung einzufügen bedeutete, dem Versuch sein Scheitern einzugeben. Das war unsere erste wichtige Einsicht. Mit der Gestaltung eines neuen Rahmens des Gemeinschaftslebens mußte demnach der Mensch gewandelt, vom Unrat des

selbstsüchtigen Vorteildenkens, des Neids, der Voreingenommenheit, der Machtgier, des Hasses, der enthemmten niedrigen Gewalttat am Schwachen gereinigt werden. Und gleichzeitig mußten die anderen Fähigkeiten zum Blühen gebracht werden, die Zuneigung, der Verstand und das Verstehen, das uneigennützige, sinnvolle Helfen und Stützen des Bedürftigen und Schwächeren, die aus einsichtvoller Selbstachtung entfaltete Achtung und Hingabe. Wir verschrieben uns keinen Illusionen, wir erkannten, daß der von den zähen, vieltausendjährigen Übeln verunstaltete Erwachsene im guten Falle reformiert, gebessert, doch nicht so völlig gewandelt werden könnte, um das gesellschaftliche Gefäß mit neuem Inhalt zu füllen.
Der geistig-moralische Umsturz konnte deshalb nur in den Kindern beginnen, nur in ihnen konnte der Ansatz für einen gewandelten Menschen gesät werden. Das war unsere zweite sehr wichtige Einsicht. Und wir sahen, daß sich deshalb der segensreiche Ausgang des Versuchs erst in Generationen offenbaren würde, daß er überhaupt nur in einem vom wirren, leidvollen Getue der vergifteten Welt fernverborgenen Raum einen möglichen Erfolg zeitigen könnte. Wir hatten das Glück – ein aus großem Leid erworbenes Glück –, hier einen solchen Raum zu finden, um unser Laboratorium für einen menschlichen Neubeginn einzurichten.»
Der alte Meister schwieg, nickte ihm zu:
«Müdigkeit fühle ich, mein Sohn, und es braucht Wachheit, um im richtigen Wort und treffenden Ausdruck dir die Schilderung des Geschehens einzugeben. Wir wollen es für heute lassen und nächstens hier anknüpfen.»
Haenke merkte es bald: Nicht aus Scheu oder Mißtrauen hielten die Kataliner zu ihm Abstand, sondern aus Unsicherheit. Sie wußten nicht, wie er, dieser Mensch aus einer fremden Welt, zu nehmen wäre, was sie ihm bieten sollten, was sie von ihm erwarten konnten. Höflich und freundlich begegneten sie ihm, luden ihn ein, gaben gerne Auskunft, doch mit niemandem noch, außer mit dem alten Meister, war es ihm gelungen, Funken in tieferen Schichten zu zünden. Wie so oft in seinem Leben war es auch hier die Musik, die ihn über den Abstand brachte.

An einem Tag seiner frühen Wochen in Santa Catalina saß er an der kleinen Kirchenorgel und suchte ein Thema, zerlegte es, umrankte es und nahm nicht wahr, wie sie leise den Raum betraten, merkte sein Publikum erst, als sie ihn und das Instrument umstanden. Als er aufblickte, sah er nicht mehr in höflich geschlossene, sondern in freudig offene Gesichter. Er stimmte einen Choral an und sang die lateinischen Worte mit wohklingender Stimme. Darauf dankten sie ihm und baten, das Stück nochmals anzustimmen. Als er wieder in die Tasten griff und seine Stimme erhob, sangen viele mit, nicht in lateinischen, doch in Worten ihrer Moxossprache.
«Wir wollen musizieren», rief er begeistert, «wir wollen ein Chor werden.»
Sie wurden ein Chor, an dem jeder teilnahm, der Stimme und Freude zur Übung mitbrachte. Er teilte die Sänger nach Stimmhöhen, er zeigte ihnen, wie die Kehle zu lockern war, so daß die Bänder im vollen Atemstrom schwangen, er erklärte die Musik und erzählte von den Tonsetzern und Musikern seiner Heimat. So sangen sie alte Choräle und Weisen, die ihre Eltern und Großeltern aus der Reservation mitgebracht hatten, und mit dem Chorgesang scharte er um sich eine Gruppe von Katalinern, die ihn aufnahm und zum Mitglied der großen Gemeinschaft machte. Mit Rührung dachte er später oft daran, wieviel an jenem ersten Musiktag, als er zu geben glaubte, ihm gegeben worden war.
Dann saß er eines Abends wieder beim alten Meister, und dieser setzte für ihn den Lehrgang über Santa Catalina fort:
«So richteten wir unser Augenmerk auf die Veredlung der jungen Pflanzen, der Kinder, und des Gartens, in dem sie aufwuchsen, der Familie. In seinen ersten Jahren – so sahen wir es, und ich denke, wir sahen es richtig – wird dem Menschen entweder die Verstümmelung seines Wesens oder das Erblühen zur Reife eingegeben. Demnach mußte gehandelt werden. Es war nicht leicht, den richtigen Weg zu finden, den Weg des unfühlbaren Eingriffs in die Familie, um einerseits die familiäre Geschlossenheit zu wahren, andererseits aber das Verhalten der Eltern zueinander und vor allem deren Verhalten ihren Kindern gegenüber zu wandeln. Viele schmerzende Irrwege wurden

von uns beschritten. Wir nahmen die Kinder zu uns und merkten bald, daß viele die Spielstunden mieden und sich zurückzogen, weil sie sich nach elterlicher Geborgenheit sehnten. Wir setzten Frauen als Überwacher ein, die unaufgefordert in die Häuser gingen, um von der Art der Beziehungen in der Familie ein Bild zu bekommen. Ein falsches, einseitiges Bild zumeist, da wurde ihnen so manches vorgespielt. Wir verhängten harte Strafen für Mißhandlung des Kindes, Strafen von Stockschlägen bis zur Aussetzung in den Sümpfen. Da kam die Angst auf, und sie bewahrte auch viele Kinder vor körperlicher Gewalt. Doch der kleine Mensch verkümmert nicht nur unter Schlägen, er verdorrt ebenso unter dem Besitzdenken, dem harten und dem weichen, dem herrisch fordernden und dem stets besorgten, ängstlich bewahrenden. Nur aus den Händen guter Gärtner keimt der gute Samen, erblüht der gute Garten. So sahen wir es nun: Wir brauchten gute Gärtner. Um die Heranwachsenden nicht zu verbilden, mußten die Erwachsenen umgebildet werden. Wir gründeten eine Universidad de Transformación Social, nannten sie aber nicht so, sondern Cabildo de Opiniones, ein Meinungsparlament. Diese Hochschule ohne Professoren gefiel, die Menschen kamen, und bald fühlten wir, daß wir auf dem richtigen Weg waren. Nur ein Fach war gegeben, in dem die Hörer zur Reife gedeihen sollten, nämlich die angewandte Gemeinschaftskunde. Wir nannten es auch nicht so, nannten es überhaupt nicht, aber ließen die Menschen sprechen, ihre Bedenken aussprechen, ihre Vorbehalte, ihre Vorschläge und Anregungen zum Thema hin: Was muß getan werden, um die Übel der Selbstsucht zu verdrängen, um uns frei zu machen, um eine Gemeinschaft einander achtender, einander helfender, einander zugeneigter Menschen zu werden. Wir, das waren Anselmo und ich und eine Gruppe von eingeweihten Frauen und Männern. Es war ein hartes, langes und zähes Ringen und schwer, weil wir keine Modelle vorweisen konnten. Wir verteilten uns in der Hörerschaft, um zusammenzufassen und behutsam verworrene Gedankenknäuel im Licht eines neuen Erkennens auf den Kern hinzulenken. Als die Überwindung gelang, war es erregend und rührend, wie die Versammelten sich zu ihren eigenen Professoren machten, wie sie Einsicht gewannen, sich zu ihr durchrangen. Nichts wurde versprochen, nichts beschworen, denn selbst erarbeiten mußten sie sich ihre Reife, um ihr Leben zu ändern. Allmählich, Schritt für Schritt, verflüchtigte sich der Ungeist der Vergangenheit, begannen sie ihr Verhalten dem neuen Maß einzupassen, ein befreiendes Sich-selbst-Fühlen regte die Empfindsamkeit der Sinne an, ließ Althergebrachtes überdenken und Neues erkennen. So war es bald nicht ungewöhnlich, daß in den Seminaren staunenswertes Erkennen laut wurde, und die Worte und Begriffe, die bislang als leere Schalen gehandelt wurden, an Wesentlichem gewannen. Ich entsinne mich, daß sie schon anfangs vom guten Zuhören sprachen, vom Zuhören mit wachen Sinnen und teilnehmendem Verstand, vom In-sich-Nehmen, wie es einer nannte. Nur so, sagten sie, könne man eins werden, um Freuden und Leiden zu teilen.

Bald danach – ich sage bald, doch müssen es Jahre gewesen sein – wuchsen Kinder in Liebe und Geborgenheit und im Wechselgespräch mit ihren Eltern auf, und trotz ihrer jungen Jahre, ihrer Unerfahrenheit wurde ihnen Würde und Achtung zuteil gleich den gereiften Mitgliedern der Gemeinschaft. Sobald der Heranwachsende seine Umwelt wahrnahm und sich ihr mitzuteilen begann, wurde er durch In-sich-Nehmen und beziehungsreiches Vorbild der Eltern geformt. Doch auch die Erwachsenen, im Bewußtsein ihrer großen Verantwortung und in ihrer gesteigerten Aufmerksamkeit, lernten von den Kindern. Sie beobachteten, wie die von den geschichtlichen Übeln unangetasteten Kleinen einander in einfacher und liebevoller Art begegneten, wie sie mit großer Selbstverständlichkeit und ohne Bedenken zueinander fanden und im Spiel oder in kleinen Beschäftigungen und Verantwortlichkeiten, die sie von selbst für sich beanspruchten, einander ergänzten. Diese Kinder reiften in ihren ersten Jahren ins neue Maß, wißbegierig und dankbar.»

Jahre des gelebten Traums von Santa Catalina. Nicht alles hatte er behalten, doch die Grundschulung des alten Meisters über den die Gemeinschaft bewegenden geistig-moralischen Mechanismus war in ihm mit Worten und Gesten haften geblieben. Es folgten Wochen, in denen er lernend die Wirklichkeit der Formen und Inhalte dieser

außerordentlichen Gemeinschaft erkundete, und wie er herausfand, gedieh sie im neuen Maß auf vier Säulen:
Die Schule. In kleinen, nicht streng nach Alter, sondern nach Neigungen geordneten Gruppen fand der tägliche Unterricht statt. Die Klasse – ein Gesprächskreis, wo in Frage und Antwort Erfahrungen gesammelt und Wahrnehmungen besprochen wurden. Außer im Sprachunterricht – neben dem Moxosdialekt wurde auch das Spanische gelehrt – und im Rechnen, wo Grundbegriffe, Gerüst, Systematik und Vokabular erlernt werden mußten, arbeiteten sie in den Fächern, im zwanglosen, angeregten Gespräch, auf eine Zusammenfassung von Schülererfahrung und Lehrerwissen hin. Im Kreis sitzend, der Lehrer unter ihnen, wurden Themen aufgegriffen, veranschaulicht, gewendet, überdacht und in Berührung mit anderen gebracht. Es gab keine Benotungen, keine Rang- oder Klassenordnungen, jeder konnte zu jeder Zeit am Thema, das ihm zusagte, teilnehmen. Der Schüler bestimmte für sich selbst, wie lange er die Schule besuchen, wieviel Wissen er daraus mitnehmen wollte. Viele kamen noch als Erwachsene zu den Lehrern, um mit ihnen Überlegungen zu einem Wissensthema zu wälzen. Neben den Sprachen und dem Rechnen waren es vier Fächer, mit denen die Schule aufwartete: die Kunde vom Menschen, die Kunde von der Natur, die Kunde von Ernte und Jagd und die Kunde vom Gegenstand. Vielfältig innerhalb dieser Lernrichtungen waren die Themenkreise. So wurden in der Kunde vom Menschen Zusammenleben, Fortpflanzung, Krankheit bis hin zum Bau eines Hauses besprochen. In der Kunde der Natur umspannte das Lehrgespräch Tiere, Pflanzen, Gestein, Sternenhimmel und Sonne bis hin zu Mischungen von Mineralien und Flüssigkeiten. Weit dehnte sich auch der Bogen über Ernte und Jagd, und in der Kunde vom Gegenstand wurden Erzeugnis und Gestaltung aus Geist und Hand vom Nutzbaren zum Anschaulichen hin behandelt und in den Werkstätten erprobt. Anfangs, noch in den Zeiten Padre Anselmos, hatte es die Kunde von der Religion gegeben, doch schon seit langem überließ man dieses Fach dem Elternhaus.
Oft nach anstrengendem Lehrgespräch spazierten Lehrer und Schüler zum Fluß oder in den Wald oder liefen sich nur aus, sprangen

umher, kletterten auf Bäume oder spielten mit Holzkugeln oder mit dem prallen Sack aus Schlangenhaut. Wettkämpfe gab es keine, denn Siegen und Verlieren waren ihnen zu sinnlosen, leeren Worten geworden.

Die Gemeinschaft. Es gab keine von Macht und Reichtum gestützten Bevorzugten, es gab keine Kasten, Klassen oder Schichten. Nur vor dem alten Meister, vor ihrem geliebten General Moisés, verbeugten sich die Kataliner in Ehrfurcht und Liebe. Die einzigen in besonderer Art Bevorzugten, die sich jedoch dadurch nicht beirren ließen, waren die Kinder. Ihnen galt das volle Augenmerk der Erwachsenen, denn von ihnen erwartete die Gemeinschaft weitere Bereicherung des allgemeinen Wohls. Heikel war deshalb die hin und wieder sich ankündigende Trennung von Eltern, behutsam wurde sie behandelt. Nicht, daß sich die Gemeinde hier eingemischt hätte, denn solch innere Angelegenheit konnte nur im Inneren der Familie gelöst werden. Doch oft wendeten sich die vor scheinbar unabwendbarer Scheidung Stehenden an die Öffentlichkeit, baten um ein Komitee, das ihnen mit leidenschaftslosem Rat in der schweren Lage beistehen sollte.

«Leicht war es, der Kinder wegen von der Trennung abzuraten, doch», sagte der alte Meister, «der leichte Rat war nicht immer der beste, denn im entsagenden Menschen bricht eine Wunde auf, aus der das Übel eitert. Solcherart Verwundete geben miserable Gärtner ab, und es ist zuweilen heilsamer für alle, einen oder eine aus der Elternschaft zu entlassen.»

Nach diesen Erfahrungen wunderte Haenke sich nicht mehr, als er eines Tages einer für Nichtkataliner schier unfaßbaren Rechtsprechung beiwohnte. Er hatte schon den alten Meister befragt, wie in Santa Catalina mit Untätern umgegangen werde, doch wieder die Antwort erhalten, er solle sich umsehen.

Nun, er sah sich um und fragte sich um, wenn er zu Tisch geladen war, und er fand heraus, daß die Jungen und auch einige der Älteren Mord, Raub, Betrug und sonstige Spielarten der Gewalt nur aus dem Heiligen Buch der Padres kannten. Seit rund drei Dezennien war die Gemeinde immun gegen den Bazillus, und ebenso lang war es hier zu keinen Strafgerichten nach jesuitischer Vorlage gekommen. Wohl hatten die Padres schon damals in den Missionen die Todesstrafe abgeschafft, doch Stockschläge, Demütigungen, Zwangsarbeit, Haft und Verbannung waren Schuldigen, je nach Schwere des Verbrechens, zugeteilt worden. All dies lag für Santa Catalina in der Vergangenheit, in die nur hin und wieder und aus rein historischem Interesse geleuchtet wurde.

«Mein Sohn», sagte der alte Meister, als Haenke ihn ungläubig um Antwort anging, «bist doch ein Arzt, sollst es doch wissen, daß Krankheit einen Erreger braucht. Habgier, Machtdünkel, Voreingenommenheit, die Seuchen der Welt draußen, hier sind sie schale Worte. Doch der Mensch ist keine Maschine, wo man ein Schadhaftes auswechseln kann. In allen kocht das Magma aus Gefühlen, Empfindungen, Leidenschaften, und das ist gut so, wenn wir es in die wahre Form zu gießen wissen. Denn Gott bewahre, sonst wären wir ja wirklich nur eine Maschin. Manchmal aber, und wer kann es schon hindern, schäumt es uns über den Verstand, und dann geschieht Unrechtes. Nicht oft, und Gott sei es gedankt, doch es geschieht. Sieh dich nur um, ich vernahm, es ist wieder so eine Sach anhängig.»

Der Kazike nahm ihn zum Gericht mit. Nicht so nannten sie es, sondern Arreglo. Der Kazike war ein freundlicher, doch etwas hastiger Mann, der, weil er beide Hände für seine Gesten benötigte, den Stab seiner Würde unter dem Arm hielt. Der Stab war ihm sichtlich lästig, aber er war allen sichtbares Wahrzeichen des Mannes, auf den sie abladen konnten. Während sie zum Arreglo eilten – der Kazike griff aus wie ein Eilbote –, wurden sie von drei Leuten eingeholt, mit denen alsgleich so manches besprochen werden mußte. Dann ging es im Tempo weiter. Ein vielbeschäftigter Mann, der Kazike, der sein Amt ernst nahm.

«Ist Ihnen Ihre Arbeit nicht zuviel?»

«Manchmal scheint es fast so, es wird immer mehr, die Gemeinde wächst. Ich werde vielleicht nächstens vorschlagen, noch einen Stabträger zu ernennen, wir dürfen nicht in Rückstand kommen.»

«Worum geht es eigentlich im Arreglo?»

«Ach, eine traurige Sache. Eine Frau hat ihren Mann mit einem Holz geschlagen und ihn verletzt. Sie werden sich wohl trennen, aber das gehört nicht in den Arreglo. Doch es ist schlimm, einen Menschen absichtlich zu verletzen.»
Sie traten in das Gemeinschaftshaus. In ungeordneten Reihen saßen Männer und Frauen, manche standen oder gingen umher.
«Wo ist der Richter, der Kläger, die Angeklagte?»
Der Kazike schüttelte den Kopf, als ob ihn ekelte.
«Was Richter, Angeklagte und Kläger! Altes Zeug aus alten Büchern. Das ist ein Arreglo und keine Inquisition. Hier sind nur Bekannte und Freunde der Familie. Dort sitzt die Frau, der Mann steht dort an der Wand, der mit dem Tuch um den Kopf.»
Er sah die Frau, sie hielt die Hände vors Gesicht, die Nachbarn sprachen auf sie ein. Dann erhob sie sich, und weil sie im Moxosdialekt sprach, von dem Haenke nur Brocken heraushörte, übersetzte der Kazike. Sie schäme sich sehr, sagte sie, sie könne gar nicht verstehen, wie es über sie gekommen sei, wie es sich zeige, sei sie nicht reif, weil sie in ihrem Ehemann nicht auch den Menschen liebte. Sonst hätte sie niemals Hand gegen ihn erhoben. Eine große Verzweiflung sei über sie gekommen, und traurig sei sie, daß es geschehen konnte. Sie setzte sich wieder, und eine Frau stand auf und sprach auf sie ein, lobte ihr Verhalten zu den Kindern, ihren Umgang mit den Freunden, sagte ihr, wie sehr alle sie liebten und wie sich in dieser Liebe ihre Verzweiflung verflüchtigen werde. Und ein anderer sprach von der Wand her und erzählte von der Hilfe, die sie ihm geleistet hatte. Und alle, die sprachen, und es waren viele, drängten die Frau, wieder an sich zu glauben, so wie sie an sie glaubten. Schließlich kam der Mann zu ihr, nahm sie an den Händen und bat sie, ihm zu verzeihen, daß er sie durch sein Verhalten in so eine Verzweiflung gebracht habe. Und es gab keinen, der ihr wegen Brechung des Maßes Vorhalte machte.
Den Abschluß des Arreglos bildete eine rührende Zeremonie. Jeder der Anwesenden ging zu ihr hin und berührte ihre Stirn, dann nahmen sie sie in ihre Mitte und drehten sich in langsamen Kreisen. Ein dunkler Summsang erhob sich.

«Sie singen sie in die Gemeinschaft ein», erklärte der Kazike.
«Ist das immer so in euren Arreglos? Der Angeklagte ist sein eigener Ankläger, und die anderen sind seine Verteidiger?»
«Na, sicher ist es so», rief der hastige Kazike, als sie vom Arreglo wegeilten, «wir wollen doch keinen unserer Menschen verlieren.»
«Aber eine Person, die Unrechtes tut, die ein Vergehen oder gar ein Verbrechen begeht, muß doch der Sühne wegen bestraft werden?»
«Altes Wissen, altes Sagen», unwillig beutelte sich der Kazikenkopf, «tief trifft es jeden, der das Maß bricht, der die Verbundenheit zerreißt. Es gibt immer welche, die die Tat nicht überwinden können, die sich manchmal sogar den Tod für ihre Tat geben, sich selbst Strafen und Bußen auferlegen. Wir bemühen uns sehr, den Übertreter wieder zu festigen in seiner Selbstachtung, wir müssen das Maß in ihm wieder errichten, denn wir alle sind eins, und er ist in uns, so wie wir in ihm sind.»
Erlaubt war alles, was das eigene Selbst oder das des anderen nicht erniedrigte, was das Maß nicht beeinträchtigte, und wichtig war alles, was zur eigenen Entfaltung und damit zur Bereicherung der Allgemeinheit beitrug. Es gab keine Richtlinien oder Belehrungen des Maßes, es ankerte in ihnen wie Angst und Ungewißheit in den Menschen draußen. Jeder wurde von jedem in seinen Eigenarten, in seiner Art des Sichkleidens und Wohnens, in seiner Tätigkeit, in seiner Gestik, in seinem Verhalten, in seinem Leid und in seiner Freude behutsam und wohlwollend in sich genommen.
Das Meinungsparlament hatte sich erhalten und zum allgemeinen Gemeindeforum erweitert. Generalversammlungen wurden vom Kaziken dann einberufen, wenn es für alle Wichtiges zu berichten oder zu besprechen gab. Jeder, der abkömmlich war, fand sich dann auf der Plaza ein und gab, wenn er es für nötig befand, seine Meinung zum Vorgebrachten ab. Es war auch eines der katalinischen Wunder, wie aus der vielhundertköpfigen Menge die Beiträge kurz, sachlich und genau zum Kern des gestellten Problems hinsteuerten, so daß es selten eine Stunde brauchte, um zu einer allgemeinen Begutachtung zu gelangen oder einen Entscheid zu fällen. Oft war es

nötig, Komitees oder Jurys zusammenzustellen, um die vorliegenden Aufgaben wirksam zu planen und die Vorgehensweisen übereinzustimmen. Doch die Ernennung einer solchen Gruppe war Sache eines Augenblicks, die nötige Anzahl von Willigen war alsgleich zur Stelle.

Neben dem Cabildo, der nur einberufen wurde, wenn es um Dinge von allgemeinem Interesse ging, kam es stets in der Gemeinde zu größeren oder kleineren Besprechungen, wo Fragen und Probleme aufgeworfen wurden, die nur einen Teil der Einwohner betrafen, wie etwa die Zusammenlegung von Gärten oder Hilfe im Hausbau, Arbeiten an der Kanalisation oder Verbesserungen von Straßenstücken, Ausstattung eines Spielplatzes, Grabung eines Brunnens und ähnliches. Bei all dem ging es niemals grübelnd ernst, doch auch nicht grell geschwätzig zu. Eine Heiterkeit, eine ansteckende Fröhlichkeit und Gelöstheit lag in der Luft. Wunderbar und verwandelt war das Leben dieser Gemeinschaft.

Die Union. Unter Union verstanden sie die eingelebte Verbundenheit des einzelnen mit allen, die tief verwobene Einheit von gemeinschaftlichen und individuellen Vorstellungen, der sich stets bereichernde, bewegende, ergänzende Vorgang zwischen dem lebendigen Ganzen und dem pulsierenden Lebensgefühl des einzelnen. So wie die Pflicht zum sinnleeren Wort geworden war, so war es auch die Freiwilligkeit, denn der Beitrag zum Allgemeinen war jedem ebenso Bedürfnis wie die Stillung des Hungers, wie der Gleichklang ihrer Beziehungen. Da in diesem eingewirkten Verständnis nur die geistig-moralische Entwicklung eines jeden zur anwachsenden Güte des gemeinschaftlichen Organismus beitragen konnte, stand der einzelne im Mittelpunkt der allgemeinen Aufmerksamkeit. Jeder stellte sich selbst dorthin, wo er am wirkungsvollsten geben konnte, wechselte zuweilen, um bei Engpässen einzugreifen, und ging zwischendurch oder nebenbei im Verwirklichen eines Entwurfs auf, der in ihm gewachsen war. Da jeder selbst den Wert seines Tuns wägen konnte, stimmte es ebenso in die Eintracht ein, wenn ein Kataliner sich vom allgemeinen Einsatz zurückzog, um sich geistig oder körperlich aufzufrischen. In die Zurückgezogenheit, deren Länge er

selbst bestimmte, wurde er gerne entlassen, da der in seinen Fähigkeiten sich erneuernde Mensch das Alpha und Omega des Maßes war. Wie der spendende Fluß schlossen die anderen die von Abwesenden hinterlassenen Lücken. Das Wohlergehen des einzelnen kam dem allgemeinen Wohl zugute. Frauen und Männer? Wie konnte es hier anders sein! Nur in ihrer natürlichen Beschaffenheit grenzten sie einander ab, doch ebenbürtig wirkten sie in der Gemeinschaft. Sicherlich, zu kraftraubenden Arbeiten stellten sich die Männer, und der Säugling brauchte die Mutter. Doch ansonsten, und in jedem Bereich des gesellschaftlichen Organismus, gab es weder männliche noch weibliche Zuordnungen. Zum Kazikenamt, zu den Wirtschaftseinsätzen, zu Instandsetzungen, den Komitees und Jurys, zur Pflege von älteren und kranken Katalinern, zu Jagdzügen, zu allem Erforderlichen traten die Kataliner an. Frauen oder Männer? Nur einer, der von draußen kam, mochte danach fragen.
In diesem beweglichen, sich selbst berichtigenden Organismus war die Erzeugung und Verteilung von Nahrungsmitteln und Gegenständen durch keine Hindernisse wie Lohn, Preis, Gewinn, Markt, den aus den Übeln einer Welt der Unvernunft wuchernden Absonderlichkeiten, beeinträchtigt. Die Gemeinschaft erzeugte, und jeder nahm, was er benötigte. Die Kunde von der Ernte, ausgehend von den guten jesuitischen Lehren zur ertragreichen Bodenbehandlung, erhöht durch Erfahrungen und Beobachtungen aus katalinischen Jahrzehnten, füllte die Speicher und die Haushalte, so daß sich selbst im Falle einer zerstörten Aussaat der hier unbekannte Hunger kaum bemerkbar machen konnte. Gutes, fruchtbares Land, weit dehnte es sich um die Siedlung und zum Wald hin, der, wie sie sagten, sich als Lagerstätte aller nützlichen Dinge anbot. Aus Gemüsen, Früchten, Getreiden und den aus dem Fluß gezogenen Fischen bereiteten die Kataliner vielfältige Speisen, und es war auch schon deshalb ein Vergnügen, von ihnen zu Tisch gebeten zu werden. Stets versuchten sie sich in neuen Gerichten, und so mancher begeisterte Koch werkte emsig in seiner Küche, um die Gäste mit Besonderem zu überraschen. Sie aßen wenig Fleisch, und nur wenn sie von der Jagd Beute heimbrachten, drang der Geruch von Gebratenem aus den Häusern.

Dennoch war der Viehbestand der Gemeinde nicht gering. In den Gärten hielten sie Geflügel, auf den üppigen Weiden war es ihnen gelungen, Milchkühe heranzuziehen, und ebenso grasten auf den Wiesen Wollschafe, Pferde und Maultiere, ihre treuen Gefährten und Gehilfen. Doch der Gedanke, eines der ihnen vertrauten Tiere zu schlachten, es zu verspeisen, konnte nicht aufkommen, weil er ihrem Wesen entgegenstand.

So weitete sich die Union der Kataliner auch auf die ihnen nahen Tiere aus, so wie sich ihnen in ihrer Wandlung und Verwandlung überhaupt die einst feindlich und dämonisch empfundene Natur zu neuem Verstehen öffnete.

Die Kommunion. Dieser Begriff von der symbolisch gegenständlichen Vereinnahmung des katholischen Gottes hatte sich in den katalinischen Jahrzehnten ins Unmeßbare, Unwägbare gedehnt. Unter Kommunion verstanden sie das Streben nach tief empfundener Vereinigung, nach seelischem Einklang und zugleich das Empfangen, das In-sich-Einfühlen des Nichtwahrnehmbaren, demnach eine rein persönliche Gefühlsarbeit, die einem anderen nur in vagen Andeutungen beschrieben werden konnte. In der Gotteserfahrung lösten sich die katechetischen Diesseitsbilder von der Erschaffung aus ihrem Bewußtsein, und anstelle des anschaulichen Glaubens erfüllte sie die Religion in ihrer Ureigenheit. Das Unsagbare konnte nicht gedacht, sondern nur erfühlt werden. Untoduno nannten sie die Religion, weil Gott, Wille und Einheit der Schöpfung, mittels der Kraft seelischer Wahrnehmung bis hin zur mystischen Bindung ersehnt wurde.

Die Sitzungen des Untoduno in der Kirche fanden, da der Kirchenraum bei weitem nicht alle aufnehmen konnte, mehrmals wöchentlich in Stille und tiefer Versunkenheit statt. Padre Ignacio oder auch ein Mitglied seines Komitees las eine Stelle aus dem Heiligen Buch, und die Anwesenden ließen sie in sich einsinken, um sie aus den Worten in die Kommunion zu lösen. Oft sprachen Kataliner beim alten Meister oder einem seiner Vertreter vor, um in scheinbar Widersprüchlichem des Bibeltextes Klarheit zu finden, oder auch, um eigene Überlegungen zum Zitat vorzubringen. Nicht aus Ehrfurcht vor Hergebrachtem betraten sie ihre Kirche, sondern zur inneren Sammlung und seelischen Übung. Untoduno und Kirchengang waren Teile der Kommunion.

Daneben aber hatten sich so manche liebgewonnene Bräuche aus der Missionszeit erhalten.

Kataliner, die sich zur Gründung einer Familie gefunden hatten, ließen sich in der Kirche segnen, und ebenso wurden Neugeborene im Kirchenraum in die Kommunion aufgenommen. Der Märtyrer wurde gedacht, und am hochsommerlichen Weihnachtsabend zündeten sie Lichter und versammelten sich zur festlichen Musikmesse auf der Plaza.

Kommunion bedeutete auch unmittelbares, von Gedanken unbelastetes Handeln. Betrachten und Vereinnahmen war eins, das In-sich-Nehmen, die geistige und gefühlsbewegte Verschmelzung mit einem sich mitteilenden Mitmenschen war gewiß eine der wichtigsten Übungen der Kommunion; doch auch in der Natur versuchten sie sich in der Aufnahme des alles bewegenden vielgestaltigen Einen. Haenke bewunderte sie sehr in ihrer wachen Aufmerksamkeit. Oft schon hatte er beobachtet, wie sie reglos am Fluß saßen oder ein Tier, eine Pflanze, einen Stein betrachteten. Sie drängten sich in die Wirklichkeit, und wenn er sie fragte, was sie erschauten, was sie empfanden, was sie erkannten, dann sagten sie: Vielleicht Gott oder die Liebe, die Bewegung oder die Schönheit.

Er sprach auch mit dem alten Meister darüber, der hierzu bemerkte: «Es ist eine gute Übung, die Seele zu weiten, um in der Geborgenheit des Erahnten die Urangst zu überwinden. Wir sollten aber nicht so vermessen sein, uns zuzumuten, das Letzte zu erfahren. Ein weiser Mann, ein Kabbalist aus Gerona, schrieb vor langer Zeit: ‹Übernimm dich nicht in der Spekulation, denn unser endlicher Intellekt vermag nicht die Vollkommenheit jenes Unerforschbaren zu erfassen, das mit dem Unendlichen Eins ist.› Wir sind auf dem Weg zur Wahrheit, mein Sohn, doch das Ziel können wir Erdgebundenen nicht erreichen.»

Auch die Kunst zählte zur Kommunion, und sie nannten sie das Von-sich-Geben. Die Kataliner hatten sich vor allem der Musik verschrieben. Wohl versuchten sich einige in Versen und Geschriebenem und andere in Abbildungen von Beobachtetem oder in eigenwilligem Formen von Gegenständen, doch viele fanden in dieser Art des Von-sich-Gebens nicht die erwartete Erfüllung. Anders in der Musik, der geschmeidigen. An frühen Abenden klangen Melodien aus den Gärten, von der Plaza, und gerne musizierten sie am Fluß und auf dem Weg dorthin, so daß es aus der Dämmerung klang und tönte zum Gezirpe und Gesumme des Wiesenvolkes.

Einer, der wie er von draußen kam, wachträumte in der katalinischen Lebensart, zweifelte oft an seiner Wirklichkeit und konnte sich vor allem in die Art von Erfahrung, die sie Kommunion nannten, kaum hineinfühlen noch hineindenken. Vier Dezennien fern von den Übeln, in eigener, ungebundener Entfaltung, nur dem eigenen, unversehrten Fühlen und Denken überlassen, blühte hier in Santa Catalina der Mensch in seinen Fähigkeiten und in inniger Eintracht mit seiner Gemeinschaft auf.

Unvergleichliches Catalina, Ort zufriedener, einander wohlgesinnter Menschen, ersehntes Eldorado in weltweiter Trostlosigkeit.

Haenke lebte sich in die Gemeinschaft ein, fühlte sich geborgen, machte sich in Schule und Krankenhaus nützlich und stellte sich auch anderen Arbeiten und Einsätzen. So vergingen die Monate im Taumel wunderbarer Erfahrungen – und die Jahre.

Während eines langen unvergeßlichen Abends, den er beim alten Meister verbrachte, sprachen sie über Maß und Unmaß und darüber, daß es zu keiner Verbindung mit der Außenwelt kommen durfte.

«Die zarte Flamme stirbt in unreiner Luft», sagte der alte Meister und fuhr unvermittelt fort: «Du bist nicht allein, mein Sohn, die Quellen sind noch nicht versiegt, das Maß, es ist auch draußen, oft unerkannt, doch in steter Wirkung gegen das Unmäßige. Ich bin kein Prophet, der über Generationen hinwegsieht, aber das lebende Bedürfnis, sich der Beklemmung zu entledigen, mag schließlich zur Besinnung führen. Krumm sind die Wege, aber ich denke doch, daß sie sich am Abgrund vorbeiwinden.»

Betroffen blickte Haenke in das mildheitere Gesicht, und er fühlte die Tränen in den Augen.

«Du wußtest es, Vater, ich verlasse euch.»
«Ich ahnte es.»
«Nur Gast bin ich hier und würde es weiter bleiben. So sehr ich auch diesen Ort und seine Menschen in mein Herz geschlossen habe, als Gast bin ich mir nutzlos, mir fehlt meine Arbeit, der Wissenschaft bin ich verbunden und den Bedürftigen. Doch dies hier bleibt mein innigster Traum.»
«Solange Santa Catalina noch geträumt wird, gibt es Hoffnung. Wir werden uns wiedersehen, mein Sohn, denn du bist in uns, so wie wir in dir sind.»

Eine Fünfergruppe der Späher begleitete ihn, führte ihn durch die Unwegsamkeit nach draußen. Anfangs ritten sie bei Tage, dann bei Nacht. In der Nacht des fünften Tages umarmte er die Gefährten und blieb allein.
Als die Sonne aufging, saß er auf und trabte in die Richtung, die sie ihm gewiesen hatten.

UTE CRAEMER

# Favela-Kinder

*Sozialarbeit am Rande der Gesellschaft.*
*Vorwort von Erhard Fucke.*
*3. Auflage, 230 Seiten mit zahlreichen Abbildungen, kartoniert.*

«Man ist hier so nah am Leben wie nie in Europa. Geburt, Tod, Hochzeit, Krankheit, Verkrüppelung, Idiotie – man ist mitten drin, nicht von allen lebendigen, wesentlichen menschlichen Ereignissen abgesperrt durch Häusermauern wie in Europa, wo man Kranke hinter Krankenhausmauern, Verrückte hinter Anstaltsmauern, Gebärende hinter Kreißsaalwänden versteckt.»
«Die Armen schwimmen zwischen zwei Welten, losgelöst von der einen, noch nicht aufgenommen in die andere, nicht nur physischen – auch geistigen Hunger leidend.»

*Ute Craemer in ihrem Buch «Favela-Kinder»*

«Das ist das Neue an Ute Craemers Konzept einer zukünftigen Entwicklungshilfe: Veränderung der Situation in den armen Ländern bedeutet nicht utopische Forderungen an den Staat, die Gesellschaft zu stellen, sondern Wandlung des einzelnen, der sich seiner schöpferischen Fähigkeiten bewußt wird und sie zunehmend anzuwenden lernt.»

*Reutlinger Generalanzeiger*

Verlag Freies Geistesleben

UTE CRAEMER

# Favela Monte Azul

*Hoffnungen, Ziele, Erfahrungen.*
*Sozialarbeit in Sao Paulo.*
*253 Seiten mit zahlreichen Abbildungen, kartoniert.*

Als eine fortschrittliche, d. h. die eigenen Kräfte eines Volkes stützende Entwicklungshilfe ist die Arbeit in der Favela Monte Azul anzusehen. Etwa 80 feste Mitarbeiter betreuen 6000 Menschen, die, an den Rand der Gesellschaft gedrängt, kaum das Nötigste haben, um sich zu ernähren.
Die entstehenden Probleme sind elementar, überlebensentscheidend und meist ohne offizielle Hilfe zu lösen: ob es sich dabei um ein Ambulatorium, eine Kanalisation, eine saubere Wasserstelle oder um Berufsausbildungen handelt, ist gleich; stets entscheidet die Art der Zusammenarbeit in der Favela, ob das Projekt gelingt oder schon nach kurzer Zeit abgebrochen wird.
Der zweite Band über Monte Azul enthält eine Reihe von Berichten, die Volontäre aus Europa –, meist für ein Jahr in Sao Paulo – geschrieben haben. Ihre Erfahrungen mit den Favelados können manche Vorurteile und Patentlösungen korrigieren, die man sich in den reichen Ländern bezüglich der Entwicklungshilfe bildet. Anhand von Lebensläufen gewinnt der Leser einen Eindruck von dieser so ganz anderen Welt.
Im zweiten Teil dieses Buches beschreibt Ute Craemer das Heranwachsen der beiden Jungen Sergio und Divino. Deren Hilflosigkeit steht dabei oft in hartem Kontrast zu ihrer Ungebärdigkeit, die alles Erreichte wie ungeschehen macht. Aber gerade in solchen Augenblikken ist es notwendig, diese jungen Menschen nicht von der Zuneigung auszuschließen, ohne die sie vollends in ein unsoziales Leben abgleiten würden.

HERTA SCHLEGTENDAL

## Berichte von anderen Lebenswegen

*5. Auflage, 180 Seiten, kartoniert*

«Das ist das Erstaunliche bei einer Auseinandersetzung mit menschlichen Biographien, und eben das kann dieses Buch in so reichem Maße vermitteln, daß die Ich-Kräfte des Lesers intensiv angesprochen werden. Man gewinnt ganz unwillkürlich im Zurückgeworfensein auf sein eigenes Schicksal ein Gefühl tieferen Einverständnisses auch mit den eigenen Nöten und den Unvollkommenheiten der eigenen Lebensgestaltung, und zugleich wachsen unmittelbar die Kräfte und der Wille, stärker und womöglich mit idealerem Ansatz im sozialen Umkreis tätig zu sein.» *Erziehungskunst*

HELEN E. WAITE

## Öffne mir das Tor zur Welt

*Das Leben der taubblinden Helen Keller*
*und ihrer Lehrerin Anne Sullivan*
*2. Auflage, 222 Seiten, gebunden*

Helen Keller wurde mit 19 Monaten taub und blind. Eine Heilung war aussichtslos. Als sich jedoch die junge, mutige und selbst sehbehinderte Anne Sullivan der kleinen Helen annahm, konnte neuer Mut geschöpft werden. Zum Erstaunen der ganzen Welt absolvierte die taubblinde Helen die Schule und beendete erfolgreich ein Universitätsstudium: mit einer sich ganz diesem Menschen aufopfernden Anne Sullivan zur Seite. Seit dieser Zeit kennt man Helen Keller als berühmte Schriftstellerin, die es sich zum Inhalt ihres Lebens machte, sich für die Interessen ihrer blinden und gehörlosen Mitmenschen einzusetzen.

ANDREAS SUCHANTKE

# Der Kontinent der Kolibris

*Landschaften und Lebensformen in den Tropen Südamerikas. 456 Seiten mit 265 Zeichnungen und 16 Farbtafeln, Leinen.*

Das Buch beschreibt Stationen einer biologischen Wanderung, die von West nach Ost, vom Pazifik zum Atlantik führt, ausgehend von den fisch- und vogelreichen, an Leben überquellenden Gewässern des Peru-Stromes, durch die Weiten der Wüste und Kakteensteppe am Andenfuß, über die endlosen Hochflächen der Puna und durch den geheimnisvollen, nebelverhüllten «Elfenwald» an den Osthängen der Kordilleren hinunter in die Wald- und Wasserlandschaften des Amazonas-Tieflandes, durch die Monotonie des Cerrado, der Savanengebiete Innerbrasiliens bis hin zu den dichtbesiedelten Regionen an der Atlantikküste.

Nicht nur die faszinierende Schönheit, auch die große Zerbrechlichkeit des tropischen Lebensgefüges wird dabei stets aufs neue zum Erlebnis, und die katastrophale Wirkung der Zerstörungen, die immer größere Ausmaße annehmen. Aber es gibt auch hoffnungsvolle neue Ansätze zu einem pflegenden, weiterentwickelnden Zusammenarbeiten mit der Natur. Diese setzen jedoch Kenntnisse und Bereitwilligkeit voraus, auf die Besonderheiten der fremdartigen Natur einzugehen. Dazu möchte der Autor durch seine ebenso lebendigen, wie im Detail kenntnisreichen und genauen Schilderungen beitragen: Er möchte diesem großartigen, bislang so vernachlässigten und mißhandelten Kontinent neue Freunde gewinnen.

PERU
Lima
Ucayali
Purus
Madeira
Madre de Dios
Beni
Mamoré
Guaporé (Itenes)
APURIMAC
Tumupas
Exaltación
Apolobamba
Yakuma
San Pedro
Sta Ana
S. Javier
Reyes
S. Ignacio
Trinidad
Tipuani
MOSTENES
Loreto
Titicaca-see
Francisco de S. Javier
Quilca
Arequipa
La Paz
YURAKARÉS
CHIQUITOS
Cochabamba
Sta Cruz de la Sierra
S. José
Sucre
Rio Grande
Potosi
BOLIVIEN
Gran Chaco
CHILE
ARGENTINIEN
Mendoza
Valparaiso
Santiago
Buenos Aires
500 km